物流管理概论

（第2版）

主　编◎张　荣　郑海燕

副主编◎张　帆　孔　涛

帖伟芝

清华大学出版社

北京

内 容 简 介

本书结合企业实践需求，以物流功能要素为主线，将全书内容分为物流概述、运输、储存保管、包装、装卸搬运、流通加工、物流信息、配送、第三方物流、国际物流、电子商务与物流、物流的相关法律法规，共 12 章。全书融入数字微课、在线虚拟仿真系统等多渠道数字学习资源，使教学内容更加灵活、丰富，充满趣味性，在一定程度上改善了学法、教法及学习环境，使学生的专业能力更好地与企业岗位需求对接，最终实现高质量就业。

本书既可作为高校物流管理专业、电子商务专业的教学用书，也可作为经济管理相关专业的拓展课教材。

图书在版编目（CIP）数据

物流管理概论 / 张荣，郑海燕主编. —2 版. —北京：清华大学出版社，2024.5
ISBN 978-7-302-66375-1

Ⅰ．①物…　Ⅱ．①张…　②郑…　Ⅲ．①物流管理—高等学校—教材　Ⅳ．①F252

中国国家版本馆 CIP 数据核字（2024）第 107778 号

责任编辑：杜春杰
封面设计：刘　超
版式设计：文森时代
责任校对：马军令
责任印制：刘海龙

出版发行：清华大学出版社
　　　网　　　址：https://www.tup.com.cn, https://www.wqxuetang.com
　　　地　　　址：北京清华大学学研大厦 A 座　　　　　邮　编：100084
　　　社 总 机：010-83470000　　　　　　　　　　　邮　购：010-62786544
　　　投稿与读者服务：010-62776969, c-service@tup.tsinghua.edu.cn
　　　质量反馈：010-62772015, zhiliang@tup.tsinghua.edu.cn
印 装 者：三河市东方印刷有限公司
经　　销：全国新华书店
开　　本：185mm×260mm　　　印　张：13.5　　　字　数：335 千字
版　　次：2016 年 6 月第 1 版　　2024 年 6 月第 2 版　　印　次：2024 年 6 月第 1 次印刷
定　　价：59.80 元

产品编号：095604-01

第 2 版前言

新时代，物流管理被赋予了新的历史使命和期待，物流在构建现代经济体系中的先导性、基础性、战略性作用日益凸显。党的二十大报告指出，"加快发展物联网，建设高效顺畅的流通体系，降低物流成本"。而以现代物流城建设为牵引、加快推动"商仓流园展"一体化发展有助于推动物流行业的现代化进程，提升其在国民经济中的地位。

作为一门多学科交叉的综合性课程，物流管理已经成为经济和管理类学科的重要专业基础课。本书结合企业实践需求，以物流功能要素为主线，将全书内容分为物流概述、运输、储存保管、包装、装卸搬运、流通加工、物流信息、配送、第三方物流、国际物流、电子商务与物流、物流的相关法律法规，共 12 章。全书融入数字微课、在线虚拟仿真系统等多渠道数字学习资源，使教学内容更加灵活、丰富，充满趣味性，在一定程度上改善了学法、教法及学习环境，使学生的专业能力更好地与企业岗位需求对接，最终实现高质量就业。

本书由张荣、郑海燕担任主编，张帆、孔涛、帖伟芝担任副主编。具体分工为：辽宁轻工职业学院张荣编写第一、三、十二章；哈尔滨商业大学郑海燕编写第六、七、八章；大连财经学院张帆编写第十、十一章；辽宁轻工职业学院孔涛编写第九章；河南财政金融学院帖伟芝编写第二、四、五章。全书由张荣负责策划、统稿、校对，帖伟芝对课程思政材料进行统编及校对。

在本书编写过程中，我们借鉴、引用了大量国内外有关物流管理方面的书刊资料和业界研究成果，德慧（大连）国际贸易有限公司、顺丰速运（集团）有限公司的有关企业专家也提供了具体物流管理案例并进行了指导，在此一并致谢。由于编者水平有限，书中难免有疏漏和不足之处，恳请同行和广大读者批评指正，以便修正。

编　者

第1版前言

本书是参考近年国家示范院校专业建设要求、物流产业培养高素质劳动者和技能型人才的目标，吸收物流产业的最新理论成果和企业实践编写而成。

物流是跨行业、跨部门的复合型产业，若想获得长久发展不仅需要高级物流管理人才，更需要一大批掌握一定专业技术、服务于一线的物流运营管理与操作型人才。物流管理作为一门多学科交叉的综合性学科，日益受到各行各业的关注，很多院校都相继开设了相关专业。物流管理概论也是目前各个经济及管理类学科的一门重要的专业基础课，本书从教学和学习的角度出发，根据物流管理专业应知应会能力的基本要求进行编写，以物流功能要素为主要出发点，按照物流运作的流程，将教材内容分为物流概述、运输、储存保管、包装、装卸搬运、流通加工、物流信息、配送、第三方物流、国际物流、电子商务与物流、物流的相关法律法规，共12章。在编写过程中既注重系统的理论知识介绍，又突出技能和能力培养，力求做到深入浅出，通俗易懂，使教材知识体系完整，并突出实践性。

本书的编者都是长期从事物流教学和研究工作的一线教师，具有较丰富的教学经验和实践经验。具体分工为：辽宁轻工职业学院张荣编写第一、二、十一章；大连财经学院支海宇编写第八、九、十章；辽宁轻工职业学院刘秀英编写第六、七章；辽宁轻工职业学院姚雷编写第四、五章；大连财经学院费宏达编写第十二章；辽宁轻工职业学院孔涛编写第三章。全书由张荣负责统稿、校对。

在本书的编写过程中，我们付出了艰辛的努力，但由于水平有限，疏漏和差错在所难免，敬请各位同行和广大读者批评指正，以便再版时进一步完善。

编　者

目 录

第一章 物流概述

知识目标

- 重点掌握物流概念的演进与发展
- 重点掌握物流活动的构成
- 了解物流学科的基本知识
- 了解物流的分类和行业组成

技能目标

- 熟知物流学科体系的基本框架
- 了解物流基本功能及其价值体现

素质目标

- 帮助学生培养文化自豪感，树立"四个自信"
- 发挥青年的创造力，让学生了解物流的发展历史和物流工程肩负的责任

项目导读

从十八大到二十大，看物流行业未来发展机遇

第一节　商流与物流

　　人类社会的经济活动主要由生产、流通和消费组成，流通是联系生产和消费的必要环节。但是，我国长期"重生产，轻流通"，严重抑制了经济增长的内在活力，制约了我国经济的健康发展。改革开放后，流通产业受到重视，流通产业的发展为我国经济的持续稳定增长提供了动力。

一、流通的内容

流通过程主要解决两方面的问题：一是产成品从生产者所有转变为用户所有，要解决所有权的更迭问题；二是要解决对象物从生产地转移到使用地，实现其使用价值，也就是物的流转问题。通常人们将前者称为商流，将后者称为物流。

（一）商流

对象物所有权转移的活动称为商流。在商流中的物资称为商品，商流活动一般称为贸易或交易。商品通过交易活动由供应方转让给需求方，这种转让是按价值规律进行的。商流的研究内容是商品交换活动的全过程，具体包括市场需求预测、计划分配与供应、货源组织、订货、采购调拨、销售等，其中既包括贸易决策，也包括具体业务及财物的处理。

（二）物流

物流是指实物从供应方向需求方的转移过程。这种转移既要通过运输或搬运来完成实物的空间位置变化，又要通过储存、保管来调节供需双方在时间节奏方面的差异，还有可能通过流通加工来改变实物的物理或化学性质。

例如，山西的煤炭埋藏在地表之下，与普通的泥土、石块一样，没有任何使用价值，只有经过采掘、输送到需要煤的地方，才能用作发电或取暖的燃料，成为一种重要的物资。它的使用价值是通过运输，克服了空间距离才得以实现的，这就是物流的空间效应，也称为场所效用。

又如，大米的种植和收获是季节性的，多数地区每年只能收获一次。但是对消费者而言，大米作为食品，每天都要食用，大米也只有在供人们食用的过程中才能实现其使用价值。所以，必须对大米进行保管以满足食用者经常性的需要。大米的这种使用价值是通过保管克服了季节性生产和经常性消耗的时间距离后才得以实现的，这就是物流的时间效应。

（三）信息流与资金流

有人认为，流通是由商流、物流和信息流共同构成的，所以有"三流"之说；也有人提出，除了"三流"外，还应包括资金流，即流通活动共包含"四流"。不论哪一种提法，都不能否认商流与物流的核心地位，因此本书不再深入讨论信息流与资金流。

二、商流与物流的关系

商流和物流是商品流通过程的两个方面。它们既相互联系，又相互区别；既相互结合，又相互分离。

（一）商流与物流的统一

商流是物流的前提。如果没有产品所有权的转移，即买卖活动的发生，那么实物的空间位移则无从谈起。实物运动方向与商品交易方向具有一致性的普遍规律。

物流是商流的保证。如果物流条件不具备或实物运动过程受阻，商品不能到达购买者手中，那么商流就失去了保证。

（二）商流与物流的分离

商流与物流产生分离的根本原因是商流运动的基础——资金，与物流运动的实体——物资，两者具有相对独立性。物资的运动是通过资金的运动来实现的，也就是说，资金的分配是物资运动的前提。但是，正是由于物资受到实物形态的限制，其运动渠道、运动形式与资金运动很不相同。如资金的运动是通过财政、信贷、价格、工资等形式进行；而物资运动则是通过空间位移来实现。资金的转移可以通过邮局汇款、银行转账瞬间完成；而物资的空间位移则须经过运输、储存等一系列漫长的过程来实现。

在实际的流通活动中，既存在只有物流没有商流的情形，如搬家、自有物品的保管等；又存在只有商流而没有物流的特殊现象，如房屋、建筑物等的交易。这些商品虽然会发生所有权转移，但并不发生位置上的转移。商流和物流并不一定同时发生。

三、商流与物流分离的表现形式

商流搞活了，能加快物流的速度，给物流带来活力；而物流的畅通无阻能使商品源源不断地送到消费者手中。商流与物流分离的积极意义在于，充分发挥资金运动和实物运动各自的规律性和有效性，从而推动商品流通向更加现代化的方向发展。实践中常见的几种商流与物流分离的表现形式如下。

（一）结算程序引起的商流与物流的分离

采用"信汇""电汇"进行结算时，一旦买方付款，买方就从法律上取得了商品的所有权，这时商流发生了。但是卖方在收到货款后可能要延迟一段时间才能发运物资，此时物流尚未开始，形成了商流在前、物流在后的分离形式。

采用"托收承付"结算时，卖方先发运物资，再凭运输凭证通过银行办理托收手续。这时物流已经开始，但买方可能还未向卖方付款，或者卖方虽然已经办理了托收手续，而实际意义的商流尚未发生，即商品所有权的转让没有真正实现，出现了物流在前、商流在后的情况。

"三角结算"是指商品交换的三方当事人采用三方结算货款，商品实行直达供应的购销方式。这种交易行为多发生在批发企业的经营活动中。如一批物资在 A、B、C 三方之间发生交易时，先是 B 付给 A 货款，但商品仍然停留在 A 的仓库中，这时商品的所有权已从 A 转移到 B 手中，而 A 与 B 之间并没有发生物流；此后，B 又将商品的所有权转让给 C，C 付给 B 货款，C 与 B 也只发生了商流而没有发生物流，最后 A 把商品直接发运给 C，A 与 C 之间没有商流却有物流，形成商流迂回、物流直达的分离形式。

（二）购销方式引起的商流与物流的分离

商品购销方式引起的商流与物流的分离，主要有以下三种情况。

（1）预购。这种方式是买方预先将货款支付给卖方，过一段时间后，卖方向买方交货。这是一种商流在前、物流在后的分离形式。

（2）赊销和分期付款。这两种方式都是卖方先把商品交给买方，前者为买方延期付款，后者为买方分期付款，形成物流在前、商流在后的分离形式。赊销和分期付款的购销方式在现代商品经济中已经普遍为人们所用，尤其当商品总供给不断增长，甚至出现供过于求的时候，这种分离形式尤其常见。

（三）期货市场形成引起的商流与物流的分离

期货市场所表现的商流与物流的分离形式可谓是一种极端形式。期货交易是指买卖双方支付一定数量的保证金，通过商品交易所进行的在将来某一特定时间和地点交付某一特定品质、规格商品的履行标准合约的买卖。此时，买卖双方关心的不是期货合约背后的真实商品，而是市场波动的商品价格差，即利用市场价格的波动进行套期保值或者利用价格差投机。只有当实物交割时，才发生物流行为。

（四）电子商务环境下商流与物流的分离

电子商务是集商流、物流、信息流、资金流为一身的完整的流通贸易形式。在电子商务环境下的商流、信息流、资金流可以凭借电子工具和网络通信技术支持，轻点鼠标，瞬间完成。但是，物质资料的空间位移，即具体的运输、储存、装卸搬运、配送等物流活动是不可能直接通过网络传输的方式完成的。显然，此时的商流与物流是相互分离的。所以，缺少了现代化的物流系统，电子商务活动就难以顺畅地完成。物流配送是制约电子商务发展的最关键因素。

第二节　物　流　概　念

一、物流概念的演进与发展

微课　认识物流

（一）物流概念的演进

1. 以"PD"（Physical Distribution，PD）命名物流科学的时代

物流的概念是在发展中形成的。物流科学是在世界经济进入大量生产、大量销售时期后，为了解决流通成本上升，在第二次世界大战后期军事后勤保障研究的基础上形成的一门学科。新学科成立的标志是提出了物流系统概念，界定了物流系统范围，认为运输、仓储、装卸搬运等物流活动具有共同的特性，即为了改变物资的空间状态和时间状态，它们都同属于一个大系统的子系统，存在相互制约、相互关联的关系。降低物流成本可以看作系统优化目标。要在降低成本方面取得最佳效果，必须从整体出发，引进系统科学的理论、方法进行系统优化。

由于新学科是在流通领域面世的，当时就以概念相似的 PD 为新科学的名称。美国实物分配管理协会（NCPDM）1963 年对 PD 的定义是："是指有计划地对原材料、在制品和制成品由生产地到消费地的高效运动的过程所实施的一系列功能性活动。"这个定义清晰地表明，现在所说的"生产物流"是不包括在当时所定义的物流系统之内的。

物流科学的研究成果很快在经济领域取得显赫成就，物流学科被认为是最有生命力的新学科之一。

在 20 世纪 60 年代，PD 的概念引进日本并被译为"物的流通"，日本著名学者平原直（1902—2001 年）提出用"物流"一词代替"物的流通"，该词更为简捷并且能更深刻地表达词意内涵。在此之后，"物流"一词迅速地被广泛使用，平原直也因此在日本被称为"物流之父"。

日本当时对物流的定义有多种说法，林周二的描述具有代表性："物流是包含物质资料的废弃与还原，联结供给主体与需求主体，克服空间与时间距离，并且创造一部分形质效果的物理性经济活动。它具体包括运输、保管、包装、装卸搬运、流通加工等活动以及有关的信息活动。"

我国早期有关物流的著作和文献中的"物流"都是按 PD 的概念来阐述的。

2．以"Logistics"命名物流科学的时代

20 世纪 80 年代初期，物流科学逐步发展，企业通过改善物流系统和注重物流管理，不仅节省了成本，增加了利润，保证了服务质量，增强了企业竞争力，还发现物流在企业经营中的重要作用，物流必须作为企业经营战略的重要组成部分。同时认识到，物流系统合理化研究与实施的范围不应该只限于流通领域，必须扩展到供应、生产和流通的全过程，才能取得更大的战略效果。

此外，由于经济发展到个性化消费时代，产品趋向于小批量、多品种，对物流服务的要求越来越高。物流系统优化目标既要考虑降低成本，也要考虑提高服务水平，而且后者的重要性有增加的趋势。

因此，用流通领域的词汇 Physical Distribution 来表述物流，无论是范围和内容都已不能适应时代的发展。从 20 世纪 80 年代中期开始，Logistics 逐渐取代 PD 成为物流科学的代名词。Logistics 是军队的后勤保障系统用语，其含义是对军需物资的采购、运输、仓储、分发进行统筹安排和全面管理。

Logistics 取代 PD 成为物流科学的代名词是物流科学走向成熟的标志。

美国物流管理协会对 Logistics 的定义是："Logistics 是对货物及相关信息从起源地到消费地的有效率、有效益的流动和储存进行计划、执行和控制，以满足顾客要求的过程。该过程包括进向、去向、内向和外部的移动以及以环境保护为目的的物料回收。"

德国的尤尼曼给出的定义是："物流（Logistics）是研究对系统（企业、地区、国家、国际）的物料流及有关的信息流进行规划与管理的科学理论。"

1985 年前后，各国物流行业团体为了适应时代的变化也纷纷更名。美国物流管理协会[①]（NCPDM）、英国的物流管理协会（IPDM）都将自己名称中的 PD 改为 Logistics，即其简称分别改为 CLM（Council of Logistics Management，CLM）和 ILDM。

在日本，由于有词汇"物流"，所以情况较为复杂。因为"物流"已等同于 PD，Logistics 则以音译的外来语（片假名）表示。但是部分学者在著述中也开始用 Logistics 的内涵来描述"物流"的概念。

---

① 美国物流管理协会于 2005 年更名为美国供应链管理专业协会（Council of Supply Chain Management Professionals，CSCMP）。

中国物流界的处理方法和日本有所不同，开始也有人将 Logistics 译为"后勤"或"后勤学"，以与物流（PD）区别。但是 1989 年第八届国际 Logistics 大会在北京举行时，经专家讨论，会议名称定为"第八届国际物流大会"。此后，物流对应的英文单词是 Logistics，已普遍为物流界所接受。2021 年，我国国家标准《物流术语》又明确地规定"物流"的对应英文单词为 Logistics。

3. 供应链管理时代

互联网技术为供应链管理取得成功提供了有力的支持。物流和资金流、信息流都是供应链的组成部分，但在供应链整合中，物流部分经常起着主导作用，人们进一步认识到物流的作用在新经济环境中，还应该继续发展扩大，要把物流与供应链联系在一起，使物流研究范围的外延和内涵都发生一个飞跃。物流系统的范围进一步扩大，其覆盖不仅贯穿一个企业的供应、生产和销售全过程，而且要覆盖供应链的上、下游企业。

为了反映物流内涵的新变化，1998 年美国物流管理协会又一次修改了 Logistics 的定义："Logistics 是供应链流程的一部分，是为了满足客户需求而对商品、服务及相关信息从原产地到消费地的高效率、高效益的正向和反向流动及储存进行的计划、实施与控制过程。"

加拿大的物流行业组织——物流管理协会的名称一直跟随物流科学的发展变化，该协会的名称从 1967 年起一直使用 PD；1992 年更名，把 PD 改为 Logistics；2000 年又改称为"加拿大供应链与物流管理协会"。

4. 关于物流定义的说明

"物流"一词现在已被人们经常使用，在中国物流实践中，物流活动、物料流有时也简称物流，为了讲述问题方便倒也无可非议，但是从现代物流科学角度来看，"物流"有着严格的定义。

我国国家标准《物流术语》（GB/T 18354—2021)）对物流的定义是："根据实际需要，将运输、储存、装卸、搬运、包装、流通加工、配送、信息处理等基本功能实施有机结合"，使物品从供应地向接收地进行实体流动的过程。

（二）物流概念的发展

人们对物流的认识是随着社会经济的发展而不断深入的。人们用不同的眼光、从不同的角度来认识物流、解释物流，使物流的概念出现了多元化趋势。

20 世纪 60 年代的物流硬技术曾经使物流的发展产生过一次大的飞跃。现已出现和使用的大型专用船舶、集装箱、自动化仓库、以互联网为代表的高速度的通信网络以及其他先进的物流设备，在未来将会大幅度增加，其水平和功能将会进一步提高。

未来的物流或许会使今日的物流概念得到全面的革新，物流概念所涉及的范围将会在现有的基础上扩展。从社会经济的生产、分配和消费等环节中的物质运动到生产环节内部的原材料、半成品、产成品的位移，从实体移动的技术手段到组织运动的方法都将发生"质"的飞跃。物流的内涵与外延也将随着社会经济的进步而进步。

二、物流活动的构成

根据我国的《物流术语》标准，物流活动包括物品的运输、储存、装卸、搬运、包装、流通加工、配送、信息处理等，以下内容也常被称为"物流的基本功能要素"。

（一）运输活动

运输活动的目的是改变物品在空间上的位置移动。物流组织者依靠运输解决生产地与需求地之间存在的空间距离问题，创造商品的空间效用。运输是物流的核心，在许多场合，人们甚至把它作为整个物流的代名词，对运输活动进行管理时，组织者应该选择技术、经济效果最好的运输方式或联运组合，合理地确定输送路线，以满足运输的安全、迅速、准时和低成本要求。

（二）储存活动

储存活动也称为保管活动，是为了克服生产和消费在时间上的不一致所进行的物流活动。物品通过储存活动满足用户的需要，从而产生了时间效用。储存活动借助各种仓库、堆场、货棚等，完成物资的保管、养护、堆存等作业，以便最大限度地减少物品使用价值的下降。储存管理要求组织者确定仓库的合理库存量，建立各种物资的保管制度，确定仓储业流程，改进保管设施和提高储存技术等。储存的目的是"以与最低的总成本相一致的最低限度的存货来实现所期望的顾客服务"。储存活动也是物流的核心，与运输活动具有同等重要的地位。

（三）装卸搬运活动

装卸搬运活动是指为衔接物资的运输、储存、包装、流通加工等作业环节而进行的，以改变"物"的存放地点、支承状态或空间位置为目的的机械或人工作业过程。运输、保管等物流环节的两端都离不开装卸搬运活动，在全部物流活动中只有装卸搬运伴随着物流全过程，其具体内容包括物品的装卸、移送、拣选、分类等。对装卸搬运活动的管理包括：选择适当的装卸搬运方式，合理配置和使用装卸搬运机具，减少装卸搬运事故的发生和损失等。

（四）包装活动

包装大体可以分为工业包装和商业包装两大类，具体包括产品的出厂包装，生产过程中制成品、半成品的包装，以及在物流过程中的换装、分装、再包装等。工业包装纯属物流的范畴，它是为了便于物资的运输、保管，提高装卸效率和装载率。商业包装则是把商品分装成方便顾客购买和易于消费的商品单位，属于销售学研究的内容，商业包装的目的是向消费者展示商品的内容和特征。包装与物流的其他功能要素有着密切的联系，对物流合理化进程有着极为重要的推动作用。

（五）流通加工活动

流通加工活动又称流通过程中的辅助加工。流通加工是在物品从生产者向消费者流动的过程中，为了促进销售、维护产品质量、实现物流的高效率所采取的使物品发生物理和化学变化的功能。商业企业或物流企业为了弥补生产过程中的加工不足，更有效地满足消费者的需要，更好地衔接产需，往往需要进行各种不同形式的流通加工。

（六）配送活动

配送活动是按用户的订货要求，在物流据点完成分货和配货等作业后，将配好的货物送交收货人的物流过程。配送活动大多以配送中心为始点，而配送中心本身又具备储存的功能。配送活动中的分货和配货作业是为了满足用户要求而进行的，所以经常要开展拣选、改包装等组合性工作，必要的情况下，还要对货物进行流通加工。配送的最终实现离不开运输，所以人们经常把面向城市或特定区域范围内的运输称为"配送"。

（七）处理物流信息活动

物流活动中大量信息的产生、传送和处理为合理地组织物流提供了可能。物流信息对上述各种物流活动的相互联系起着协调作用。物流信息包括与上述各种活动有关的计划、预测、动态信息，以及相关联的费用情况、生产信息、市场信息等。对物流信息的管理，要求组织者建立有效的情报系统和情报渠道，正确选定情报科目，合理进行情报收集、汇总和统计，以保证物流活动的可靠性和及时性。现代物流信息以网络和计算机技术为手段，为实现物流的系统化、合理化、高效率化提供了技术保证。

三、物流的性质

物流自始至终构成流通的物质内容，没有物流，也就不存在实际的物资流通过程，物资的价值和使用价值就不能实现，社会再生产就无法进行。

（一）物流的生产属性

从事物资运输、储存、装卸、搬运、包装、流通加工等活动的物流企业与从事物质资料生产的工业企业，虽然在生产内容和形式上有所不同，但都具有生产性。无论是生产企业的物流，还是流通领域的物流都是相同的。这是因为：

1．物流是社会再生产中的必要环节

物流虽然不能使物资的使用价值增加，但是能够保持已创造的使用价值不受损失，解决产品的生产和消费在时间上和空间上的矛盾，从而为物资使用价值的最后实现创造条件。从这个意义上说，物流活动同物资的生产一样能够创造价值。正因为物流活动所付出的劳动与实现物资的使用价值直接相关，所以物流活动被视为社会必要劳动的一部分。

2．物流活动同样具备生产力的三要素，即劳动力、劳动资料和劳动对象

为了保证物流活动的正常进行，必须具备各种机械设备和劳动工具，这就是物流的劳动资料要素；物流的劳动对象是流动着的各种实物；从事物流工作的人是物流生产的劳动者。从这个意义上说，物流活动是具有一定物流工作技能的劳动者通过各种物流设施、物流设备或劳动工具对物质资料进行时间和空间转移的一种社会经济活动。

物流的生产性是由物资供求的时空矛盾，以及物资自身的物理、化学性能，即自然属性所决定的。因此，它与生产力的发展有着直接联系，称之为物流的自然属性。

（二）物流的社会属性

物流的社会属性是由一定的社会生产关系决定的。物流活动除受到其自身运动规律的影响之外，也经常受到不同社会经济形态中物资所有者和物流组织者个人意志的影响。这种由社会形式和生产关系所决定的物流的社会属性，提醒人们在研究物流时应注重社会形态的研究，要使物流能满足我国社会主义市场经济的需要，能反映出我国社会主义市场经济的交换关系，并为从事物流活动的主体提供相应的经济效益。

（三）物流的服务属性

军事后勤为部队和战争服务，工业后勤为制造业的生产和经营服务，商业后勤为商业运行和顾客服务。企业物流是企业生产和经营的基础，国民经济物流是国民经济的命脉，国际物流既是国际贸易最终的实现手段，也是经济全球化的基石。总之，物流是为社会经济中的其他活动提供后勤保障的服务性活动，物流的核心是服务。

四、现代物流的主要特征

在物流产业蓬勃发展的今天，人们对现代物流的理解还存在很多偏差。有人认为现代物流就是送货上门的服务，就是建立拥有先进仓储设施的产品分销中心，就是对传统贸易方式下的有形市场做进一步发展。因此，一些所谓的物流企业纷纷投巨资建造自动化的仓储设施和产品分销中心，开发区域性或全球性有形市场，扩展并巩固现有的分销网络。事实上，真正的现代物流要以虚拟市场取代有形市场，要压缩有形的仓储设施和商品分销中心，要精简和简化分销网络。

随着社会经济的发展，现代物流在运作上也呈现出多样化的特征，主要表现为以下几点。

（1）反应快速化。物流服务提供者对上游、下游的物流配送需求的反应速度越来越快，配送间隔时间越来越短，商品周转次数越来越多。

（2）功能集成化。现代物流着重于将物流与供应链的其他环节进行集成。

（3）服务系列化。除了传统的储存、运输、包装、流通加工等服务外，现代物流服务在外延上向上扩展至市场调查与预测、采购及订单处理，向下延伸至配送、物流咨询、物流方案的选择与规划、库存控制策略建议、货款回收与结算、教育培训等增值服务。

（4）作业规范化。现代物流有着规范的作业标准和服务标准。

（5）目标系统化。现代物流从系统的角度统筹规划一个公司整体的各种物流活动，力求整体活动的最优化。

（6）手段现代化。世界上最先进的物流系统已经在运用 GPS（全球卫星定位系统）、卫星通信、射频识别装置、机器人等现代技术，实现了自动化、机械化、无纸化和智能化。同时，通过采用 ERP（企业资源计划）系统，企业对库存与运输的控制能力已大大增强。

（7）组织网络化。现代物流需要有完善、健全的组织网络体系，使网络上点与点之间的物流活动保持系统性和一致性，这样既可以保证整个物流网络有最优的库存总水平及库存分布，又能为企业提供快捷、灵活、高效的物流服务。

（8）经营市场化。现代物流的具体经营采用市场机制，无论是企业自己组织物流，还是委托社会化物流企业承担物流任务，都以"服务—成本"的最佳组合为总目标。谁能提供最佳的"服务—成本"组合，谁就是物流市场竞争的优胜者。

五、物流管理及其原则

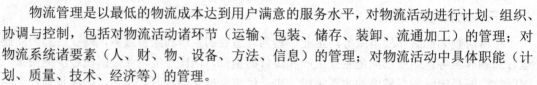

"管理"是指为实现一定的目标而对管理对象实施一定的管理职能，如计划、组织、指挥、协调、控制、考核等活动。

物流管理是以最低的物流成本达到用户满意的服务水平，对物流活动进行计划、组织、协调与控制，包括对物流活动诸环节（运输、包装、储存、装卸、流通加工）的管理；对物流系统诸要素（人、财、物、设备、方法、信息）的管理；对物流活动中具体职能（计划、质量、技术、经济等）的管理。

物流管理有以下几项原则。

（一）服务性原则

物流业属于服务业，物流管理必须以用户为中心。随着商品经济的纵深发展，对于物流活动，用户更重视高效率、低消耗。所以现代物流业必须满足用户多样化的需求。例如，在承担中长距离运输的同时，还要注意满足用户小批量、多批次、短距离、时间准的要求，甚至要为用户"量身定做"物流方案。例如，日本丰田公司采用的先进管理经验——"零库存"或称"准时生产方式"，当原料配件运到企业时正好上生产线，产品完工后即运给下一道工序或用户。因此，企业不需要库存，使储备资金占用降到最低。这往往不是企业自备物流部门能做到的，必须有一个精干的物流机构支持，尤其在经济发达地区，都由专业物流企业承担，它们的服务与用户的需要配合得分毫不差，这充分体现了物流的服务性。

（二）通用性原则

专业物流企业为用户提供个性化服务，这必然产生高昂的费用，但是，如果能采用通用化的物流设施与设备，提高设施设备的利用率，就能降低物流成本。如集装箱、托盘等集装工具的标准化，规定最小的集装单元的尺寸是 600mm×400mm，都是通用性的具体表现。

随着现代物流业全球性的发展，不仅要求设施与设备通用，而且要求商务单证、手续规则通用等，这也是现代物流业发展所要研究解决的问题。

（三）合理化原则

物流企业要降低物流成本，就要考虑按最优模式设计作业，对各个作业环节——运输、储存、包装、装卸搬运、流通加工等进行合理组织。需要注意的是，在物流的作业环节中，存在着相互制约问题，即"背反现象"。例如，小批量进货可以降低存储成本，但要增加采购次数，这使采购费用增加；简化包装可以降低包装成本，但包装强度降低，会使破损率上升，维修或赔偿费用增加，甚至损害自己的声誉。因此，物流管理应遵循合理化原则，进行周密的考察，衡量各方面的利害关系、影响程度等，确定矛盾双方各自应该具有的水平，得到较折中的处理方法，使综合效益最大化。

第三节 物流学科

微课 物流学
的主要观点

一、物流学科的主要内容

理论的发展指导实践的变革，实践经验的升华带来理论的创新。随着经济社会的发展，物流活动的形式由简单到复杂，范围由小到大，技术水平由低到高。在物流实践不断发展的基础上，必然产生研究物流的科学。研究物流的科学不断积累，形成相对完善和独立的物流学科。物流学科的研究将促进物流人才的培养，提高物流从业人员的综合素质，从而推动物流产业的快速发展和竞争力提升。物流学科是以物流全过程为对象，研究物品实体流动的概念、理论、规律、技术和方法的学科，其主要内容表现在以下四个方面。

（一）物流作为新兴学科要研究的一些基本问题

物流学科是新兴学科，需要研究的问题包括该学科的研究对象、研究内容、学科性质、研究目的、研究方法、基本假设、基本概念、基本原理、理论体系、基本技术以及物流学科与其他学科的联系等。物流学科的研究旨在提出建立物流学科体系，并就其中比较关键的问题发表看法，深入探讨关于建立物流学科体系的其他问题。

（二）围绕对物流的认识而要研究的问题

关于物流的理论与实践发展得非常快，涉及物流的新概念层出不穷，一个概念的内涵和外延还没有弄清，就出现一个可能会代替它的新概念。在物流学科建设的初期，亟须对下列问题进行研究：物流的概念，物流在国民经济中的作用，物流的宏观管理，物流对生产、流通和消费的影响，物流的本质特征，物流与传统储运的区别，物流包括的行业，物流产业的发展前景，物流的结构与功能分析，物流中心或者配送中心的规划、设计与管理等。

（三）围绕物流要素而要研究的问题

从物品的角度来看，需要研究的问题包括不同商品的物流特性，不同商品的保管、养护技术与方法，商品的检验与鉴定技术，商品的识别技术，商品的物理、化学、生物特性对运输、储存、装卸、包装、流通加工、物流信息处理的影响和要求，商品的品种结构与企业经营的关系等。从载体的角度来看，需要研究的内容主要包括载体数量与结构优化、载体网络布局与优化等。从流向的角度来看，主要研究内容包括物流的流向规律、物流流向的组织与优化、物流流向的控制技术等。从流量的角度来看，主要研究如何在物流过程中以尽可能少的流量、尽可能少的中间库存（在库库存和在途库存）满足末端消费者的需求。在流程方面，要配合生产资源的配置、销售网络的布局来研究如何使物流流程最短，尤其是在给定物流网络的情况下，如何使物流路径最短。从物流各要素的协调来看，主要研究内容包括物流各要素的关系、物流要素的集成与协调技术等。

（四）围绕建立物流系统而要研究的问题

物流集成是现代物流与传统物流的本质区别，要将储存、运输等物流系统所包含的各个具体功能集成起来不是一件容易的事。物流学科要研究物流系统界定的原则与标准，物流系统的功能、资源、组织、运作等的集成规律，如集成的条件、模式、技术及具体措施等。当物流系统能够很好地集成之后，还要对物流系统与商流系统、制造系统、客户服务系统等进行集成，越是能够在更大的范围内进行集成，意义就越大，这项研究对物流学科体系的建立具有战略意义。

二、物流学科体系的框架

物流学科体系的基本框架可分为以下四个层次，如图 1-1 所示。

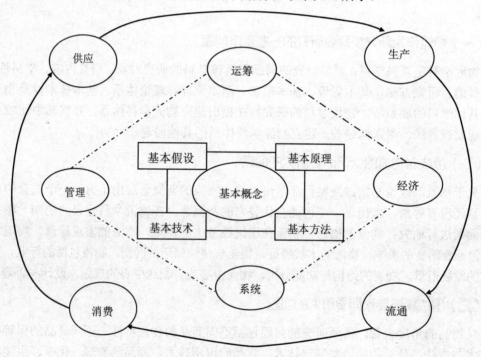

图 1-1　物流学科体系的框架

第一层次：物流学科体系的核心——基本概念。要理解物流，必须借助于与物流相关的一系列基本概念，如物流、配送、物流中心、配送中心等。物流学科体系的所有其他组成部分都是通过这些概念来表现并由此而展开。这些概念是人类在逐步归纳和综合几千年社会实践的基础上抽象出来的，当这些概念足够稳定，其内涵和外延能够被准确地表达的时候，说明以这些概念体系为基础演绎出一个学科的时机已经成熟。这一层次是物流学科体系的基本内核。

第二层次：物流学科体系的四大支柱——基本假设、基本原理、基本技术和基本方法。

这四大支柱与物流学科体系的核心概念一起演绎出物流学科体系的基本框架，物流的核心概念与这四大支柱组成了物流学科体系的主要理论。这一层次是物流学科体系的基本内涵。

第三层次：物流学科体系的理论基础——系统论、运筹学、经济学和管理学。物流学科的建立，本身依赖于其他已经成熟的学科作为自己的理论基础，物流理论就是在这些理论的基础上发展起来的，这也是物流与其他相关学科联系的具体反映。系统论包括系统工程、价值工程等；运筹学包括高等数学、线性代数、线性规划、概率论与数理统计等；经济学包括宏观经济学、微观经济学等；管理学包括营销、组织行为学、战略管理等。

第四层次：物流学科体系还以其他一些学科理论为支撑，这些相关学科构成物流学科体系的第四个层次。现代物流的运作和管理依赖于现代化的技术手段和条件，研究这些技术或手段的学科就成为物流学科体系的相关学科，如电子、电气及信息类学科对现代物流的作用越来越显著，这些学科对其他许多学科都起着类似的作用，因此应作为物流学科的相关学科。

以上四个层次形成的物流学科体系框架与供应、生产、流通和消费四大环节具有紧密的联系。物流活动发生在供应、生产、流通和消费的所有环节，所以物流学科的研究对象就是供应、生产、流通和消费活动中的物流问题。

三、物流学科的基本属性

根据物流学科的研究内容和基本框架，可以看出物流学科属于经济学、管理学、工学和理学等互相交叉的学科。

（一）经济学属性

物流学科研究大量的物流资源配置优化、物流市场的供给与需求、政府对物流的管理、物流发展等问题，而解决这些问题靠的是经济学理论在物流中的具体应用。物流学涉及许多经济学类专业，如经济学、国际经济和贸易等。

（二）管理学属性

物流活动是由物流组织来完成的。企业的物流系统规划与设计、物流业务的具体运作、物流过程的控制、物流效益的考核与评估等都是管理，需要管理学理论的指导。物流与许多管理类专业有关，如工程管理、工业工程、信息管理、企业管理、市场营销、会计学、财务管理等。

（三）工学属性

现代物流是一个技术含量很高的产业。国外大型配送中心一般都配备高度自动化的物流设施，建设前需要大量的工程技术人员进行分析和设计，建成后需要工程技术人员进行维护和管理。物流系统分析、设计和管理都涉及大量的工程和技术，因此物流学涉及工学类的许多专业，如机械、建筑、电子、信息、材料、交通运输等。

（四）理学属性

物流的流体是商品，各种商品的物理、化学、生物特征不完全相同。物流活动过程中，商品的检验、养护、鉴定、流通加工等作业环节都需要诸如数学、物理、化学等理论的指导。

物流学科还与其他许多学科有关，如哲学、法学等，但就物流学科整体而言，它是具有以上四种属性的交叉学科，而且不能轻易地说清物流学科属于哪一种属性。因为既然是交叉型学科，必然具有多学科属性，而不同的学科属性是从不同的侧面来分析的，也就是说，确定了一个问题讨论的侧重点，可以将物流学科的属性与研究的重点联系起来讨论。物流学科以系统科学的基本原理作为贯穿始终的方法之一，物流学科的四种属性决定了物流学科的研究方法。例如，从宏观管理的角度来看，物流学科的主要属性应该是经济学属性；从企业管理层面来看，物流学科的主要属性应该是管理学属性；从运作层面来讲，物流学科的主要属性应该是工学属性。

第四节　物流的分类和行业组成

一、物流的分类

按照物流系统的作用、属性及作用的空间范围，可以对物流进行如下分类，分类的目的是便于研究。

（一）按照作用分类

1. 供应物流

生产企业、流通企业或消费者购入原材料、零部件或商品的物流过程称为供应物流，也就是物资生产者、持有者在需求者、使用者之间的物流。对于工厂而言，供应物流是指生产活动所需要的原材料、备品备件等物资的采购、供应活动所产生的物流；对于流通领域而言，供应物流是指交易活动中，从买方立场出发的交易行为中所发生的物流。

企业的流动资金大部分被购入的物资材料及半成品等占用，供应物流的严格管理及合理化对于企业的成本有重要影响。

2. 销售物流

生产企业、流通企业售出产品或商品的物流过程称为销售物流，是指物资的生产者或持有者到用户或消费者之间的物流。对于工厂是指售出产品，而对于流通领域是指交易活动中，从卖方角度出发的交易行为中的物流。

通过销售物流，企业得以回收资金，并进行再生产活动。销售物流的效果关系到企业的存在价值是否被社会承认。销售物流的成本在产品及商品的最终价格中占有一定的比例。因此，在市场经济中为了增强企业的竞争力，销售物流的合理化可以收到立竿见影的效果。

3．生产物流

在制造业中，从工厂的原材料购进入库起，直到工厂成品库的成品发送为止，这一全过程的物流活动称为生产物流，生产物流是制造产品的工厂企业所特有的，它和生产流程同步。原材料、半成品等按照工艺流程在各个加工点之间不停顿地移动、流转，形成了生产物流。如果生产物流中断，生产过程也将随之中断。

生产物流合理化对工厂的生产秩序、生产成本有很大影响。生产物流均衡稳定可以保证在制品的顺畅流转，缩短生产周期。在制品库存的压缩，设备负荷均衡化，也都和生产物流的管理和控制有关。

4．回收物流

在生产及流通活动中有一些资料是要回收并加以利用的，如作为包装容器的纸箱、塑料筐、酒瓶等，建筑行业的脚手架也属于这一类物资。还有可用杂物的回收分类和再加工，例如，旧报纸、书籍通过回收、分类可以再制成纸浆加以利用。特别是金属废弃物，由于金属具有良好的可再生性，可以回收并重新熔炼成有用的原材料。目前我国冶金生产中每年有 30Mt 废钢铁作为炼钢原料使用，也就是说，我国钢产量中有 30%以上是由回收的废钢铁重新熔炼而成的。

回收物资品种繁多，流通渠道也不规则，且多有变化，因此，管理和控制的难度大。

5．废弃物物流

生产和流通系统中所产生的无用的废弃物，如开采矿山时产生的土石、炼钢生产中的钢渣、工业废水，以及其他一些无机垃圾等，如果不妥善处理，会造成环境污染，如果就地堆放会占用生产用地以致妨碍生产。对这类物资的处理过程中产生了废弃物物流。城市垃圾的处理也是城市废弃物物流的重要形式。对废弃物物流的处理，主要考虑它具有不可忽视的社会效益。为了减少资金消耗，提高效率，更好地保障生活和生产的正常秩序，对废弃物资综合利用的研究很有必要。

（二）按照物流活动的空间范围分类

1．地区物流

地区物流有不同的划分原则：首先，按行政区域划分，如西南地区、河北地区等；其次，按经济圈划分，如三亚经济圈、鲁南经济圈；最后，按地理位置划分，如长江三角洲地区、环渤海地区等。

地区物流系统对于提高该地区企业物流活动的效率，以及保障当地居民的生活环境来说不可或缺。研究地区物流应根据地区的特点，从本地区的利益出发组织好物流活动。如某城市建设一个大型物流中心，显然这对于当地物流效率的提高、降低物流成本、稳定物价很有帮助，但是也会引起由于供应点集中、货车来往频繁而产生废气噪声、交通事故等消极问题。因此，物流中心的建设不仅是物流问题，还要从城市建设规划、地区开发计划出发，统一考虑，妥善安排。

2．国内物流

国家或相当于国家的实体，是拥有自己领土和领空的政治经济实体。它所制定的各项计划、法令政策都应该是为其自身的整体利益服务的。物流作为国民经济的一个重要方面，也应该纳入国家总体规划的内容。我国的物流事业是社会主义现代化事业的重要组成部分，全国物流系统的发展必须从全局着眼，对于部门分割、地区分割所造成的物流障碍应该清除。在物流系统的建设投资方面也要从全局考虑，使一些大型物流项目能尽早建成，为社会主义经济服务。

3. 国际物流

当前网络时代，世界的发展主流是经济全球化，国家与国家之间的经济交流越来越频繁，如果不投身于国际经济大协作中，国家的经济技术就得不到良好的发展。工业生产也走向社会化和国际化，跨国公司在世界经济中的影响越来越大，一个企业的经济活动可以遍布各大洲。国家之间的原材料与产品的流通越来越发达，因此，国际物流的研究已成为物流研究的一个重要分支。

（三）按照物流系统的性质分类

1. 社会物流

社会物流一般指流通领域所发生的物流，是全社会物流的整体，所以有人称之为大物流或宏观物流。社会物流的一个标志是：伴随商业活动（贸易）发生，也就是说，物流过程和所有权的更迭是相关的。

就物流科学的整体而言，可以认为主要研究对象是社会物流。社会物资流通网络是国民经济的命脉，流通网络分布的合理性、渠道的畅通至关重要，必须进行科学管理和有效控制，采用先进的技术手段，保证高效率、低成本运行，以带来巨大的经济效益和社会效益。物流科学对宏观经济的重大影响是物流科学受到高度重视的主要原因。

2. 行业物流

同一行业中的企业是市场上的竞争对手，但是在物流领域中常常互相协作，共同促进行业物流系统的合理化。

例如，日本的建设机械行业提出行业物流系统化的具体内容包括：各种运输手段的有效利用；建设共同的零部件仓库，实行共同配送；建立新旧设备及零部件的共同流通中心；建立技术中心，共同培训操作人员和维修人员；统一建设机械的规格等。

又如在大量消费品方面采用统一传票、统一商品规格、统一法规政策、统一托盘规格、陈列柜和包装模数化等。

行业物流系统化的结果使参与的各个企业都得到相应的利益。各个行业的协会或学会应该把行业物流作为重要的研究课题之一。

3. 企业物流

企业是为社会提供产品或某些服务的经济实体。一个工厂要购进原材料，经过若干道工序的加工，形成产品销售出去。一个运输公司要按客户要求将货物输送到指定地点。在企业经营范围内由生产或服务活动所形成的物流系统称为企业物流。

综上所述，可以从不同角度对物流系统进行分类，分类的目的是便于研究、分析其活动规律，可以在相应的范围内组织实施物流合理化。图 1-2 表明了上述各种物流分类关系状况。

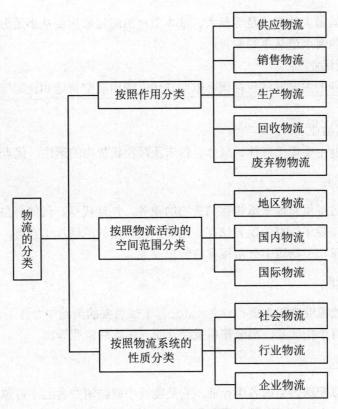

图 1-2 物流分类图

二、现代物流业的行业组成

（一）交通运输业

交通运输业是现代物流业的主体行业，包括以下几项。

1．铁道货运业

铁道货运业包括与铁道运输有关的装卸、储运、搬运等，具体业务包括整车运输业务、集装箱运输业务、混载运输业务和行李托运业务。铁路运输的优势在于能承担低价值物品的中长距离大宗货运。

2．汽车货运业

汽车货运业分为一般汽车货运和特殊汽车货运。一般汽车货运业从事普通性质的货物干线运输或区域运输；特殊汽车货运专门运送过长或过大物品、笨重物品、危险物品、鲜活易腐物品等特殊物品。汽车运输的优势在于可以提供短距离条件下迅速、便利、直达的运输服务，比其他运输方式更适合承担小批量、多批次的配送业务。

3．水道货运业

水道货运业包括远洋、沿海、内河三大类别的船舶运输。远洋运输是海上长途运输，这种运输是国际物流中的主要运输方式，主要业务内容包括：船舶运输、船舶租赁和租让、运输代办等，其最大的优势是运量大、成本低；沿海运输主要从事近海、沿海的海运；内河运输主要在内河水道从事船舶货运。

4．航空货运业

航空货运业的主要业务包括国际航空货运、国内航空货运和快运等，航空运输的优势是速度快。

5．管道运输业

管道运输业主要用于液体、气体、粉末及颗粒状货物的运送，优点是货损、货差少。

（二）仓库业

仓库业通过提供仓库来承担存储货物的业务，包括代存、代储、自存自储等。现代物流业的存储环节除了原有的保管储存，还要承接大量的流通加工业务，如分割、分拣、组装等，同时还承担了物流中分量很重的装卸业务。

（三）通运业

通运业是物流业中的主要行业之一，它起了很重要的沟通中介作用。如集装箱联运业、运输代办业、行李托运业、集装箱租赁经营业、托盘联营业等。

（四）配送业

配送业是以配送为主的各类行业，它是物流中联结消费者的不可忽视的环节，这一行业要从事大量的商流活动，是商流和物流一体化的行业。

现代物流业在我国已经步入快速发展的新时期，这既给国民经济带来新的效益增长点，又给我们带来新的挑战，物流时代这种发展态势一定会使我国在经济、技术、文化等各个领域有更大的进步。

三、现代物流发展的重要意义

下面从微观（产品）、中观（企业）、宏观（国民经济）三个层面分析现代物流发展的重要意义。

（一）现代物流发展对产品价值的贡献

一般来说，企业向消费者或其客户创造的产品或服务有四种价值：形态价值、空间价值、时间价值、占有价值。如果产品或服务不能在客户所希望消费的时间、地点提供给客户，那么就无从谈论价值。

1．形态价值

形态价值是通过将投入转化为产出，即通过加工及包装等改变物品的形状和性质而创造出来的。

在当今的经济环境中，某些物流活动也提供形态价值。例如，配送中心的分拣和产品搭配组合活动，通过改变装运规模和包装特点，改变了产品的形态，产生了产品的形态效用。

2．空间价值

物流的作用之一是将产品从供给地输送到需求地，物流通过运输、搬运、装卸等克服供需之间的空间距离，创造了产品或服务的空间价值。

3．时间价值

客户或消费者不仅要在需要的地点得到产品或服务，而且还必须在他们需要的时间得到。物流通过储存、保管等克服了供需之间的时间距离，创造了产品或服务的时间价值。

4．占有价值

产品或服务的占有价值是通过营销、技术和财务部门创造的。企业通过广告、技术支持、销售等手段，帮助客户或消费者获得了产品或服务。在商品经济中，物流依赖于占有价值而存在。只有当客户对产品或服务有需求时，提供时间价值和空间价值才有意义。

总之，综合策划的物流组合服务通过创造产品或服务的形态价值、时间价值、空间价值而实现了产品价值的提升。

（二）现代物流发展对企业的作用

许多生产流通企业在加强技术开发和推进全面质量管理的同时，已经将降低成本和提高价值的目标转向了物流领域。

1．现代物流是生产流通企业的第三利润源泉

20 世纪六七十年代，发达国家的企业大多把追求利润的竞争焦点放在生产领域，千方百计降低物资资源消耗以获取"企业的第一利润源泉"，千方百计提高劳动生产率以获得"企业的第二利润源泉"。然而，生产领域的这两个"利润源泉"都要受到科学技术水平的制约，在生产机械化、制度化程度不断提高和生产工艺日趋程序化、规范化的新情况下，技术趋同性的增强使这两个"利润源泉"的产出越来越少。

进入 20 世纪 80 年代，面对全球激烈的市场竞争挑战，人们开始把探寻利润的目光从生产领域转向非生产领域。物流因其贯穿了生产和流通的全过程，所以合理、高效的物流能够通过对企业的整个生产和流通结构的协调与完善带来巨大的利润。物流作为企业的"第三利润源泉"，成为市场竞争的一个新焦点，受到理论界和实业界的高度重视。

2．现代物流是企业获取竞争优势的重要源泉

20 世纪七八十年代，随着企业的经营理念从"产品导向"过渡到"市场导向"，"为顾客创造价值"逐渐成为时代的主旋律。

一个拥有卓越物流能力的企业，可以通过向客户提供优质的服务获得竞争优势；一个物流管理技术娴熟的企业，如果存货的可得性、递送的及时性和交付的一贯性等方面领先于同行业平均水平，就能成为有吸引力的供应商和理想的业务伙伴。放眼世界 500 强企业，它们拥有世界一流的物流管理能力，通过向顾客提供优质服务获得竞争优势。可以说，物流管理已经成为当今工商企业最具有挑战性的领域之一。发展物流，强化物流管理，不仅能使企业获取"第三利润源泉"，而且可以帮助企业获取竞争优势。现代物流管理已经被纳入企业战略的范畴，甚至成为企业发展战略的基石。

（三）现代物流在国民经济中的地位

（1）物流产业是国民经济中的动脉系统，它连接社会经济的各个部分并使它们成为一个有机整体。

在现代经济中，由于社会分工的日益深化和经济结构的日趋复杂，各个产业、部门、企业之间的交换关系和相互依赖程度也愈来愈错综复杂，物流产业是维系这些复杂交换关系的"纽带"和"血管"。因此，物流产业是经济运行中不可或缺的重要组成部分。

（2）物流产业通过对各种物流要素的优化组合和合理配置，实现物流活动效率的提高和社会物流总成本的降低。

当物流活动分散在不同企业和不同部门时，各种物流要素很难充分发挥其应有的作用，例如，仓储空间的闲置等。随着物流活动从生产和流通领域中分化出来，各种物流要素也逐渐成为市场资源，专业化物流企业可以根据各种物流活动的要求在全社会范围内对各种物流要素进行整体的优化组合和合理配置，从而可以最大限度地发挥各种物流要素的作用，提高全社会的物流效率。

（3）物流产业可以为全社会提供更为全面、多样化的物流服务，并在物流全过程及其各个环节实现价值增值。

当物流活动从生产过程和交易过程中独立出来后，物流就不再是一个简单的成本因素，而成为一个为生产、交易和消费提供服务的价值增值因素，其中也蕴藏着巨大的商业潜力。专业化物流企业不仅可以提供货物运输、配送、流通加工等有形服务，而且可以提供物流方案设计、物流信息管理等无形服务，这是商业企业、运输企业、仓储企业等传统流通部门难以企及的。相对于产品的生产过程而言，物流服务创造的是产品的空间价值和时间价值，它们是产品价值的重要组成部分。因此，物流产业是国民经济中创造价值的产业部门，并正在成为全球经济发展中的热点和新的经济增长点。

 案例

2023 年全球智能物流行业市场现状及发展趋势分析

 本章小结

本章的主要目的是培养读者对物流概念的总体认识。物流学科是以物流全过程为对象，研究物品实体流动的概念、理论、规律、技术和方法的学科，属于经济学、管理学、工学和理学等相互交叉的学科。

本章首先从商流与物流的关系入手，介绍物流概念的演进与发展，说明物流的性质和

特征；接着介绍物流学科的主要内容、体系框架、基本属性；最后介绍物流的分类、物流业的行业组成以及现代物流发展的重要意义。

复习思考题

1. 商流与物流的关系是什么？
2. 我国国家标准《物流术语》对物流的定义是什么？
3. 现代物流的主要特征有哪些？
4. 物流学科的性质有哪些？
5. 现代物流发展的重要意义有哪些？
6. 我国物流发展中存在的问题有哪些？
7. 为加快发展我国现代物流，应采取哪些措施？

第二章 运　输

- ❑ 掌握运输的概念、地位、原理和功能
- ❑ 掌握不同运输方式的特点
- ❑ 了解运输中的技术创新

技能要求

- ❑ 判断运输的合理性
- ❑ 根据实际需要提出运输合理化的解决途径

素质目标

- ❑ 引导学生养成爱岗敬业、认真严谨的工作态度
- ❑ 引导学生做到遵纪守法、遵守职业道德

项目导读

解读中国供应链与物流发展的方向

第一节　运输概述

微课　运输概述

一、运输的概念

中华人民共和国国家标准《物流术语》（GB/T 18354—2021）对运输的解释是："运输是指利用载运工具、设施设备及人力等运力资源，使货物在较大空间上产生位置移动的活动。"与搬运不同，运输的活动范围一般较大。

二、运输的地位和作用

物流是物品实体的物理性运动，这种运动不仅改变了物品的时间状态，同时也改变了物品的空间状态。运输主要承担改变物品空间状态的任务，是改变物品空间状态的主要手段。运输与装卸、搬运、配送等活动相结合，就可以圆满完成改变物品空间状态的全部任务。

运输是社会物质生产的必要条件之一，是国民经济的基础。马克思将运输称为"第四个物质生产部门"，是生产过程的继续，这个"继续"虽然以生产过程为前提，但如果没有它，生产过程则不能最终完成。虽然运输这种生产活动和一般的生产活动有所不同，它不创造新的物质产品、不增加社会产品数量、不赋予产品新的使用价值、不创造新的空间位置，但这一变动能使生产继续下去，使社会再生产不断推进，并且是一个价值增值的过程，所以可将其看成一个物质生产部门。

运输可以创造"空间效用"。空间效用也称为场所效用，其含义是：同种物品由于空间场所的不同，其使用价值的实现程度不同，效益的实现程度也不同。由于空间场所的改变可以最大限度地发挥物品的使用价值，最大限度地提高投入产出比，因而将其称为"空间效用"。通过运输将物品运到空间效用最高的地方，能够充分发挥物品的潜力，实现资源的优化配置。从这个意义来讲，物流也相当于通过运输提高了物品的使用价值。

运输是"第三利润源"的主要源泉。运输是运动中的活动，它和静止的保管不同，不仅要靠大量的动力消耗才能实现，而且运输又承担大跨度空间转移的任务，所以活动的时间长、距离远、消耗大。正因为运输消耗的绝对数量大，所以其节约的潜力也就大。在费用方面，运输在物流总成本中占有很大的比例。相关研究表明，运输费用约占全部物流总费用的50%，有些产品的运费甚至超过了生产成本，所以，节约的潜力非常大。

三、运输的原理及功能

（一）运输的原理：规模经济和距离经济

1. 规模经济

规模经济的特点是随着装运规模的增长，单位货物的运输成本下降。例如，整车装运（即车辆满载装运）的每单位成本低于零担装运（即利用部分车辆的装载能力进行装运）。运输规模经济之所以存在，是因为有关的固定费用（包括运输订单的行政管理费用、运输工具投资、装卸费用、管理以及设备费用等）可以按整批的货物量分摊。另外，通过规模运输还可以享受运价折扣，这也可以使单位货物的运输成本下降。总之，规模经济使货物的批量运输显得合理。

2. 距离经济

距离经济的特点是每单位距离的运输成本随运输距离的增加而减少。距离经济的合理性类似于规模经济，尤其体现在运输装卸费用上的分摊。距离越长，固定费用分摊后的值越小，每单位距离支付的总费用越小。

（二）运输的功能：产品移动和短时产品储存

1. 产品移动

显而易见，运输首先实现了产品在空间上移动的职能。无论产品处于哪种形式，是材料、零部件、配件、在制品或成品，或是流通中的商品，运输都是必不可少的。运输通过改变产品的地点与位置而创造价值，这是空间效用。另外，运输能使产品在需要的时间到达目的地，这是时间效用。运输的主要职能就是将产品从原产地转移到目的地，运输的主要目的就是要以最少的时间和费用完成物品的运输任务。

运输是一个增值的过程，通过创造空间效用与时间效用来创造价值。商品最终送到顾客手中，运输成本构成了商品价格的重要部分，运输成本的降低可以达到以降低成本提供优质顾客服务的效果，从而提高竞争力。

2. 短时产品储存

对产品进行短时储存也是运输的职能之一，即将运输工具作为暂时的储存场所。如果转移中的产品需要储存，而短时内产品又将重新转移，卸货和装货的成本也许会超过储存在运输工具中的费用，这时，便可考虑采用此法，但是需要产品是移动的，而不是处于闲置状态。

例如，当交付的货物处在转移之中，而最初的装运目的被改变时，产品需要临时储存，那么采取改道则是实现产品短时存储的一种方法。另外，在仓库空间有限的情况下，利用运输工具储存也不失为一种可行的选择。在可能的情况下，货物装上运输工具，采用迂回路径或间接路径运往目的地。尽管用运输工具储存产品可能费用昂贵，但如果从总成本或完成任务的角度来看，考虑装卸成本、储存能力的限制等，那么用运输工具储存往往是合理的，甚至有时是必要的。

四、运输的分类

（一）按照运输设备及运输工具分类

按照运输设备与运输工具的不同，运输可以分为公路运输、铁路运输、水路运输、航空运输、管道运输共五种形式。

（二）按照运输的范畴分类

1. 干线运输

干线运输是指利用道路的主干线路，或者固定的远洋航线进行大批量、长距离运输的形式。干线运输因为其运输距离长、运力集中，使大量的货物能够迅速地进行大跨度的位移。干线运输是运输活动存在的主要形式。在我国，铁路担负着国内干线运输的主要任务。各种物资的调运、货物的配送，一直都由铁路来完成。随着我国铁路网络建设的不断完善，长距离干线运输的效益越来越明显。

通常情况下，干线运输要比使用相同运输工具的其他运输形式快得多，成本也会更低，是长距离运输的主要形式。当然，仅有干线运输还不足以形成完整的运输网络，合理的运输离不开其他辅助的运输手段。

2．支线运输

支线运输是相对于干线运输而言的，是以干线运输为基础，对干线运输起辅助作用的运输形式。支线运输作为运输干线与收发货地点之间的补充运输，主要承担运输链中从供应商到运输干线上的集结点，再到配送站之间的运输任务。例如，京哈线、京广线是我国南北交通的最主要干线，与其相连的沈大铁路、石太铁路等可以认为是为其服务的支线铁路。事实上，在沈阳和大连、石家庄和太原之间都有高速公路相连，这些高速公路也都可以看作是为干线运输提供补充服务的支线。

当然，干线与支线是相对的。如果将以上几条支线运输线路放到一个相对较小的范围，如一个省或邻近的一两个省，它们又可以被看成是运输干线。一般情况下，支线运距相对于干线运距要短一些，运输量也要小一些。同时，支线的建设水平往往也低于干线，运输工具也相对差一些。所以，支线运输的速度一般较慢，相同运距所花费的时间可能会更长，这些都是运输合理布局的必然要求。

3．二次运输

二次运输也是一种补充性的运输方式。它是指经过干线与支线运输到站的货物，还需要再从车站运至仓库、工厂或集贸市场等指定交货地点的运输。一般情况下，二次运输的运输路程短、运输量小。但由于该种运输形式主要用于满足单个客户的需要，缺乏规模效应，所以其单位运输成本往往还会高于干线与支线运输的单位成本。

4．厂内运输

厂内运输只存在于大型或超大型工业企业中。在这些企业内部，为了克服不同生产环节之间的空间差异而进行的运输称为厂内运输。厂内运输通常会发生在车间与车间之间或者车间与仓库之间。而在一般中小型企业内部以及大型企业的仓库内部发生的该类活动，都不能称为"运输"，而只能称作"搬运"。

（三）按照运输的作用分类

1．集货运输

集货运输是为了将分散的货物进行汇集而进行的一种运输形式。承运人根据自己的业务覆盖范围，集中、汇总所承运的货物，然后再由干线与支线完成长距离、大批量的运输任务，以充分发挥运输的规模效应。因此，集货运输也是干线与支线运输的一种重要补充运输。

2．疏货运输

疏货运输的运输方向与集货运输相反。它是为了将集中运达的货物分送到不同的收货点而进行的一种运输形式。配送运输是疏货运输的典型形式，它是由配送经营者按用户的要求，从配送据点出发，将配好的货物分别送到各个需求点的运输形式。同干线与支线运输相比，配送运输的运距较短、运量较小、单位成本较高。

（四）按照运输的协作程度分类

1．一般运输

一般运输主要是指在运输的整个过程中，单一地采用同种运输工具，或是孤立地采用不同种类的运输工具，在运输过程中没有形成有机协作整体的运输方式。应该看到，在某些专业领域，或在短距离运输中，这种运输方式仍然比较常见，也有存在的价值。但从长远来看，这类运输方式显然与社会化大生产的客观要求相背离，所以其在社会总运量中的比重还会不断降低。

2．联合运输

联合运输简称联运，是指由两种或两种以上运输方式，或者同一运输方式的几个不同运输企业，遵照统一的规章或协议，联合完成某项运输任务的组织形式。其中由两种或两种以上运输方式完成的联运称为多式联运，主要有公铁联运、水铁联运、水公联运等；由同一运输方式完成的联运有铁路联运、江海联运等。

微课 国际多式联运

多式联运是国际运输中常用的组织形式。《联合国国际货物多式联运公约》（1980年）对国际多式联运的定义是："国际多式联运是指按照多式联运合同，以至少两种不同的运输方式，由多式联运经营人将货物从一国境内承运货物的地点，运送至另一国境内指定交付货物的地点。"

（五）按照运输中途是否换载分类

1．直达运输

直达运输是指物品由发运地到接收地，中途不需要换装，不需要在储存场所停滞的一种运输方式。直达运输降低了货物因多次转运换装而灭失的风险，提高了运输速度。对于承运人来说，直达运输也能使其在较短的时间内完成运输任务，达到提高运输效率、加快运输工具周转的目的。

2．中转运输

中转运输是指物品由生产地运达最终使用地，中途经过一次以上落地并换装的一种运输方式。货物在运输过程中，需要在途中的车站、港口、仓库等地进行转运换装。中转运输的转运换装既包括同种运输工具不同运输线路之间的转换装运，也包括不同运输工具之间的转运换装。

中转运输是干线与支线运输之间有效衔接的桥梁。通过中转运输，可以将运输化整为零或化零为整，达到方便用户、提高效率的目的。在运输过程中，中转作业可以充分发挥不同运输工具在不同路段上的运输优势，实现运输的节约和增效。当然，中转运输也有一定的缺陷，主要是中转换装会占用大量的作业时间，产生大量的物流费用，导致物流时间的延长和成本的增加。

直达运输与中转运输，很难笼统地断定孰优孰劣，它们二者在不同的情况下具有各自不同的优势。因此，人们在选择运输方式时，一定要具体问题具体分析，采用总体经济效益为评价指标，合理地进行分析、评价和选择。

 阅读资料

数字物流助力前行，货运宝赋能物流企业释放行业新动能

数字物流作为行业的新概念，是顺应互联网时代发展的产物，近几年来，一经提出就

为行业注入了新动力。信息传递高效快捷，摆脱了线上线下信息无法共享的制约，通过5G网络，大数据、云计算、人工智能、区块链等先进技术，实现运输科技化，管理链条化，不断深度挖掘行业潜能，释放行业活力。

物流行业前景一片大好，但是对于许多传统物流企业来说，传统老旧的运输模式并不能适应如今的互联网时代，无法在短时间内调度大量的自家运力，不得不错过很多机会，运营成本高成为传统物流企业的现状。在这种形势下，与货运宝等专业数字物流服务商合作转型数字化成为很多物流企业的优先选择。

物流企业经过市场调查发现，企业数字化转型已经成为行业趋势，而企业自身力量薄弱，只有合作才能共赢。例如，货运宝等专业数字物流服务商帮助了多家物流企业快速完成转型，不仅重组了物流企业运输流程，提高了运输整体效率，让人力成本和运输资源成本降低，还可以使运输全过程透明化、可视化，实现实时数据实时上传，运输问题得以快速解决。

物流企业数字化已经是数字经济的一部分，更核心的是传统物流企业的内部重塑和改革。着眼于未来，数字物流平台和物流企业合作共赢，物流企业通过对数字技术的全方位运用和全流程化改造，实现运输的降本增效，同时促进行业数字化、智能化升级。

资料来源：壹点网. 数字物流助力前行，货运宝赋能物流企业释放行业新动能[EB/OL].（2022-10-21）[2024-03-15]. https://tech.china.com/article/20221021/102022_1162359.html.

请思考，运输业在数字赋能的加持下，未来将会有什么样的发展方向？

第二节 运输方式

一、铁路运输

微课 铁路运输

铁路运输是使用铁路列车运送客货的一种运输方式。铁路运输主要承担长距离、大数量的货物运输，在没有水路运输条件的地区，几乎所有大批量货物都是依靠铁路运输。铁路运输是在干线运输中起主力运输作用的运输形式。

（一）铁路运输的优点和缺点

1. 铁路运输的优点

铁路运输具有一些其他运输工具不能替代的优点，主要包括以下内容。

（1）运输能力强、运价低廉、运距长。铁路运输采用大功率机车牵引列车运行，承担长距离、数量大的运输服务，是大宗货物通用的运输方式。由于列车运行阻力小，能源消耗量低，所以运输系统整体价格相对低廉。

（2）运输速度快。目前，高速铁路运行时速可达310～360km。在铁路不断提速的情况下，其时速将会不断加快。

（3）行驶具有自动控制性。铁路运输具有专用路权，在列车行驶上具有高度导向性，可以采用列车自动控制方式控制列车运行，以达到车辆自动驾驶的目的。目前最先进的列车已经可以通过高科技的控制，使列车的运行达到全面自动化，甚至无人驾驶，从而大大提高了运输的安全性。

（4）环境污染程度较低。铁路的污染性较公路低，例如，在噪声方面，铁路所带来的噪声污染不仅比公路低，而且是间断性的。

（5）气候限制小。铁路运输具有高度的导向性。只要行车设施没有被损坏，在任何气候条件下，如下雨、冰雪，列车均可安全行驶，由于受气候因素限制很小，所以铁路运输是最可靠的运输方式。

2. 铁路运输的缺点

铁路运输系统的缺点包括资本密集、固定资产庞大、设备不易维修，而且战争时期容易遭破坏等。对于物流管理来说，其缺点主要表现在以下两个方面。

（1）货物损失较高。铁路运输可能因为列车行驶时的震动与货物装卸不当，容易造成所承载货物的损坏，而且运输过程需要经多次中转，也容易导致货物损坏、遗失。铁路运输的货物损失比例远高于公路运输，所以一些客户不敢将高价值的商品交由铁路承运。

（2）运输管理缺乏弹性。铁路只能在固定线路上实现运输，所以容易产生空车回送现象，从而造成运输成本的增加。由于受到现代公路运输的竞争压力，铁路运输不得不持续改革运输技术与管理方法，以求满足现代社会的运输需求。

（二）铁路运输的种类

铁路货物运输分为整车托运、零担托运、集装箱托运三种。

1. 整车托运

如果一批货物的重量、体积或形状需要一辆运载量30吨以上的货车运输，那么就应该整车托运。整车托运的货物每车为一批，按一批托运的货物，其发货方、收货方、发站、到站必须相同，并且一批货物的重量或体积应符合重质货物重量和轻质货物体积的标准。

2. 零担托运

按零担托运的货物，一件货物的体积最小不得小于0.02立方米，每批不得超过300件。不能零担托运的货物主要有以下几个特性。

❑ 需要冷藏、保温或加温运输的货物。

❑ 根据规定应按整车办理的危险货物。

❑ 易于污染其他货物的污秽品。

❑ 不易计数的货物。

❑ 未装容器的活动物。

❑ 一件货物的重量超过2吨、体积超过3立方米或长度超过9米。

❑ 密封。

3. 集装箱托运

集装箱货物运输，主要是将零担货物中适合集装箱运输的货物组织起来使用集装箱。使用集装箱运输的货物，每批必须是同一箱型，数量上不得超过铁路一辆货车所能装运的最多箱数。发货方、收货方或其代理人在办理货物的托运、变更或履行其他权利、义务时，应向车站提供委托书或证明委托的介绍信。

二、公路运输

公路运输是指汽车运输，是主要使用汽车在公路上进行旅客和货物运输的一种方式。公路运输主要承担近距离、小批量的货物运输，以及水路运输、铁路运输难以到达地区的长途、大批量货物运输。由于公路运输有很强的灵活性，近年来铁路和水路运输密集的地区，长途的大批量运输也开始使用公路运输。

（一）公路运输的优点

公路运输与铁路、水路、航空和管道运输相比较，具有以下几个特点。

1. 机动、灵活、适应性强

具有深入性和方便性，能满足多方面的运输需求。公路运输可以满足客户的多种要求，易于因地制宜，对车站设施标准要求不高。

2. 可以采取"门到门"服务

即从发货方门口直接到收货方门口，而不需要转运或反复装卸搬运。可做到取货上门，送货到家，实现直达运输，不需中途换装。

3. 投资少

公路建设期短，投资较低，容易兴办，资金、设施转移的自由度大。

（二）公路运输的缺点

1. 载运量小

公路运输的运输单位小，不适合大批量运输。从汽车载运量考虑，普通车辆可载运 3～5 吨货物，即使使用全拖车也只能载运数十吨，无法与铁路或轮船的庞大容量相比。

2. 安全性差

公路运输由于车种复杂、路况不良，以及驾驶人员的疏忽等因素，交通事故多，安全性较差，对环境保护有较大影响。

3. 运费较高

单位运输成本较高，运行持续性较差，长距离运输运费较高。

微课 水路运输

三、水路运输

水路运输是指使用船舶运送货物的一种运输方式。水路运输主要承担大数量、长距离的运输，是在干线运输中起主力作用的运输形式。在内河和沿海，水路运输工具常作为小型运输工具使用，承担补充及衔接大批量干线运输的任务。在各种运输方式中，水路运输是最经济的运输方式。

（一）水路运输的优点

1. 运输成本低

水路运输能进行低成本、大批量、远距离的运输。

2．运输量大

它适合宽大、重量重、数量大的货物运输。船舶货舱的比例比其他运输工具都大，因此，可以供货物运输的舱位及其载重量比空运或陆运都大。以国际最大超巨型油轮为例，其每次载运原油的重量可以高达 56 万吨，而最大的集装箱船每次可装载 20 吨的集装箱 4000 个。

3．能源消耗低

据测算，同样距离运输一吨货物，水路运输所消耗的能源最小，单位运输成本低。水路运输的运输成本约为铁路运输的 40%～50%。水路运输是最低廉的运输方式，适于运输费用负担能力较弱的原材料及大宗物资的运输。

4．续航能力强

商船出航所携带的燃料、粮食及淡水可用数十日，非其他运输方式可比。而且商船配备支持独立生活的各种设备，例如，发电设备、制造淡水的设备、储藏大量粮食的设备等。

（二）水路运输的缺点

（1）运输速度较慢。

（2）港口的装卸费用较高，故不适合短距离运输。

（3）航行受天气影响较大。

（三）水路运输的形式

1．远洋运输

远洋运输是指使用船舶横跨大洋的长途运输形式，主要依靠运量大的大型船舶。远洋运输是伴随着国际贸易而进行的国家之间的产品运输，其活动范围广阔、航行距离长、运输风险大，其经营活动受有关国际公约和各国法律的约束，也受到国际航运市场的影响。远洋运输具有海上运输危险性大和国际性这两大特点。

2．近海运输

近海运输是指使用船舶通过大陆邻近国家海上航道运送客货的一种运输形式，航程中既可使用中型船舶，又可使用小型船舶。

3．沿海运输

沿海运输是指使用船舶通过大陆附近沿海航道运送客货的一种方式，一般使用中、小型船舶。沿海运输从事的是国内产品运输，其活动范围比较小，航行距离较短，运输风险也相对较小，经营活动主要受国内航运市场的影响。

4．内河运输

内河运输是指使用船舶在陆地内的江、河、湖、川等水道进行运输的一种方式，主要使用中小型船舶，是水路运输的重要组成部分。

四、航空运输

航空运输是指使用飞机或其他航空器进行运输的一种形式。航空运输的单位成本很高，适合航空运载的产品主要有以下两类：价值高、运费承担能力很强的货物，

微课　航空运输

紧急需要的物资。

（一）航空运输的优点

1．降低库存水平

航空运输的高速性使长距离的货物运送可以在短时间内完成，因而降低了库存。另外，库存投资和保管费用也可以相应节约，提高资本的周转速度。

2．提高时间效用

在产品性能和式样变化越来越快的今天，为了适应市场的快速变化，把握商机，需要利用航空运输完成产品的迅速补给，特别是季节性强、销售期比较短的产品。另外，由于国际市场竞争激烈，市场行情瞬息万变，为了在国际贸易中争取最大的利润，时间要素往往至关重要。所以，在国际贸易中，航空运输经常作为贸易竞争的手段被普遍采用。

3．节省包装费用

航空运输安全性好，因此可以简化运输包装，节省包装材料、劳力和时间。

4．减少货物损失和差错事故

由于航空运输过程中的振动、冲击很小，温度、湿度等条件适宜，加之运行中与外界没有接触，因此发生货物损失、差错事故的可能性大大减小。

（二）航空运输的缺点

航空运输的缺点是运费高、载运量小。

微课　管道运输

五、管道运输

管道运输是指使用管道输送流体货物的一种运输方式，所输送的货物主要包括油品、天然气、煤浆以及其他矿浆。管道运输是随着石油开发而兴起的，并随着石油、天然气等流体燃料需求量的增长而发展。其运输形式是靠物体在管道内顺着压力方向循环移动实现的，和其他运输方式的重要区别在于，管道设备是静止不动的。

（一）管道运输的优点

1．运量大

例如，一条管径1220毫米的管道，年运输量可达1亿吨以上；一条管径720毫米的管道，年运输原油2000万吨，这相当于一条铁路的运量。

2．永久性占用土地少

管道多埋于地下，埋入地下的部分一般占管道总长度的95%以上，永久性占用土地少。管道可以从河流、湖泊乃至海洋的水下穿过，也可以翻越高山，横越沙漠，允许敷设坡度较铁路、公路大。

3．可长期稳定运行

由于受恶劣气候条件的影响较小，可以长期连续不断地稳定运行。

4．便于管理

便于运输管理，易于远程监控，维修量小，劳动生产率高。

5. 损耗少，安全可靠

易燃的油、气密闭于管道中，既可减少挥发损耗，又较其他运输方式安全，并且系统机械故障率低。

6. 耗能低、运输费用低

输送每吨每公里轻质原油的能耗大大低于铁路。成品油运费仅为铁路的 1/6～1/3，接近于海运，而且无须装卸、包装，无空车回程问题。

（二）管道运输的缺点

管道运输的主要缺点是功能单一。管道运输不如其他运输方式灵活，承运的产品比较单一，货源减少时不能改变路线，当运输量降低较多并超出其合理运行范围时，优越性就难以发挥。因此，只适于定点、量大、单向的流体运输。

第三节 运输合理化

一、不合理运输的表现

（一）返程或起程空驶

空车无货载行驶是不合理运输的最严重形式。在实际运输组织中，有时候必须调运空车，从管理上不能使其变成不合理运输。但是，因调运不当、货源计划不周、不采用运输社会化而造成的空驶是不合理运输的表现。造成空驶的不合理运输主要有以下几种原因。

（1）能利用社会化的运输体系而不利用，却依靠自备车送货提货，这时往往出现单程重车、单程空驶的不合理运输。

（2）由于工作失误或计划不周，造成货源不实，车辆空去空回，形成双程空驶。

（3）由于车辆过于专用，无法搭载回程货物，只能进行单程实车运输，导致单程回空周转。

（二）对流运输

对流运输又称相向运输、交错运输，是指同一种货物或彼此间可以互相代用而又不影响管理、技术及效益的货物，在同一线路上或平行线路上做相对方向的运送，而与对方运程的全部或一部分发生重叠交错的运输。已经制定了合理流向图的产品，一般必须按合理流向的方向运输，如果与合理流向图指定的方向相反，也属于对流运输。

（三）迂回运输

迂回运输是舍近取远的一种运输方式。即可以选取短距离运输而没有选择，却选择路程较长的路线进行运输的一种不合理形式。迂回运输有一定的复杂性，不能简单处理，只有当计划不周、路线不熟、组织不当而发生的迂回，才属于不合理运输。如果最短距离因为交通堵塞、道路状况不佳，或者因为噪声、排气等特殊限制而不能使用，导致必须迂回行驶，这种情况不能视为不合理运输。

（四）重复运输

重复运输有两种形式：一是本来可以直接将货物运到目的地，但是在未达目的地之处，或在目的地之外的其他场所将货卸下，再重复装运送达目的地；二是同品种货物在同一地点一边运进，同时又向外运出。重复运输的最大问题就是增加了非必要的中间环节，延缓了流通速度，增加了费用，增大了货损。

（五）倒流运输

倒流运输是指货物从销售地或者中转地向产地或起运地回流的一种运输现象。相对来说，其不合理程度要高于对流运输。原因在于，往返两程的运输都是不必要的，形成了双程的浪费。倒流运输也可以看成是隐蔽对流的一种特殊形式。

（六）过远运输

过远运输是指调运物资舍近求远，近处有资源不调而从远处调。它造成了可采取近程运输而未采取，拉长了货物运距的浪费现象。过远运输导致运力占用时间长、运输工具周转慢、物资占压资金时间长。此外，由于远距离运输的自然条件差异大，容易引发货物损失，进而增加了运输费用。

（七）运力选择不当

运力选择不当是指未选择各种运输工具的优势而不正确地利用运输工具造成的不合理现象。常见的运力选择不当有以下三种形式。

1. 弃水走陆

弃水走陆是指同时可以利用水运及陆运时，没有利用成本较低的水运或水陆联运，而选择陆运。

2. 运输工具承载能力选择不当

运输工具承载能力选择不当是指没有根据承运货物数量及重量进行选择，而盲目决定运输工具，造成过分超载、损坏车辆及货物不满载、浪费运力的现象。尤其是"大马拉小车"现象发生较多。由于装货量小，单位货物运输成本必然增加。

3. 铁路、大型船舶的过近运输

铁路、大型船舶的过近运输是指不是铁路及大型船舶的经济运行里程却利用这些运力进行运输的不合理做法。主要不合理之处在于火车及大型船舶起运及到达目的地的准备、装卸时间长，并且机动灵活性不足，在过近距离中利用，发挥不了运速快的优势。相反，由于装卸时间长，反而会延长运输时间。另外，和小型运输设备比较，火车及大型船舶装卸难度大、费用也较高。

（八）托运方式选择不当

托运方式选择不当是相对于货主而言的，是指可以选择最好的托运方式而未选择，造成运力浪费、费用支出增大的一种不合理运输。

二、运输合理化途径

运费成本在物流成本中所占的比重最大。据日本通产省对六大类货物物流成本的调查结果表明，其中运输成本占40%左右，如果将产品出厂包装费计入制造成本，则运输成本将会达到物流成本的50%以上，因此，运输合理化有重要意义。运输合理化的途径有以下几个方面。

（一）合理配置运输网络

应该区别储存型仓库和流通型仓库，合理配置物流基地（或物流中心），基地的设置应有利于货物直送比率的提高。

在规划运输网络时，要根据经营战略、销售政策等因素决定。为了确保销售量和市场占有率，配送中心、仓库如何布局，密度多大，相距多远等应该整体规划，统一考虑需要利用多少个仓库、配送中心；是全部外包，还是自己承担一部分；这样才可能既满足销售的需要，又能减少交叉、迂回、空载运输，降低运输成本，提高运输效益。

（二）选择最佳的运输方式

铁路、公路、水运、航空、管道五种运输方式各有特点。

铁路和水运运输：运量大、运费低，适于长距离、大批量的干线运输，运输的货物通常具有"重、厚、长、大"的特点，经济运输里程为200～300千米。不足之处是灵活性差，运输线两端需要其他运输方式配套衔接，装卸搬运次数多。

公路运输：适合近距离、小批量、多品种、多批次的运输，在运输"轻、薄、短、小"货物方面胜于铁路和水运，同时，又能开展"门到门"的送货服务，中途运输、装卸次数少。不足之处是长途运输和大批量的干线运输缺乏优势，但是由于高速公路网络的建设，长途汽车运输的优势逐渐发挥出来。

航空运输：速度快是最大的优势，保鲜物品、高价值商品、紧急救险、救灾物资等适合航空运输方式。不足之处是运费高、运量小。

管道运输：由于采用密闭装备，运输途中能避免散失、遗漏，而且运输量大，有连续性、占地小、不必包装等优点，但是运输物的种类只限于气体、液体和粉状物。

在确定运输方式之后，也要考虑运输工具的问题，例如，选择公路运输时还要选择汽车车型（大型、轻小型、专用），用自有车还是委托运输公司等。

（三）提高运行效率

努力提高车辆的运行率、装载率，减少车辆空载、迂回运输、对流运输、重复运输、倒流运输，缩短等待时间或装载时间，提高有效工作时间，降低燃料消耗。

防止车辆空载的办法有：充分利用专业运输队伍；周密制订运输计划；有效运用相关信息，如货源信息、道路交通信息、天气预报、同行业运输信息等。

（四）推进共同运输

提倡部门之间、集团之间、行业之间和企业之间进行合作，协调运输计划、共同利用运力；批发业、零售业和物流中心之间在组织运输方面加强配合，提高运输工作效率，降低运输成本。

（五）采用各种现代运输方法

为了提高运输系统效率，一些新的运输模式应该加以推广，如多式联合运输、一贯托盘化运输、集装箱运输、散装化运输、智能化运输、门到门运输等。

当然，运输的合理化必须考虑包装、装卸等有关环节的配合及其制约因素。还必须依赖于现代化信息系统，才能实现其改善的目标。

运输合理化的目标要考虑输送系统的基本特性。对城市之间、地区之间的长距离运输（干线输送），由于货物的批量大，对时间要求不很苛刻，因此，合理化的着眼点要考虑降低运输成本。对于地区内或城市内的短距离运输（末端输送），以向顾客配送为主要目标，批量小，应及时、正确地将货物运到，这种情况下的合理化目标应以提高物流的服务质量为主。

三、合理化运输的影响因素

运输的合理化是指按照货物流通的规律，用最少的劳动消耗，达到最大的经济效益，来组织货物调运。由于运输是物流中最重要的功能之一，物流合理化在很大程度上依赖于运输的合理化。影响运输合理化的因素很多，通常，起决定性作用的因素主要有以下五个方面，也称作合理运输的"五要素"。

（一）运输距离

运输距离的长短是运输是否合理的一个最基本因素。在运输时，运输时间、运输货损、运费、车辆或船舶周转等运输的若干技术经济指标，都与运输距离有一定的比例关系，缩短运输距离从宏观、微观都会带来好处。

（二）运输环节

减少运输环节，尤其是同类运输工具的环节，对合理运输有促进作用。每增加一次运输，不但会增加起运的运费和总运费，而且必须要增加运输的附属活动，如装卸、包装等，各项技术经济指标也会因此下降。

（三）运输工具

各种运输工具都有其使用的优势领域。如何对运输工具进行优化选择，按运输工具的特点进行装卸运输作业，最大限度地发挥所用运输工具的作用，是运输合理化中非常重要的环节。

（四）运输时间

在物流过程中，运输是需要花费较多时间的环节，尤其是远程运输，在全部物流时间中，运输时间占绝大部分。因此，缩短运输时间是缩短整个流通时间的关键环节。这有利于运输工具的加速周转，有利于充分发挥运力的作用，有利于货主资金的周转，有利于运输线路通过能力的提高，对运输合理化有很大贡献。

（五）运输费用

在整个物流费用中，运费占很大比例。实际上，运费的高低在很大程度上决定着整个物流系统的竞争能力。无论对货主企业，还是对物流经营企业而言，降低运输费用都是运输合理化的一个重要目标。对运费的判断，也是各种合理化措施实施是否行之有效的最终判断依据之一。

第四节　运　输　技　术

一、集装箱运输

集装箱运输是以集装箱作为运输单位进行货物运输的一种先进运输方式，目前已成为货物运输中一种重要的运输方式。它使货物流通过程各环节发生重大改变，促使运输生产走向机械化、自动化，被称为"运输革命"。集装箱运输具有如下优点：提高装载效率，减轻劳动强度；避免货物倒载，防止货损货差；给货物的装卸、堆码的机械化和自动化创造条件，加快货物送达速度；节省大量包装费用，简化检验手续；使换装环节设施的效能大大提高，减少营运费用；有利于组织综合运输。

集装箱运输已有60多年的发展历史，是世界上货物运输的主要方式。标准集装箱最早是各种地面运输服务中通用的设备（管道运输除外），很快便成为水运的一种有效形式。第一艘集装箱船是美国于1957年用一艘货船改装而成的，它的装卸效率比常规杂货船高10倍，停港时间大为缩短，并减少了运货装卸过程中的货损量。从此，集装箱船得到了迅速发展。目前，世界集装箱船舶运力大幅增加，集装箱船舶已从第二代2000TEU（标准箱）的集装箱船舶发展到目前的第六代集装箱船（6000TEU）、第七代集装箱船（7000TEU）以及7000TEU以上的超大型集装箱船。

二、地下物流

地下物流是为了减少大城市地面交通拥挤而在地下修建的一种专门铁道物流系统，开辟了城市物流发展的新方向。地下物流线路类似地下铁路，其运行方式以短程线路为主体，部分线路可延伸至郊外，与机场、港口、高速公路出入口、区域流通中心等物流节点衔接；地下物流节点如同地下铁路的车站，在布局配置上充分利用沿途高楼大厦、百货公司等的地下设施，重视地下物流不同线路、地下物流线路与地下铁路线路及地上运输线路交汇处的枢纽节点的建设。

地下物流一般都用电力机车牵引，具有降低废气排量、减少能源消耗量、提高物流效率、优化城市物流网络系统等直接效果和间接效果，实现城市物流的经济效益和社会效益。

例如，1999 年荷兰阿姆斯特丹市建设地下物流，解决城市交通阻塞、环境污染等问题；日本东京地下物流网络系统的可行性研究表明，如果地下物流承担 30%的城市货物运输，废气排放量将减少到 76%，能源消费量将减少到 80%。

三、高速铁路运输

高速铁路（最高时速 200 千米以上的铁路）是区域经济社会发展和科学技术进步的产物，它的出现使代表传统轮轨系统的陆上运输工具进入了新的发展阶段。

作为新型交通方式，高速铁路有着其他运输方式不可比拟的优势。其实验速度已经超过 500 千米/小时，实际最高运行时速超过 300 千米。在 300～700 千米范围内，高速铁路是速度最快的交通工具（相比之下，小汽车的速度一般在 200 千米/小时以内，高速公路的限速通常是 120 千米/小时，而机场通常远离市区，飞机的速度计算还需包括往来机场和登机时间）。此外，高速铁路还具有运量大、能耗少、污染小、安全性高和舒适性高等特点，同时占地面积也相对较少。

四、浮动公路运输

浮动公路运输又称为车辆渡船方式，是利用一段水运衔接两段陆运，衔接方式采用将车辆驶上船舶，以整车货载完成这一段水运，到达另一港口后，车辆驶下船舶，继续利用陆运的联合运输形式。它是一种现代化的运输方式，通过两种运输工具的有效衔接，具有运输方式转换速度快，在转换时不触碰货物，有利于减少或防止货损等特点。

在国际物流过程中，海运是主要运输方式，浮动公路运输利用"滚上滚下"装卸搬运、"汽车渡船""火车渡船"等方式，实现海运向陆运及陆运向海运的转换。例如，英国与欧洲大陆海上联系主要靠英吉利海峡的车辆渡船。海峡上有几条短程航线，分别通往法国、比利时和荷兰 3 个国家，共有 60 艘渡船来往穿梭。韩国和日本一般利用釜山港与福冈港之间的渡船进行海上联系。

五、大陆桥运输

大陆桥运输是指用横贯大陆的铁路或公路系统作为中间桥梁，将大陆两端的海洋运输连接起来的连贯运输方式。它是多式联运的一个重要组成部分。有速度快、风险小、费用低、提供"门到门"服务等特点，给各国交易带来便利和效益。目前世界上开通了西伯利亚大陆桥、北美大陆桥和新亚大陆桥三条主要大陆桥，一般情况下，比传统的海运路线缩短 1/3～1/2，节省了大量的运输时间。例如，在远东与欧洲之间的国际贸易运输中，西伯利亚大陆桥运输逐渐取代了单一海运，其航程比绕行好望角缩短 50%，比经苏伊士运河缩短 1/3，运价较全程海运低 25%左右；从日本东京到欧洲鹿特丹港采用全程水运需 5～6 周的时间，而采用北美大陆桥运输仅需 3 周时间。

案例

网络货运的下半场：数字化技术在运输行业的应用与实践

本章小结

运输是社会物资生产的必要条件之一，运输可以创造空间效用，运输是"第三利润源"的主要源泉。

运输遵循规模经济和距离经济两个原理，运输包括产品移动和短时产品储存两个功能。

根据运输设备及运输工具的不同，可以将运输分为铁路运输、公路运输、水路运输、航空运输、管道运输。

运输合理化的途径包括合理配置运输网络、选择最佳的运输方式、提高运行效率、推进共同运输、采用各种现代运输方法。

运输新技术包括集装箱运输、地下物流、高速铁路运输、浮动公路运输、大陆桥运输等。

复习思考题

1. 试述运输在现代物流中的地位。
2. 试对比不同运输方式的各自优缺点。
3. 试述不合理运输的形式及合理化运输的影响因素。
4. 试述运输技术创新的主要内容。

第三章　储存保管

知识要求

- ☐ 掌握储存保管的概念、作用
- ☐ 掌握库存量的控制方法
- ☐ 了解仓库的作业原理
- ☐ 了解储存保管技术

技能要求

- ☐ 判断储存保管的合理性
- ☐ 熟悉储存保管作业流程

素质目标

- ☐ 培养学生的远大理想，帮助学生树立"四个自信"
- ☐ 增强学生科技报国的责任担当

项目导读

南沙物流园：多措并举打造高端智慧仓储物流园区

第一节　储存保管概述

微课　仓储概述

一、储存保管的概念

在物流学科体系中，经常涉及库存、储备及储存保管这几个概念，而且它们经常被混淆。其实，三个概念虽有共同之处，但仍有区别，认识这个区别有助于理解物流中"储存保管"的含义。

（一）库存

库存是指储存作为今后按预定的目的使用而处于备用或非生产状态的物品。这里要明确两点：一是物资所停滞的位置不是在生产线上，不是在车间里，也不是在非仓库中的任何位置，如汽车站、火车站等类型的流通节点上，而是在仓库中；二是物资的停滞状态可能由任何原因引起，而不一定是某种特殊的停滞。

（二）储备

储备是一种有目的的储存物资的行动，其目的是保证社会再生产连续不断地、有效地进行。储备和库存的区别：一是库存明确了停滞的位置，而储备这种停滞所处的地理位置远比库存广泛得多，储备的位置可能在生产及流通中的任何节点上，可能是仓库中的储备，也可能是其他形式的储备；二是储备是有目的的、能动的、主动的行动，而库存有可能不是有目的的，有可能完全是盲目的。

（三）储存保管

储存保管是指在一定的时期和场所，以适当的方式维持物资质量和数量等的储存活动，是包含了库存和储备在内的一种广泛的经济现象。储存保管作为社会再生产各环节之间的"物"的停滞，是供求之间的缓冲器，它保证了物流的可得性（顾客的商品需求），创造了物资的时间价值。

二、储存保管的作用

（一）积极作用

储存保管是以改变"物"的时间状态为目的的活动，从克服产需之间的时间差异上获得更好的效用，它具有以下几个方面的作用。

（1）降低运输成本。大规模、整车运输会带来运输经济性，通过储存保管将运往同一地点的小批量的商品聚集成较大的批量，到达目的地后再小批量送到不同客户手中，这样大大降低了运输成本，提高了运输效率。

（2）协调供求。一般来说，生产和消费不可能是完全同步的，它们之间存在着时差的矛盾，通过储存保管可以消除这种时间性的需求波动，提高产品的时间效用，保证供求协调。

（3）满足生产需要。储存保管活动可以被看成是生产过程的一部分，如一些产品（奶酪、葡萄酒等）在制造过程中，需要储存一段时间使其变陈，满足生产需求。

（4）满足营销需要。储存保管活动通过加快交货时间，支持企业的销售活动，使产品适时地到达客户手中，改善客户服务。企业在储存保管过程中对商品进行二次加工（如配套、组合、二次包装），满足客户个性化需求。

（二）消极作用

上述内容是库存有益的一面，但是这些库存的作用都是相对的。客观地说，任何企业都不希望存在任何形式的库存，无论原材料、在制品还是成品，企业都想方设法降低库存。库存的弊端主要表现在以下几个方面。

（1）占用企业大量资金。

（2）增加了企业的产品成本与管理成本。库存材料的成本增加直接增加了产品成本，而相关库存设备、管理人员的增加也增加了企业的管理成本。

（3）掩盖了企业众多管理问题，如计划不周、采购不力、生产不均衡、产品质量不稳定及市场销售不力。

三、库存量的控制

库存量的控制问题一般分为以下几种情况来讨论。

（一）独立需求的库存控制

独立需求物品是指物品的需求量之间没有直接的联系，也就是说，没有量的传递关系。这类库存物品的控制主要是确定订货点、订货量、订货周期等。独立需求物品的库存控制模型一般按定量库存控制模型或定期库存控制模型来控制，下面分别描述这两种模型。

1. 定量库存控制模型

定量库存控制模型控制库存物品的数量。当库存数量下降到某个库存值时，立即采取补充库存的方法来保证库存的供应。这种控制方法必须连续不断地检查库存物品的库存数量，所以有时又称为连续库存检查控制法。假设每次订货点的订货批量是相同的，采购的提前也是固定的，并且物料的消耗是稳定的，那么它的模型如图 3-1 所示。

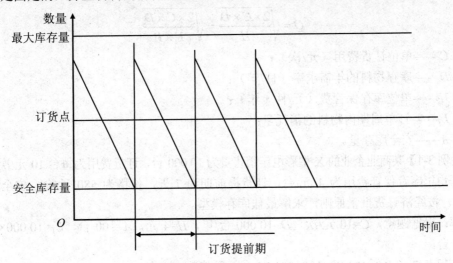

图 3-1 定量库存控制模型

从这种控制模型中可以看出，它必须确定两个参数：补充库存的库存订货点与订货的批量。订货批量按经济订货批量求解。

经济订货批量的原理是要求总费用（库存费用+采购费用）最小。由于库存的费用随着库存量的增加而增加，但采购成本却随着采购批量的增加而减少（采购批量增加，库存也增加），因此这是一对矛盾，不能一味地减少库存，也不能一味地增加采购批量。这就要找到一个合理的订货批量，使总成本（库存成本与采购成本之和）最小，如图 3-2 所示。经济订货批量就是对这个合理订货批量的求解。

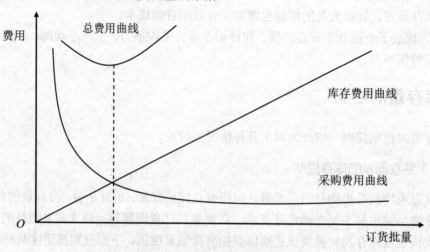

图 3-2   经济订货批量的确定模型

以下是该库存模型的参数计算方法。

订货点：

$$R=L_T+A \tag{2.1}$$

经济订货量：

$$Q = \sqrt{\frac{2 \times C \times D}{H}} = \sqrt{\frac{2 \times C \times D}{F \times P}} \tag{2.2}$$

式中：C——单位订货费用（元/次）；

　　　D——库存物料的年需求率（件/年）；

　　　H——单位库存保管费（元/件·年）；

　　　L_T——订单周期内物料的消耗量；

　　　A——安全库存量。

【例 3-1】某商业企业的 X 型彩电年销售量为 10 000 台，订货费用为每台 10 元/次，每台彩电平均年库存保管费用为 4 元/台，订货提前期为 7 天，价格为 580 元/台，安全库存为 100 台。按经济订货批量原则，求解最佳库存模型。

解：根据题意，C=10 元/次，D=10 000 台/年，H=4 元，A=100 台，L_T=10 000×7/365≈191.78 台。

订货点 $R=L_T+A$=191.78+100≈291.78 台，取整数 292 台。

经济订货批量为 $Q = \sqrt{\dfrac{2 \times C \times D}{H}} = \sqrt{\dfrac{2 \times 10 \times 10\,000}{4}} \approx 223.6$ 台，取整数为 224 台。

2. 定期库存控制模型

定期库存控制模型按一定的周期 T 检查库存，并随时进行库存补充，补充到一定的规定库存 S。这种库存控制方法不存在固定的订货点，但有固定的订货周期。每次订货也没有一个固定的订货数量，而是根据当前库存量 I 与规定库存量 S 比较，补充的量为 $Q=S-I$。但由于订货存在提前期，所以还必须加上订货提前期的消耗量。这种库存控制方法也要设立安全库存量。这种模型主要是确定订货周期与库存补充量，如图 3-3 所示。

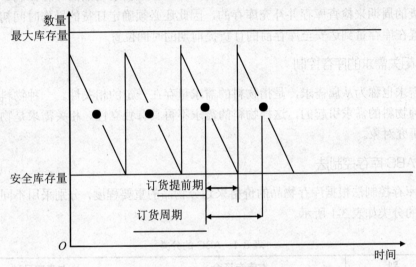

图 3-3　经济订货周期模型

订货周期按经济订货周期的模型确定。计算方法如下。

经济订货周期：

$$T = \sqrt{\frac{2 \times C}{D \times F \times P}} = \sqrt{\frac{2 \times C}{D \times H}} \tag{2.3}$$

订货量：

$$Q = (T+L)D/365 \tag{2.4}$$

最大库存量：

$$S = D/T \tag{2.5}$$

式中：L——订货提前期；

　　　C——单位订货费用（元/次）；

　　　D——库存物料的年需求率（件/年）；

　　　P——物料价格（元/件）；

　　　H——单位库存保管费（元/件·年）；

　　　F——单件库存保管费与单件库存购买费之比，即 $F=H/P$。

【例 3-2】某商业企业的 X 型彩电年销售量为 10 000 台，订货费用为每台 10 元/次，每台彩电平均年库存保管费用为 4 元/台，订货提前期为 7 天，每台价格为 580 元/台，安全库存为 100 台。按经济订货周期原则，求解最佳库存模型。

解：根据题意，

C=10 元/次，D=10 000 台/年，H=4 元/台，A=100 台，L=7 天。

经济订货周期 $T = \sqrt{\dfrac{2 \times C}{D \times H}} = \sqrt{\dfrac{2 \times 10}{10\,000 \times 4}} \approx 0.022\,4$ 年 ≈ 8.18 天，取整数为 8 天。

订货量 $Q=(T+L)D/365=(8+7) \times 10\,000/365 \approx 410.96$ 台，取整数为 411 台。

定期库存控制方法可以简化库存控制工作量，但由于库存消耗的不稳定性，有缺货风险存在，因此一般只能用于稳定性消耗及非重要性的独立需求物品的库存控制。由于该模型是用订货的周期来检查库存并补充库存的，因此还必须确定订货的操作时间初始点，一般可以设置在库存量到达安全库存前的订货提前期的时间位置。

（二）相关需求的库存控制

相关需求也称为从属需求，是指物料的需求量存在一定的相关性。一种物料的需求是由另外一种物料的需求引起的，这样物料的需求不再具有独立性。相关需求是物料需求计划的主要研究对象。

（三）ABC 库存控制法

ABC 库存控制法根据库存物品的价格来划分物品的重要程度，分别采用不同的管理措施。ABC 的分类如表 3-1 所示。

表 3-1 ABC 的分类

类　　别	占库存资金	占库存品种
A	大约 80%	大约 20%
B	大约 15%	大约 30%
C	大约 5%	大约 50%

其中，A 类物品属于重点库存控制对象，要求库存记录准确，严格按照物品的盘点周期进行盘点，检查其数量与质量情况，并制定不定期检查制度，密切监控该类物品的使用与保管情况。另外，A 类物品还应尽量降低库存量，采取合理的订货周期与订货量，杜绝浪费与呆滞库存。C 类物品无须进行太多的管理投入，库存记录可以允许适当的偏差，盘点周期也可以适当地延长。B 类物品介于 A 与 C 类物品之间，采取适中的方法加以使用、保管与控制。

第二节　仓库与物流中心

一、仓库的概念及分类

仓库是用于储存、保管物品的建筑物和场所的总称。一般使用建筑物作为仓库，但也有使用车辆、船舶、集装箱等设备，甚至直接利用地面或水面作为仓库。仓库的主要功能除了物品的储存保管之外，还兼有供需调节、运输发送、流通加工、信用机构等其他功能。对仓库可从多个角度进行分类，如表 3-2 所示。

表 3-2 仓库的分类

标 准	类 型	主 要 内 容
营运形态	营业仓库	为货主代管货物的仓储企业所有的货物仓库
	自用仓库	企业自建的仓库，如工厂仓库等
	国有仓库	国家或地方政府所有的仓库，如粮食仓库等
	保税仓库	经海关批准，在海关监管下，专供存放为办理关税手续而入境或过境货物的场所
储存保管形态	普通仓库	在常温下存放大数量物品的仓库
	冷藏仓库	在低温下存放，冷冻保存物品的仓库
	水上仓库	利用港湾或河川等，在水面周围建堤或用其他作业物将其围起来，用于存放木材等需要在水面上保存的物品的仓库
	露天仓库	露天堆码、保管的室外仓库
	危险品仓库	储存保管危险品的仓库，如保管石油等液体的储油罐
功能形态	储藏仓库	以储存保管为主要功能的仓库
	流通仓库	同时具备储存保管、配送、流通加工等功能的仓库
	专用仓库	专门保管煤炭、钢铁、粮食的某些特定物品的仓库
	专属仓库	只为某些特定用户办理业务的仓库
	其他	如原材料仓库、零部件仓库、成品仓库、商品仓库等
库内形态	地面型仓库	一般仅为平地面的仓库，多使用非货架型的保管设备
	货架型仓库	采用多层货架保管的仓库
	自动化立体仓库	出入库用运送机器存放取出，用移动吊车等设备进行机械化、自动化作业的高层货架仓库
	斜坡道型仓库	在多层仓库的层与层之间设置升降坡道的仓库

二、仓库的主要作业

微课 仓储作业

仓库储存保管作业过程始于接受储存任务。在整个过程中，包括仓库准备、接收货物、堆存、保管和交付环节，仓库需要处理各种事务、承办相应的工作，并承担相应的责任。具体而言，仓库作业过程不仅包括装卸搬运、堆垛等劳动作业过程，还涉及货位安排、理货检验、保管、货物记账、统计报表等管理过程。此外，还包括接货交接、交货交接、残损处理等商务作业。

（一）入库过程

根据计划和发运单位、承运单位的发货或到达通知，进行货物的接收及提取，并为入库保管做好一切准备工作。入库过程包括以下几项内容：① 发货单位、承运单位的联络工作；② 制订接货计划；③ 办理接货手续；④ 到货处理；⑤ 验收，对到货进行核证、检查、检验等；⑥ 入库。

（二）保管过程

保管过程是指根据物品本身特性以及进出库的计划要求，对入库物资进行保护、管理的工作环节。保管过程包括以下几项内容：① 与接货单位及用货单位的联络工作；② 根据对象的特点制订保管计划；③ 堆垛、储存保管；④ 办理入库、出库手续。

（三）出库过程

根据客户要求进行货物的发送工作。出库过程包括以下几项内容：① 向已知的提货人发出提货通知；② 备货工作，主要有包装整理、标志重刷、货物组合、托盘成组等；③ 出库交接；④ 销账、存档。

三、仓库设计原理

仓库设计原理主要包括以下三个方面。

（一）设计标准

仓库的设计标准体现了实际的仓库设施特征和储存产品运动。在设计过程中要考虑的三个因素分别为设施中的楼层数、利用高度及产品流程。

理想的仓库设计被限制在单一楼层，这样一来，储存产品就不必上下移动，因为利用电梯将储存产品从一个楼层搬移到下一个楼层费时费力。此外，电梯往往也是产品流程中的一个瓶颈地带，因为有许多材料搬运机通常都会竞相利用数量有限的电梯。虽然在一些特殊情况下（如在土地有限或昂贵的商业中心地区），将仓库设计为多层可能是必要的选择，但无论如何，我们都应该尽量避免上下搬运货物，以提高仓库的效率和降低运营成本。

不管仓库设施的规模如何，仓库设计应该利用每一楼层最大允许使用的高度，最大限度地利用有效的立体空间。

仓库设计在考虑储存产品的流程时，不论是否存放货物，都应该使产品能够直接在整个仓库设施中流动。一般来说，这种要求意味着仓储作业应在仓库建筑物的一端接收产品，将其存放在中间，然后在另一端进行装运。

（二）搬运技术

仓库设计的第二条原理致力于材料搬运技术的效果和效率，该原理的基本构成要素与移动连续性和移动规模经济有关。

移动连续性意味着使用一辆材料搬运机或一部材料搬运设备进行连续的、较长时间的移动，相较于使用几辆搬运机进行多次短距离的移动，前者更加高效。而移动规模经济则是指在进行仓库活动时，应尽可能搬运和移动最大数量的货物，以实现经济效益最大化。

（三）积载计划

根据第三条原理，仓库设计考虑产品特征，尤其是有关产品的流量、重量和积载因素。
在确定仓库的积载计划时，主要关心的问题是产品流量。一般来说，销售量高或吞吐量大的产品应该放置在移动距离最短的位置。这种位置可以使移动距离最短和所需升降的高度最小。相反，低流量的储存产品可以安排在离主通道较远的位置上，或在堆放架的更高堆层上。

类似地，该计划还应包括具体的产品战略，这一战略取决于储存产品的重量和积载特征。一般来说，相对较重的产品项目应安排在离地面较低的位置上，以使升举重件货物的劳动强度和风险降到最低程度；而散装产品或低密度的产品则需要广阔的积载场地，以便提供开阔的地面空间或高层堆放架。另一方面，较小型的产品还需要利用货架或货柜来堆放，而综合的积载还必须考虑和关注每一种产品的具体特征。

总之，当从经济利益和服务利益来证明仓库的存在是否合理时，就可以利用前面的仓储原理对仓库进行设计和优化。

四、物流中心的概念及分类

（一）物流中心的概念

根据国家标准《物流术语》的界定，物流中心是具有完善的物流设施及信息网络，可便捷地连接外部交通运输网络，物流功能健全，集聚辐射范围大，存储、吞吐能力强，为客户提供专业化公共物流服务的场所。物流中心应基本符合下列要求：主要面向社会服务；物流功能健全；完善的信息网络；辐射范围大；少品种、大批量；存储、吞吐能力强；物流业务统一经营、管理。

现代物流网络中存在各种不同类型的物流据点，无论何种类型的物流据点都与仓库密切相关。但仓库并不代表物流据点的全部，这也是现代物流中心与传统仓库的本质区别所在。一般认为，传统的仓库是"储存和保管物品的场所"，储存在其中的物资大多是静态的。现代物流中心虽然也有仓库，但其对仓库的管理却是动态的。这种从静态到动态的转变，使仓库作业流程、功能和设备等多方面发生变化。

（二）物流中心的种类

根据不同的分类方法，物流中心可分为很多种。如果按照物流中心的作业性质与地域分布进行分类，物流中心大致可以分为以下几类。

1. 集货中心

将零星货物集中成批量货物的行为称为"集货"。在生产点数量多且生产批量有限的地区，可以设置这类具有集货作用的物流中心，这种类型的物流中心称为集货中心。这类物流中心所进的货物大都包装程度较低，有的甚至完全没有包装。这些货物在集货中心经过除杂、初步分级、简单成型、切裁加工、批量包装等作业之后，再按不同的要求组合成较大的包装运出或进行储存。这就使原来分散的、小批量的、规格质量混杂的、不容易进行批量运输和销售的货物，集中形成规模运输的批量，从而实现大批量、高速度、高效率、低成本的运输。

这种类型的物流中心一般设在小型企业群中，以解决各个小企业产品外运的困难；也可设在农村及集镇，将农民分散生产的农副产品进行集中；还可设在牧区或农业区，以便收购加工分散饲养的家畜家禽，集中进行加工冷冻后外运。

2. 分货中心

专门或主要从事分货作业的物流据点称为分货中心。其主要功能是将大批量运到的货物分成批量较小的货物。分货中心运进的货物大多是大规模包装、集装或散装，采用大批量低成本方式、整列或整车皮运进；运出的则是按销售批量要求或销售宣传要求，进行销售包装加工后的小包装货物。

3. 配送中心

专门从事配送作业的物流据点称为配送中心，这是物流中心中数量较多的一种类型。配送中心通常都设置有仓库，可以对下游配送中心或需求者起到"蓄水池"式的调节作用；但也有配送中心不设仓库，而是对上游供应商送来的货物直接进行分货、配货、分散和配装作业。在实践中，具体设置哪种类型的配送中心，还要根据配送辐射的范围、配送货物的数量、货物对配送质量的要求以及配送的组织方法等因素来确定。

4. 转运中心

承担货物转运任务的物流中心就是转运中心，它也可称为转运站或转运终端。转运中心主要承担卡车与卡车、卡车与火车、卡车与轮船、卡车与飞机、火车与轮船等不同运输方式之间的转运任务。转运中心可以是两种运输方式之间的转运站，也可以是多种运输方式共同的连接点和转运衔接处。具体的称谓有卡车转运中心、火车转运中心、综合转运中心等。

5. 储调中心

以储备为主要工作内容的物流中心称为储调中心，它是对生产、销售和供应等活动起调节作用的物流据点，对物流网络中的其他物流据点起着"蓄水池"式的调节作用。从设施设备上看，储调中心的主要设备就是仓库。

6. 加工中心

以流通加工为主要工作内容的物流据点就是加工中心。加工中心有以下两种主要形式。

（1）以实现物流输出为主要目的的加工中心。它一般设置在生产区附近，经这种加工中心加工的货物能顺利地、低成本地进入运输、储存等物流环节，如肉类、鱼类的冷冻加工中心，木材的制浆加工中心等。

（2）以实现销售、强化服务为主要目的的加工中心。它一般设置在消费区附近，经这种加工中心加工过的货物能适应用户的具体要求，有利于销售，如平板玻璃的开片套裁加工中心、钢板剪切加工中心等。

7. 物流基地

物流基地也称为物流园区，是位于大城市周边、靠近交通干线的具有一定规模和综合服务功能的特定区域。物流基地是物流业发展到一定阶段时产生的新兴物流集散方式，在日本称为"物流团地"，在德国称为"货运村"。虽然名称不同，各国的定义表述也不完全一样，但是它们的建设目的、服务功能基本相同。

除了以上分类方法外，还可以根据不同的运营主体将物流中心分为制造商物流中心、分销商物流中心、零售商物流中心和第三方物流中心等。根据物流对象的不同分为家电物流中心、机械物流中心、日用品物流中心、医药物流中心和出版物物流中心等。必须说明的是，在物流中心的实际经营过程中，业务类型往往是相互交叉的，所以物流中心没有必要刻意强调自己所属的类型。

第三节 储存保管合理化

一、储存保管合理化的标志

储存保管合理化的含义是用最经济的办法实现储存保管功能。一般来说，这体现在以下六个方面的标志。

（一）质量标志

保证储存物品的质量是完成储存保管功能的根本要求。无论储存中增加了多少时间效用或者得到了多少利润，都必须以保证质量为前提。因此，在储存保管合理化的主要标志中，首要的应当是反映使用价值的质量。

（二）数量标志

在保证功能实现的前提下，有一个合理的数量范围。目前管理科学的方法可以在各种约束条件下，对合理数量范围做出决策，但是较为实用的还是在消耗稳定、资源及运输可控的约束条件下所形成的储存数量的控制方法。

（三）时间标志

在保证功能实现的前提下，寻求一个合理的储存时间。这是和数量有关的问题，储存量越大而消耗速率越慢，则储存的时间必然长，相反则必然短。在具体衡量时往往用周转速度指标来反映时间标志，如周转天数、周转次数等。

（四）结构标志

结构标志涉及不同类型、品种、规格的储存物品之间的数量比例关系，这些关系对于判断储存的合理性至关重要。特别是那些相关性很强的各种物资之间的比例关系，更能反映储存的合理性。

（五）分布标志

分布标志涉及不同地区之间的储存数量比例关系。通过比较不同地区的储存量与当地需求，可以判断对需求的保障程度，也可以此判断对整个物流系统的影响。

（六）费用标志

仓租费、维护费、保管费、损失费、资金占用利息支出等，能从实际费用上判断储存合理与否。

二、储存保管合理化的实施要点

（一）采取有效的先进先出方式

采取有效的先进先出方式保证每个储存对象的储存期不致太长，主要措施有以下几项。

1. 贯通式货架系统

贯通式货架系统即利用货架的每层形成贯通的通道，从一端存入物品，从另一端取出物品，物品在通道中自行按先后顺序排队，不会出现越位的现象，保证先进先出。

2. "双仓法"储存

"双仓法"储存方式为每个储存对象都准备两个仓位或货位，轮流进行储存与取出。按照这一规定，必须在一个货位完全取空之后，才能进行补充，从而确保实现先进先出的原则。

3. 计算机存取系统

采用计算机管理，在存放时输入时间记录，编入一个简单的按时间顺序输出的程序，取货时计算机就能按时间给予指示，以保证先进先出。

（二）提高储存密度，提高仓容利用率

提高储存密度，提高仓容利用率可以相对降低储存成本，减少土地占有，主要措施有以下几项。

（1）采取高垛的方法，增加储存的高度。具体方法有：采用高层货架仓库及全自动堆垛机，可比一般的堆存方法显著增加储存高度。

（2）通过缩小库内通道宽度，以增加储存的有效面积。采用窄巷式通道，配以轨道式装卸车辆，这样可以减少车辆运行的宽度要求，采用侧叉车等设备以减少转弯所需的宽度。

（3）减少库内通道数量以增加储存有效面积。具体方法有采用密集型货架、各种贯通式货架、不依靠通道的天桥吊车装卸技术等。

（三）采用有效的储存定位系统

储存定位的含义是对储存对象的储存位置采用科学的反映方法，如"四位数定位"是传统手工管理中采用的科学方法（利用计算机检索当然更快）。四位数指四个号码，含义分别是序号、架号、层号、位号。这就使每个货位都有固定编号，在物品入库时，把位置编号记录在账上，提货时按编号指示，很快就能把物品找出来。

采用有效的储存定位系统不仅可以提高劳动效率、减少差错、便于清点，还能实施"订货点购进"的管理方式（"订货点购进"是指当库存物品减少到一定水平时，必须办理购进业务，以避免发生库存不足的情况）。此外，这一系统还避免了对储存对象的固定定位，可采取自由定位的方式。这样，进货时可以充分利用空余货位，而无须专位待货，从而有利于提高仓库的储存利用率。

（四）采用有效的监测清点方式

采用有效的监测清点方式可以保证储存物品数量与质量及其反映的真实性。具体方式有以下几种。

（1）"五五化"堆码。这是传统手工管理采用的科学方法，在储存物品堆垛时，特意以"五"为基本计数单位，堆成总量为"五"的倍数的垛型，这样平时清点时，有经验者可过目成数，大大加快了人工清点速度，而且可减少差错。

（2）光电识别系统。在货位上设置光电识别装置，该装置对被存物品进行扫描，并将准确数量自动显示出来，这种方式不需人工清点就能准确掌握库存的实际数量。

（3）电子计算机监控系统。使用电子计算机来指示存取操作，可以防止人工存取过程中容易发生的差错。通过在被存物品上应用条形码识别技术，使识别技术和计算机联结，每存取一件物品，识别装置会自动识别条形码并将其输入计算机，计算机自动记录存取信息。这样，只需查询计算机，就可以了解所存物品的准确数量，而无须再建立一套监测系统。

（五）采用现代储存保养技术，避免被仓储物品质量的损坏

1. 气幕隔潮

在潮湿地区或雨季，室外湿度高且持续时间长，仓库内如果想保持较低的湿度，就必须防止室外空气的频繁交换。一般仓库打开库门作业时，便自然形成了空气交换的通道，由于作业的频繁，室外的潮湿空气会很快进入库内，一般库门、门帘等设施隔绝潮湿空气的效果不理想。

"气幕"是指在库门上方安装鼓风设施，以在门口形成一道气流，由于这道气流有较高的压力和流速，门口便形成一道气墙，可有效阻止库内外空气交换，防止湿气侵入，而不能阻止人与设备出入。

气幕还可以起到保持室内温度的隔热作用。

2. 气调储存

气调储存即通过调节和改变环境空气成分，从而抑制被储存物品的化学变化和生物变化，抑制害虫生存及微生物活动，达到保持被储存物品质量的目的。具体方法有：可以在密封环境中更换配合好的气体；可以充入某种成分的气体；可以抽去或降低某种成分气体等。气调方法对于有新陈代谢作用的水果、蔬菜、粮食等物品的长期保质、保鲜储存很有效。例如，粮食可长期储存，苹果可储存三个月。

气调储存对于防止生产资料在储存期间发生有害化学反应也具有一定的作用。

3. 塑料薄膜封闭

塑料薄膜虽不完全隔绝气体，但是能隔水、隔潮，用塑料薄膜封垛、封袋、封箱，可有效地形成封闭小环境，阻隔内外空气交换，完全隔绝水分。在封闭环境内如果再加入杀虫剂、缓蚀剂或某种抑制微生物生存的气体，内部就可以长期保持这种物质的浓度，形成一个长期稳定的小环境。

用这个方法对水泥、化工产品、钢材等做防水封装，可防变质和锈蚀。

储存合理化的原则是以经济的方法实现储存的最优化需求。当然，如果造成储存功能

的过剩，就是一种浪费，也就不合理了。由此可见，运输业和仓储业是物流业的基础产业，也是现代物流诸多功能要素中最基本的中心要素。

第四节　储存保管技术

一、自动化仓库技术

自动仓储系统（Automatic Storage 或 Retriever System，AS/RS）是采用高层货架储存货物，用起重、装卸、运输机械设备进行货物出库和入库作业的系统，AS/RS 主要通过高层货架充分利用空间进行存取货物，高架仓库最高已达 40 多米，最大库存量可达数万甚至 10 多万个货物单元，可以做到无人操纵、按计划入库和出库的全自动化控制，并且对仓库管理可以实现计算机网络管理。

自动化仓库技术集高架仓库及规划、管理、机械、电气于一体，是一门综合性的技术。世界上第一座计算机控制的高架仓库于 1963 年建立，目前我国已建成的立体仓库有 1300 余座，分布在医药保健品、家具制造业、机械制造业、食品等各行业和部门。

二、货架储存技术

1. 层架

层架由立柱、横梁、层板构成，层间用于存放物品。层架简单，适用性强，有利于提高空间利用率，方便进行存取作业，是人工作业仓库的主要存储设备。按结构特点可以分为层格式和抽屉式层架，层格式层架主要用于存放规格复杂多样、必须隔开的物品；抽屉式层架主要用于存放比较贵重或怕尘土、怕潮湿的小件物品。

2. 托盘货架

托盘货架专门用于存放堆码在托盘上的物品。其基本形态与层架类似，但承载能力和每层空间适于存放整托盘货物。托盘货架具有结构简单，可调整组合，安装简易，费用经济，出入库不受先后顺序限制，储物形态为托盘装载货物，配合升降式叉车存取等特点。

3. 阁楼式货架

阁楼式货架是将储存空间做上、下两层规划，利用钢架和楼板将空间间隙隔为两层，下层货架结构支撑上层楼板。阁楼式货架可以有效提高空间使用率，通常上层适用于存放轻量物品，不适合重型搬运设备通行，因此在搬运上层物品时，需要配备垂直输送设备。

4. 悬臂式货架

悬臂式货架是在立柱上装设杆臂构成的，悬臂常用金属材料制造，其尺寸一般根据所存放物料尺寸的大小确定。为防止物料受损，常在悬臂上加垫木质衬垫或橡胶带以起保护作用。悬臂式货架为开放式货架，不太便于机械化作业，需配合跨距较宽的设备。

5. 移动式货架

移动式货架底部装有滚轮，通过开启控制装置，滚轮可沿轨道滑动。货架结构可以设计成普通层架，也可以设计成托盘货架，控制装置附加有变频控制功能，用来控制驱动、停止时的速度，以维持货架的货物稳定，同时还设有确定位置的光电感测器及制动电动机，以提高起动或停止时的稳定度和精确度。移动式货架平时密集相接排列，存取货物时通过手动或电力驱动装置使货架沿轨道水平移动，形成通道，可以大幅度减少通道面积，地面使用率可达 80%，而且可直接存放每个方向的货物，不受先进先出的限制。但相对来说，机电装置较多，建造成本较高，维护也比较困难。

6. 重力式货架

重力式货架与普通层架的基本结构类似，但不同之处在于其层间间隔由重力滚轮和滚筒输送装置组成，并且这些装置与水平面成一定的倾斜角度，低端作为出货端，而高端则作为入货端。因此，托盘或箱装货物便会因重力作用而自动向低端滑移，还可以在滚轮下埋设充气软管控制倾斜角度，以调整货物滑移的速度。

三、堆码苫垫技术

（一）物资堆垛技术

1. 重叠式堆码

逐件逐层向上重叠码高，特点是货垛各层的排列方法一致。尤其适用于钢板、箱装材料等质地坚硬、占地面积较大且不会倒塌的物品。

2. 纵横交错式

对于狭长且长短规格一致的物品或其包装箱体，将上一层物资横放在下一层物资上面，纵横交错地上码，形成方形垛。

3. 仰伏相间式

一层仰放、一层伏放，仰伏相间、相扣，使堆垛稳固。

4. 衬垫式

在每层或每隔两层物品之间放进衬垫物，使货垛的横断面平整，物品间互相牵制，增强了货垛的稳定性。

5. 串联式

利用物品之间的管道或孔，用绳子或其他工具按一定数量串联起来，再逐层上码。

6. 栽柱式

在货垛两旁各栽上两至三根木柱或钢棒，然后将材料平铺柱中。每层或隔几层，在两侧相对应的柱子上用铁丝拉紧，以防倒塌。

7. 压缝式

将垛底排列成正方形、长方形或环形，然后沿脊背压缝上码。

（二）物资苫盖衬垫技术

1. 苫盖

在露天存放物品时，为防止受雨淋、风雪及日光曝晒等危害，垛上需加适当的苫盖物。仓库中常用的苫盖物有芦席、油毡、油布、苫布、铁皮等。

2．衬垫

在物品堆垛时，按照垛形的尺寸和负重情况，先在垛底放上适当的衬垫物，减少地面潮气对物品的影响，使物品与地面互相隔离，这样有利于垛底通风。衬垫物种类很多，最普遍的是枕木、垫板、水泥块、石墩等。

四、盘点技术

物资的盘点与检查是为了能及时掌握库存物资的变化和积压情况，保证卡、账、物相符的重要手段。盘点形式主要有以下几种。

（一）永续盘点

永续盘点，又称动态盘点，即保管员每天对处于收发状态的物资进行一次盘点，以便及时发现问题并防止收发差错。

（二）循环盘点

循环盘点即保管员对自己所保管的物资，根据其性质特点，分轻重缓急，制订月盘点计划，然后按计划逐日轮番盘点。

（三）定期盘点

定期盘点即指在月末、季末、年中及年末按计划进行对物资的全面清查。

（四）重点盘点

重点盘点即指根据季节变化或工作需要，为某种特定目的而进行的盘点工作。

五、温湿度控制技术

（一）温湿度观测技术

温湿度观测一般采用干湿球温度计、毛发湿度表、电子湿度表等。为了准确地测定库房的温湿度，通常要根据库房面积的大小、物资性质特点及季节气候情况，适当确定安置温湿度计的地方和数量。

（二）温湿度调节技术

1．通风

通风是指根据空气的流动规律，有计划地组织库内外空气的交换，以达到调节库内温湿度的目的。通风操作简单，可在一定程度上降低库内温湿度，同时还可以排除库内污浊的空气。通风可采用自然通风、机械通风或两者结合的方式，通风设备主要有轴流式局部扇风机、离心式通风机等。

2．吸潮

吸潮是指利用吸潮设备或吸潮剂吸附空气中的水蒸气，以达到降低空气湿度的目的。利用机械吸潮（如空气去湿机等），效率高、操作简单、无污染；利用吸潮剂吸潮，吸潮剂主要有生石灰、氯化钙、硅胶等。

3．密封

密封是指采用一定的方式将物资尽可能地封闭起来，防止或减弱外界空气的不良影响，以达到安全保管的目的。密封的方法常与通风和吸潮的方法结合使用，主要有货架密封、货垛密封、库内小室密封及整库密封等。

 案例

浅析智慧仓储物流发展

 本章小结

储存保管是指在一定的时期和场所，以适当的方式维持物资质量和数量等的储存活动，它是包括了库存和储备在内的一种广泛的经济现象，是物流的主要功能之一。仓库的主要作业流程包括入库业务、保管业务和出库业务过程。仓库设计原理主要包括设计标准、搬运技术及积载计划。储存保管合理化有六个方面的标志：质量标志、数量标志、时间标志、结构标志、分布标志和费用标志。

储存保管技术包括自动化仓库技术、货架储存技术、堆码苫垫技术、物品检验技术和温湿度控制技术。

复习思考题

1．试述储存的作用。

2．如何进行库存量的控制？

3．试述仓库的作业流程和原理。

4．何谓物流中心？

5．物流中心的分类有哪些？

6．试述物流合理化的途径。

第四章 包　装

知识要求

- ☐ 掌握包装的概念以及包装在现代物流中的重要性
- ☐ 熟悉一些常见的现代包装技术

技能要求

- ☐ 判断包装的合理性
- ☐ 根据实际需要，合理选择包装材料和包装技术
- ☐ 认识基本的包装标志

素质目标

- ☐ 引导学生养成科学、严谨的工作态度
- ☐ 培养学生的操作规范，增强安全意识和培养职业道德

项目导读

智能包装的十项技术

第一节　包装概述

微课　包装概述

一、包装的概念

包装是物流的基本功能要素之一。我国国家标准《物流术语》（GB/T 18345—2021）对包装的定义为："为在流通过程中保护产品、方便储运、促进销售，按一定技术方法而采用的容器、材料及辅助物等的总体名称。"

二、包装的地位与功能

（一）地位

包装在整个物流活动中具有特殊的地位。在生产和流通过程中，包装是生产的终点和物流的起点，贯穿于整个物流过程。包装的材料、形式、方法以及外形设计都对其他物流环节产生重要的影响。

（二）功能

1．保护功能

保护功能是指保护物品免受损伤的功能，它体现了包装的主要目的，具体包括四个方面：①防止物品破损和变形。为了确保物品在运输、配送、储存、保管、装卸和搬运等过程中不受冲击、振动、颠簸、压缩和摩擦等外力的损害，物品包装必须具备足够的强度，以形成对外力的有效保护。②防止物品发生化学变化，为了防止物品受潮、发霉、变质、生锈等，物品包装必须能在一定程度上起到阻隔水分、潮气、光线以及空气中各种有害气体的作用，避免外界不良因素的影响。③防止有害生物对物品的影响。鼠、虫及其他有害生物对物品有很大的破坏性。包装封闭不严，细菌、虫类可能会侵入，导致物品变质腐败，特别是对食品危害性更大。④防止异物流入，污物污染，物品丢失、散失。

2．便利、效率功能

包装具有便利流通、方便消费的功能，主要体现在：①便利配送运输。包装的规格、形状、重量与物品运输关系密切。包装尺寸与运输车辆、船舶、飞机等运输工具箱、仓容积的吻合性，方便了运输，提高了运输效率。②便利装卸搬运。物品经过适当的包装后，为装卸搬运作业提供了方便，物品的包装便于各种装卸搬运机械的使用，有利于提高装卸搬运机械的生产效率。包装的规格尺寸标准化后，为集合包装提供了条件，从而能极大地提高装载效率。③便利储存保管。从装卸搬运角度上看，物品进、出库时，在包装规格尺寸、重量、形态上适合仓库内的作业，为仓库提供了装卸搬运的方便。从储存保管角度上看，物品的包装为储存保管作业提供了方便条件，便于维护物品本身原有的使用价值；包装物的各种标志使仓库的管理者易于识别、易于存取、易于盘点，有特殊要求的物品易于引起注意。从物品验收角度上看，易于开包，便于重新打包，为验收提供了方便。

3．定量功能

定量功能即单位定量或单元化，形成基本单件或与目的相适应的单件。包装具备将商品以某种单位集中的功能，以达到方便物流和方便商业交易等目的。从物流方面来考虑，包装单位的大小应与装卸、保管、运输条件的能力相匹配；应尽可能便于集中输送以获得最佳经济效果，同时又要求能分割及重新组合以适应多种装运条件及分货要求，从商业交易方面来考虑，包装单位的大小应适合进行交易的批量，零售商品应适合消费者的一次购买。

4．商品功能

商品功能即创造商品形象。杜邦定律（由美国杜邦化学公司提出）认为，63%的消费者是根据商品的包装来进行购买的，而商品市场和消费者是通过商品来认识企业的。因此，商品的包装就是企业的名片，好的商品包装能够在一定程度上提高企业的市场形象。

5．促销功能

促销功能即包装具有广告效力，能够唤起购买欲望。合理的包装有利于促进商品的销售。在商品交易中促进物品销售的手段很多，其中包装的设计具有重要地位，精美的包装能唤起人们的购买欲望。

三、包装的分类

包装有很多种分类方法，其中较常见的有以下几类。

（一）按照功能的不同，包装可分为商业包装和工业包装

1．商业包装

商业包装是指以促进商品销售为主要目的的包装方式。这种包装的特点包括：外形美观，具备必要的装潢，包装单位的规格大小能适应不同顾客的购买批量和商店设施的要求。

2．工业包装

工业包装又称运输包装，是指以方便运输、保护商品、易于储运为主要目的而进行的包装。这类包装管理的目标是在满足物流要求的基础上，使包装费用越低越好。所以，对于普通物资的工业包装，并不是越充分越好，而是要在保证最佳经济效果的基础上，确定适当的工业包装。

（二）按照层次的不同，包装可分为个包装、中包装、外包装

1．个包装

个包装是指以一个商品为一个销售单位的包装形式。个包装直接与商品接触，在生产过程中与商品装配成一个整体，随同商品一同销售给顾客。因此，它又被称为销售包装或小包装。个包装起着直接保护、美化、宣传和促进商品销售的作用。

2．中包装

中包装（又称内包装）是指由若干个单体商品或包装组成的一个小的整体包装。它是介于个包装与外包装之间的中间层次包装，属于商品的内层包装。中包装在销售过程中，一部分随同商品出售，另一部分则在销售中被消耗掉，因此被列为销售包装。在商品流通过程中，中包装不仅起着进一步保护商品、方便储存和促进销售的作用，而且还有利于商品分拨和销售过程中的点数和计量，方便包装组合等。

3．外包装

外包装（又称运输包装或大包装）是指商品的最外层包装。在商品流通过程中，外包装起着保护商品、方便运输、装卸搬运和储存的作用。

（三）按照容器质地的不同，包装可分为硬包装、半硬包装和软包装

1．硬包装

硬包装（又称刚性包装）是指在充填或取出包装的内装物后，容器形状基本不发生变

化，材质坚硬或质地坚牢的包装。这类包装所用的材料大多质地坚牢，能够承受外力的冲击，但通常脆性较大。

2. 半硬包装

半硬包装（又称半刚性包装）是介于硬包装和软包装之间的包装。

3. 软包装

软包装（又称挠性包装）是指包装内的充填物或内装物取出后，容器形状会发生变化，并且材质较软的包装。

（四）按照使用范围的不同，包装可分为专用包装和通用包装

1. 专用包装

专用包装是指专供某种或某类商品使用的一种或一系列的包装。是否采用专用包装往往要根据商品某些特殊的性质来决定，这类包装一般都针对所包装的产品进行专门的设计制造。

2. 通用包装

通用包装是指一种能盛装多种商品，能够被广泛使用的包装容器。通用包装一般不进行专门的设计制造，而是根据标准系列尺寸进行制造，这类包装可用于包装各种无特殊要求的或标准规格的产品。

（五）按照使用次数的不同，包装可分为一次用包装、多次用包装和周转用包装

1. 一次用包装

一次用包装是指只能使用一次，不再回收复用的包装。它是随同商品一起出售或销售过程中被消耗掉的包装形式。大多数销售包装都属于一次用包装。

2. 多次用包装

多次用包装是指回收后经适当加工整理，仍可重复使用的包装。多次用包装主要是商品的外包装和一部分中包装。

3. 周转用包装

周转用包装是指工厂或商店固定地用于商品的周转活动，无须任何加工整理即可多次重复使用的包装容器。

四、包装材料

（一）纸质包装

纸质包装是现代包装的四大支柱（纸、塑料、金属、玻璃）之一。由于其原料取自木材、稻草、芦苇、麦秸等，所以资源丰富，具有质轻、易加工、成本低、废弃物易回收处理等特性，成为现代包装工业的重要组成部分，如图4-1所示。

图4-1 瓦楞纸板

（二）市材包装

木材包装是指以木板、胶合板、纤维板为原材料制成的包装。常用的木制包装有各种箱、桶等。

（三）塑料包装

塑料具有许多优良特性，如气密性好、易于成型和封口、防潮、防渗漏、防挥发、透明度高、化学性能稳定、耐酸、耐碱、耐腐蚀等。因此，塑料已是目前使用很广泛的一种包装材料，如图4-2和图4-3所示。

图4-2　塑料薄膜　　　　　　　　图4-3　塑料缓冲膜

（四）金属包装

金属包装材料以其坚固性在包装材料中占有一定地位。金属包装主要有以下三种。

1．马口铁材料容器

马口铁材料容器主要包括金属桶、金属箱、金属听和罐等，但应采取防锈措施。

2．铝罐

铝罐的优点是质轻，使用及运输方便，材料无氧化作用，内涂料附着力强，保护性能好，可回收再加工。

3．喷雾罐

喷雾罐使用方便，只要按下按钮，即可喷出所需物品。它多用于杀虫剂、发胶、防臭剂及部分药粉、药剂的包装。用喷雾罐包装此类商品，较经济且使用卫生、方便。

另外，还有其他新型包装材料，如降解塑料、新型瓦楞纸、蜂窝纸等。

第二节　包装技术与包装标志

一、包装技术

（一）防震包装技术装备

防震包装又称缓冲包装，在各种包装方法中占有重要地位。产品从生产出来到开始使

微课　包装技术

用要经过一系列的保管、堆积、运输和装卸过程，在任何环节中，都会有外力作用于产品，并可能使产品发生机械性的损坏，如堆积过程主要受静压力作用，运输过程主要受震动作用，装卸过程主要受冲击力作用，这些外力可能使包装件产生位移、塑性变形、震动破损等。

为了防止产品遭受损坏，就要设法减少外力的影响，如克服静压力对产品的影响，主要靠包装容器、包装材料的强度；克服震动和冲击的影响，主要靠防震技术措施。因此，防震包装是为了减缓内装物受到的冲击和震动，以保护其免受损坏而采取的一种技术保护措施。

1．防震包装材料

防震包装的目的是克服冲击和震动对内装物的影响。克服冲击的措施称为缓冲，克服震动的措施称为防震或隔震，所用的材料称为防震缓冲材料。防震材料置于被包装产品与外包装之间，用来吸收冲击、震动等外力，以保护被包装产品。

防震缓冲材料的种类比较多，若按外形分类，可分为无定型和定型两大类防震缓冲材料。无定型缓冲材料主要有塑料丝、纸丝、木屑、动植物纤维等；定型缓冲材料主要有成型纸浆、瓦楞纸板衬垫、纸棉材料、棕草垫、弹簧装置等。

2．防震包装技术方法

防震包装技术方法应该根据内装物的形状、特性、流通过程中的环境条件、缓冲材料的特性等因素综合选定。防震包装方法一般分为全面防震包装、部分防震包装和悬浮（或悬吊）缓冲包装三大类。

（二）防潮、防湿、防水包装技术装备

采用防潮、防湿、防水包装的目的，其一是为阻隔外界水分的浸入，其二是为减少、避免由于外界温、湿度的变化，而引起包装内部产生反潮、结露和霉变现象。

1．防湿、防水包装材料

防湿、防水包装的包装材料必须具备两种保护性能：一是抵御外力的作用，二是防止水分进入内部。因此，它应由两种材料构成：一种是用于抵御外力的框架外壁材料，如木材板、金属板和瓦楞纸板等；另一种是具有防湿、防水性能的内衬材料，包括纸张类如石油沥青油毡、石油沥青纸、防潮柏油纸、蜡剂浸渍纸等，塑料类如低密度聚乙烯、聚氯乙烯、聚苯乙烯、聚氨酯、聚乙烯醇、聚偏二乙烯等，金属类如铝箔、铝型复合膜等，以及布塑复合膜等复合材料类。

2．密封材料与防水涂料

防湿、防水用的密封材料有压敏胶带、防水胶黏带、防水胶黏剂以及密封用橡胶皮等。

用于纸箱、胶合板箱等表面防水处理的防水涂料包括石蜡和清漆等，而用于包装箱外的覆盖材料应具备一定的强度、耐水性、耐老化、耐高低温以及耐日晒的特性。

3．防湿、防水包装方法

对防湿、防水的包装容器，装填内装物后严密封严，要保证接合处不渗水，保证水不会透过而损坏内装产品。在箱体内壁衬防水材料，使其平整完好地紧贴于内壁，每侧内壁应尽量选用整张的防水材料，而箱顶盖板内部必须用整张防水材料，四周应用上幅覆盖下幅的方式铺设。对大型框架滑木箱顶板上的防水材料，应在中间加设盖板，或将顶盖采用双层木板结构，将防水材料夹在其间，以防顶板的积水渗入。为提高防水效果，可敷设双层防水材料，例如，一层石油沥青油毡和一两层塑料薄膜。

4. 防潮包装等级和有效期限

在设计和选用防潮包装时，应根据储运环境、气候情况、内装物的性质和储运有效期来选定防潮包装的等级。① 应根据内装产品的性质确定应首先选用的包装等级；② 应根据储运环境和气候特征确定所使用的包装等级；③ 估算需要储运的有效期限，确定包装等级。一般要从所确定的这三种包装等级中，选定最高等级的包装，作为设计防潮包装的包装等级。

（三）防锈包装技术装备

防锈包装的目的是防止内装物锈蚀。如在产品表面涂刷防锈油（脂）或用气相防锈塑料薄膜或气相防锈纸包封产品等。

防锈包装一般有清洗产品、干燥去湿和防锈处理三道工序。防锈处理的方法有以下几种。

（1）真空包装，如图4-4所示。

（2）防锈油脂封存包装，如图4-5所示。

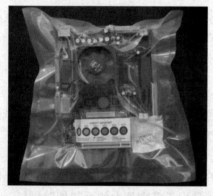

图4-4 真空包装

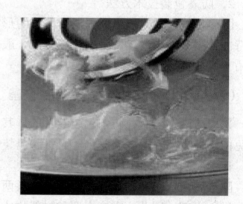

图4-5 防锈油脂封存包装

（3）气相防锈剂封存包装，如图4-6所示。

（4）可剥性塑料封存包装，如图4-7所示。

图4-6 气相防锈剂封存包装

图4-7 可剥性塑料封存包装

（5）茧式包装：它是在产品的周围构成一层塑料外壳，被保护的金属制品藏在壳中，似茧壳般。茧式包装是用来包装大型结构复杂、外形不规则产品的包装方法。

（四）防霉包装技术装备

防霉包装是指在流通与储存过程中，为防止内装物长霉影响质量而采取一定防护措施的包装。如对内装物进行防潮包装，降低包装容器内的相对湿度，对内装物和包装材料进行防霉处理等。防霉包装能使包装及其内装物处于霉菌被抑制的特定条件下，保持其质量完好和延长保存期限。

防霉技术的运用可根据产品和包装的性能和要求的不同，而采取不同的防霉途径和措施，可从使用的材料、产品和包装三个方面着手分别加以解决。从材料方面来说，要通过对材料进行长霉筛选，首先选用耐霉材料，必要时要对材料采用改进分子结构或配方组成的办法，使其达到防霉的要求；从产品方面来说，要对产品进行结构设计、制造工艺、表面隔离以及采用添加防霉剂处理的办法达到防霉的要求；从包装方面来说，要根据霉菌的生理特性，控制霉菌的生长条件，对包装结构、工艺过程进行改进达到防霉的目的，如图 4-8 和图 4-9 所示。

图 4-8　商品防霉片

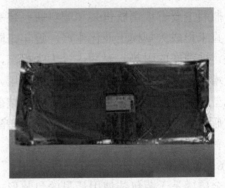

图 4-9　防霉包装袋

（五）防虫包装技术装备

商品在流通过程中需要在仓库储存，而储存过程中的主要危害之一是仓虫。仓虫不仅蛀食动植物商品和包装材料，而且它的排泄物会污染商品。防虫包装就是为了保护内装物免受虫类侵害而采取一定防护措施的包装，如在包装材料中掺入杀虫剂，有时在包装容器中使用驱虫、杀虫剂或脱氧剂，以增强防虫效果等。

（六）食品包装中的无菌包装种类

根据无菌包装食品的特性，可将选用的材料制成适于该产品包装的形式，主要有以下几种。

1. 无菌纸包装

用于无菌包装的纸包装材料实际上是一种复合材料，是由纸、聚乙烯、铝箔、沙林树脂等多层复合的纸板。其中纸为结构材料，聚乙烯为黏结材料，沙林树脂为热封材料，而铝箔则为高阻隔材料。无菌纸包装有两种形式，即屋顶包和砖形包。

2. 无菌杯式包装

无菌杯式包装使用的材料为多层共挤无菌包装片材，其结构为 PP/PE/ADH/PVDC 或 EVOH/ADH/PS。其中 PP 为可剥离的无菌包装保护膜，PVDC、EVOH 为高阻隔材料，PS 为结构材料。成卷的无菌包装片材在进入无菌室前剥开 PP 膜，在无菌室内露出无菌的 PE 表面并在无菌室中成型—灌装—封盖，然后贴标。无菌包装用的盖材是 PE/PET 的多层复合材料，其中 PET 为可剥离层。

3. 无菌铝/塑袋包装

这种包装方法类似无菌纸包装，只不过所用材料是铝/塑复合膜，包装形式是袋装。

4. 箱中袋

对于大容量的包装可以采用箱中袋的形式。将已经灭菌的食品灌入经过预灭菌的密封的多层塑料袋中，灌装后的袋子装在木质或纸板制成的外包装箱中或钢桶中，主要包装浓浆或基料。目前，这种包装形式已经基本取代了使用铁桶或塑料桶作为包装材料以及在食品内部添加防腐剂来保存食品的方法。

5. 瓶装

瓶装主要有玻璃瓶包装和塑料瓶包装等。玻璃瓶的无菌包装早在 1942 年就被开发，但是一直未形成大规模工业化生产。近年来随着玻璃瓶制造技术的发展，出现了轻量强化玻璃瓶，玻璃瓶的耐热、耐冲击性大为提高，即使内外温差在 800℃以上也不会产生破裂，从而增进了其在食品无菌包装方面的应用，扩展了无菌包装技术的应用领域。塑料瓶可以在成型时灭菌并立即灌装，也可以在灌装前灭菌。灭菌的瓶子在无菌室中灌装和压盖。一般的瓶子不能重复使用，用高级的聚碳酸酯制成的瓶子可以重复使用，但是这种瓶子的市场占有率还比较低。

6. 金属罐

金属罐是无菌包装使用最早的包装形式之一，主要分马口铁罐和铝罐两种，目前，世界上金属罐无菌包装的最先进的典型代表是美国的多尔无菌装罐系统。多尔系统所采用的金属罐灭菌方法是干热灭菌，即采用高温过热蒸汽来灭菌。当空罐在输送链上通过灭菌室时，过热蒸汽从上至下喷射 45 秒，这时罐温上升到 221℃～224℃，罐盖也采用 287℃～316℃的过热蒸汽灭菌 75～90 秒，这样的高温足以杀灭全部的耐热细菌。由于所有容器和设备均采用过热蒸汽灭菌，因此无菌程度高，罐头内部顶隙残留空气极少，并且处于高真空状态，产品的质量安全可靠。

7. 复合罐

复合罐是由两种以上材料组成的三片罐，即底和盖用金属制成，罐身用铝箔、纸板或聚丙烯等材料制成。复合罐的印刷装潢效果好，成本低，质量轻，处理方便而不造成公害。但复合罐的气密性比金属罐差，耐热性也较差，因此欧美各国和日本都用它作为冷冻浓缩果汁的无菌包装容器。

由于复合罐的耐热性较差，因此一般采用 127℃左右的热空气灭菌，果汁在 93℃以上灭菌后冷却到 80℃进行热灌装。灌装和密封区都采用无菌空气来保持正压，以防细菌污染。

尽管如此，还是难以杀灭耐热的细菌芽孢，因此复合罐仅限于灌装高酸性的果汁。在低温和高酸性的条件下，这些残存的细菌芽孢不会繁殖生长，因此可保证食品的卫生指标。

8．纸基复合材料容器

纸基复合材料容器由纸、聚乙烯、铝箔等多种材料组成，西欧各国的无菌包装较多采用这类容器，尤以瑞典的利乐包装公司生产的无菌砖形盒、菱形袋为典型。这种厚约 0.35mm 的复合材料由 8 层材料构成，对氧气和水蒸气的阻隔性极佳，而且印刷效果也很好，饮用方便，产品的货架期长，也是饮料无菌包装的理想材料之一。

纸容器的灭菌是采用过氧化氢（双氧水）与加热相结合的方法。先将包装材料通过过氧化氢水浴处理，随后在灌装过程中，采用管形加热元件对进料管部位进行加热，使该部位空气温度显著升高，促使纸内表面过氧化氢液膜迅速分解成水和新生态氧，这种氧具有极强的灭菌能力，使容器达到无菌的要求。也有采用高浓度的过氧化氢溶液在 80℃ 左右温度下对包装材料进行 8～9 秒的灭菌工艺。

二、包装标志

包装标志是指在包装件外部用文字、图形、数字制作的特定记号和说明事项。包装标志主要有运输标志、指示性标志和警告性标志。

（一）运输标志

运输标志是按运输规定，由托运人在货件上制作的表示货件与运单主要内容相一致的标记。其作用主要是便于识别货物，便于收货人收货，有利于运输、仓储、检验等。运输标志的主要内容有商品分类图示标志、供货号、货号、品名规格、数量、毛重、净重、生产日期、生产工厂、体积、有效期限、收货地点和单位、发货单位、运输号码、发运件数等。

（二）指示性标志

根据商品的性能、特点，用简单醒目的图案和文字对一些容易破碎、残损、变质的商品，在包装的一定位置上制作指示性标志，以便在装卸搬运操作和储存保管时适当注意。指示性标志如"此端向上""怕湿""怕热""小心轻放""由此吊起""禁止滚翻""重心点""禁用手钩""远离放射源及热源""堆码重量极限""堆码层数极限"等。

（三）警告性标志

警告性标志主要是针对危险品，按规定在危险货物运输包装上使用不同种类、名称、尺寸、颜色和图案的标志，以表明不同类别（项）和性质的危险品。它可以提醒人们在运输、储存、保管等活动中注意保护物资和人身的安全。凡包装内装有爆炸品、有毒品、腐蚀性物品、氧化剂和放射性物品等危险品的，应在运输包装上刷写清楚明显的危险品警告标志。

三、包装合理化

（一）包装合理化的含义

包装合理化是指适应和克服流通过程中的各种障碍，适应物流发展而不断优化，取得最佳经济社会效益，充分发挥包装实体有用功能的包装。在物流活动过程中，包装合理化朝着智能化、标准化、绿色化、单位大型化、作业机械化、成本低廉化等方向不断发展。包装合理化具体表现在以下六个方面。

1. 智能化

物流信息化发展和管理的一个基础是包装智能化，包装上的信息量不足或错误会直接影响物流各个活动的进行。随着物流信息化程度的提高，包装上除了表明内装物的数量、重量、品名、生产厂家、保质期及搬运储存所需条件等信息外，还应粘贴商品条形码、流通条码等，以实现包装智能化。

2. 标准化

包装标准是针对包装质量和有关包装质量的各个方面，由一定的权威机构所发布的统一的规定。包装标准化可以大大减少包装的规格型号，提高包装的生产效率，便于被包装物品的识别和计量，它包括包装规格尺寸标准化、包装工业产品标准化和包装强度标准化三个方面的内容。

3. 绿色化

在选择包装方式时，应遵循绿色化原则，通过减少包装材料、重复使用、循环使用、回收利用材料等包装措施，以及生物降解、分解来推行绿色包装，节省资源。

4. 单位大型化

随着交易单位的大量化和物流过程中的装卸机械化，包装大型化趋势也在增强。大型化包装有利于机械的使用，提高物流活动效率。

5. 作业机械化

包装作业机械化是提高包装作业效率、减轻人工包装作业强度、实现省力的基础。包装作业的机械化首先从个体包装开始，之后是装箱、封口、挂提手等与外装相关联的作业。

6. 成本低廉化

包装成本中占比例最大的是包装材料费用。因此，降低包装成本首先应该从降低包装材料费用开始，在保证功能的前提下，尽量降低材料的档次，节约材料费用支出。

（二）不合理包装

不合理包装是指在现有条件下可以达到的包装水平而未达到，从而造成了包装不足、包装过剩、包装污染等问题。目前常见的不合理包装形式有以下几种。

1. 包装不足

包装不足可能造成流通过程中的损失以及降低物流效率。包装不足主要包括四个方面：① 包装强度不足，导致包装防护性不足，造成被包装物的损失；② 包装材料水平不足，由于包装材料选择不当，材料不能很好地承担运输防护及促进销售的作用；③ 包装容器的层次和容积不足，缺少必要的层次与所需的体积，导致损失；④ 包装成本过低，不能保证包装的有效性。

2．包装过剩

包装过剩主要包括四个方面：① 包装物强度设计过高，如包装材料载面过大、包装方式大大超过强度要求等，使包装防护性高；② 包装材料选择不当，如可以用纸板却采用镀锌、镀锡材料等；③ 包装技术过高，如包装层次过多、包装体积过大；④ 包装成本过高，如使用较高成本的包装材料，致使包装成本在商品成本中比重过高，损害了消费者的利益。

3．包装污染

包装污染主要包括两个方面：① 包装材料中大量使用的纸箱、木箱、塑料容器等，要消耗大量的自然资源；② 商品包装的一次性、豪华性，甚至采用不可降解的包装材料，严重污染环境。

四、塑料包装容器制品的知识①

塑料回收标志是一个三角形符号，一般在塑料容器底部。三角形里面有数字 1～7，每一个数字都代表不同的材料，因此，回收标志中不同的数字表示该制品是用何种树脂制成的，如果制品是由几种不同材料制成的，则表示的是制品的主要的、基本的材料。

（1）"01"——PET（聚对苯二甲酸乙二醇酯）。

矿泉水瓶、碳酸饮料瓶都是用这种材料制成的。饮料瓶不能循环使用来装热水，因为这种材料的耐热温度仅为 70℃，只适合装暖饮或冻饮。如果装入高温液体或进行加热，它们容易变形，并可能溶出对人体有害的物质。并且，科学家发现，这种塑料制品用了 10 个月后，可能释放出致癌物，对人体具有毒性。因此，饮料瓶等用完了就丢掉，不要再用来作为水杯，或者用来做储物容器盛装其他物品，以免引发健康问题，得不偿失。

（2）"02"——HDPE（高密度聚乙烯）。

承装清洁用品和沐浴产品的塑料容器，以及目前在超市和商场中广泛使用的塑料袋，大多由这种材料制成，它们可以承受高达 110℃的高温，标明为食品用的塑料袋可用于盛装食品。虽然这些承装清洁用品、沐浴产品的塑料容器在小心清洁后可以重复使用，但它们通常难以清洗，容易残留原有的清洁用品，从而成为细菌的滋生地。因此，如果清洁不彻底，最好不要循环使用这些容器。

（3）"03"——PVC（聚氯乙烯）。

这种材质的塑料制品易产生的有毒有害物质来自于两个方面：一是生产过程中没有被完全聚合的单分子氯乙烯；二是增塑剂中的有害物。这两种物质在遇到高温和油脂时容易析出，有毒物质随食物进入人体后，容易致癌。目前，这种材料的容器已经较少用于包装食品。如果使用，千万不要让它受热。

（4）"04"——LDPE（低密度聚乙烯）。

我们常用的水壶一般是这种材料或聚丙烯，保鲜膜、塑料膜等都是这种材质。耐热性不强，通常，合格的 PE 保鲜膜在温度超过 110℃时会出现热熔现象，会留下一些人体无法

---

① 资料来源：中国包装网．塑料包装容器制品的知识．www.pack.cn，2010-05-21.

分解的塑料制剂。并且，用保鲜膜包裹食物加热，食物中的油脂很容易将保鲜膜中的有害物质溶解出来。因此，食物进入微波炉前，先要取下包裹着的保鲜膜。

（5）"05"——PP（聚丙烯）。

微波炉餐盒采用这种材料制成，耐130℃高温，透明度差，这是唯一可以放进微波炉的塑料盒，在小心清洁后可重复使用。需要特别注意的是，一些微波炉餐盒，盒体用聚丙烯制造，但盒盖用聚苯乙烯制造，聚苯乙烯透明度好，但不耐高温，所以不能与盒体一起放进微波炉。为保险起见，容器放入微波炉前，先把盖子取下。

（6）"06"——PS（聚苯乙烯）。

这是用于制造碗装泡面盒、发泡快餐盒的材料。既耐热又抗寒，但不能放进微波炉中，以免因温度过高而释放出化学物质。并且不能用于盛装强酸（如柳橙汁）、强碱性物质，因为会分解出对人体有害的聚苯乙烯。因此，要尽量避免用快餐盒打包滚烫的食物。

（7）"07"——PC（聚碳酸酯）及其他类

PC是一种被大量使用的材料，尤其广泛应用于奶瓶、太空杯等的制造。然而，由于PC中含有双酚A，它备受争议。专家指出，理论上，只要在制作PC的过程中，双酚A能够完全转化成塑料结构，那么制品中就不含有双酚A，更不可能释出。但是，如果有一小部分双酚A没有转化成PC的塑料结构，那么它可能会释出并进入食物或饮品中。因此，在使用这种塑料容器时要格外注意。

PC中残留的双酚A，温度愈高，释放愈多，速度也愈快。因此，不应以PC水瓶盛热水。如果水壶编号为07，下列方法可降低风险：使用时勿加热，勿在阳光下直晒。不用洗碗机、烘碗机清洗水壶。第一次使用前，用小苏打粉加温水清洗，在室温中自然烘干。如果容器有任何破损，建议停止使用，因为塑料制品表面如果有细微的坑纹，容易藏细菌。避免反复使用已经老化的塑料器具。

 阅读资料

判断瓦楞纸箱的三种标准

在林林总总的包装类型中，纸箱一直是最常见的包装形式。虽然纸箱主要承担着运输安全功能，但其销售功能、外观要求也越来越受到用户的重视，那么如何判断瓦楞纸箱的功能质量是否合格呢？

1. A类不合格：纸箱不能满足保护或标识内装物的功能

（1）接缝脱开。

（2）尺寸超出允许误差范围。

（3）质量低于规定的最小值。

（4）压痕线处破裂或纸面被切断。

（5）表面撕裂、戳穿，有孔洞或盖片、翼片不规则并粘连多余的纸板片。

（6）印刷有错误、印刷不全或颜色图案有差错。

（7）外界物质造成污染。

2. B类不合格：纸箱功能不全或存在问题

（1）接缝黏合不完全，胶带接头不完整或接头钉合不充分。

（2）开槽切入纸箱侧边的边缘。

（3）盖片不能对接，其间隙大于3mm。

（4）纸板含水量高于20%或低于5%。

（5）纸箱非压痕处出现弯曲。

（6）箱面印刷不完整或图文模糊。

（7）纸箱没有按规定采取防滑措施。

3．C类不合格：纸箱外观欠佳，但不影响其使用功能

（1）开槽或纸箱模切工艺粗糙。

（2）纸板表面呈现搓板状凸凹不平，影响印刷图文质量。

（3）箱面有污染杂点。

（4）浅度划伤或标记被擦掉。

资料来源：纸箱网．如何判断瓦楞纸箱的功能质量是否合格呢[EB/OL]．（2020-03-07）[2024-03-15]．http://www.gashr.com/news/info/15/143170.html．

 案例

饮料品牌智能包装的使用

本章小结

　　包装是为在流通过程中保护产品、方便储运、促进销售，按一定技术方法而采用的容器、材料和辅助物等的总体名称。包装的功能主要包括保护功能、便利效率功能、定量功能、商品功能和促销功能。包装合理化具体表现在智能化、标准化、绿色化、单位大型化、作业机械化和成本低廉化。

　　在现代包装技术中，包装保护技术包括防震包装技术，防潮、防湿、防水包装技术，防锈包装技术，防霉包装技术，防虫包装技术，其他包装技术。

复习思考题

1．包装的含义是什么？

2．试述包装的功能。

3．试述如何判断包装的合理性。

4．包装标志有哪些类型？

第五章　装卸搬运

知识要求

- ❑ 掌握装卸搬运的概念、作用和特点
- ❑ 熟悉装卸搬运的几种方式
- ❑ 了解一些常见的装卸搬运技术

技能要求

- ❑ 判断装卸搬运的合理性
- ❑ 根据实际需要提出装卸搬运合理化的解决方案
- ❑ 科学地进行装卸搬运设备的投资分析

素质目标

- ❑ 培养学生吃苦耐劳的工作态度
- ❑ 培养学生的操作规范，增强安全意识和培养职业道德
- ❑ 培养学生刻苦钻研、爱岗敬业的精神

项目导读

智慧港口"拓荒人"

第一节　装卸搬运概述

微课　装卸搬运概述

一、装卸搬运的概念

装卸是指在运输工具间或运输工具与存放场地（仓库）间，以人力或机械方式对物品进行载上载入或卸下卸出的作业过程。它一般是以垂直位移为主的实物运动

形式，其作用结果是物品从一种支撑状态，以一定的空间垂直位移变化转变为另一种状态。装卸是从原材料输送给工厂开始，到厂商或商品消费者手中的全部流通过程中，伴随包装、保管、运输所必须进行的活动。

搬运是指在同一场所内，以人力或机械方式对物品进行空间移动的作业过程。它一般是指在区域范围内（通常指在某一物流节点，如仓库、车站或码头等），物品所发生的短距离，以水平方向为主的位移。搬运的"运"与运输的"运"的区别在于：搬运是在同一地域的小范围内发生的，运输则是在较大范围内发生的，两者是量变与质变的关系，中间并无一个绝对的界限。

在实际物流操作中，装卸与搬运是密不可分的，两者是伴随在一起发生的。因此，在物流学科中并不过分强调两者的差别，而是把它们作为一种活动来对待，即把某一物流节点范围内进行的，以改变物料的存放状态和空间位置为主要内容和目的的活动，统称装卸搬运。

二、装卸搬运的作用

在物流作业过程中，装卸搬运是不断出现和重复进行的，它出现的频率通常会高于物流的其他功能要素。而且，由于装卸搬运会花费较多的作业时间，所以装卸搬运的效率往往成为决定物流总体效率的关键。同时，由于装卸搬运也会消耗大量的人力、物力和财力，其成本在物流总成本中占有相当大的比重，所以装卸搬运合理化也是降低物流总成本的重要手段。在整个物流大系统中，装卸搬运的作用主要体现在以下两个方面。

（一）装卸搬运是连接物流各环节的桥梁

物流的各个环节（功能）之间或者同一环节的不同阶段之间，都必须有装卸搬运作业进行衔接。例如，运输过程结束之后，货物进入仓库之前，必须进行装卸搬运。正是装卸搬运把"物"运动的各个阶段连接成为连续的"流"，使物流过程真正浑然一体。

装卸搬运衔接各种不同的运输方式，使多式联运得以实现。通常，经过多式联运进行运输的货物，至少需要经历 4 次以上的装卸搬运作业，有时甚至要经过多达几十次的装卸搬运作业，才能最终到达目的地。因此，在目前的运输组织条件下，装卸搬运费用约占运输总费用的 1/4。

（二）装卸搬运已经成为生产或流通过程的重要组成部分

例如，采掘行业的生产过程实质上就是装卸搬运过程。在加工和流通行业，装卸搬运也成了生产过程中不可缺少的组成要素。据调查，我国机械加工行业用于装卸搬运的成本约为加工总成本的 15.5%。

美国有关人士曾经指出，当前美国产品的全部生产时间只有 5%用于加工制造，而 95%的时间都是在装卸搬运、储存和运输等物流过程中消耗掉的。据统计，在运输的全部作业过程中，装卸搬运所占时间约为 50%。因此，组织好装卸搬运工作的重要意义在于：① 加速车船周转，提高港、站、库的利用效率；② 加快货物送达速度，减少流动占用；③ 预防各种事故的发生，减少货损、货差。总之，改善装卸搬运系统能显著提高物流活动的经济效益和社会效益，使装卸搬运系统在提高本身效益的同时，能够为整个生产系统赢得更大的经济效益。

三、装卸搬运的特点

在现代物流过程中，装卸搬运活动是不断出现和反复进行的，它出现的频率高于其他物流基本活动，每次装卸搬运活动都要花费很长时间，往往成为决定物流速度的关键。装卸搬运的特点具体表现在以下四个方面。

（一）装卸搬运是附属性、伴生性的活动

装卸搬运是物流每一项活动开始及结束时必然发生的活动，因而有时常被人忽视，有时被看作其他操作不可缺少的组成部分。例如，通常所说的"交通运输"实际上包含了与之相随的装卸搬运活动；仓库中泛指的保管活动，也包括装卸搬运活动。

（二）装卸搬运是支持、保障性的活动

装卸搬运的附属性不能理解成被动的，实际上，装卸搬运对其他物流活动有一定的决定性。装卸搬运会影响其他物流活动的质量和速度，例如，装车不当，会引起运输过程中的损失；卸放不当，会导致货物进行下一步物流活动的困难。许多物流活动在有效的装卸搬运支持下，才能实现高效率。

（三）装卸搬运是衔接性的活动

在任何其他物流活动互相过渡时，都是以装卸搬运活动来衔接，因而，装卸搬运往往成为整个物流活动的"瓶颈"，是物流各功能之间能否形成有机联系和紧密衔接的关键，而这又是一个系统的关键。建立一个有效的物流系统，关键在于衔接是否有效。比较先进的系统物流方式——联合运输方式，正是为解决这种衔接问题而出现的。

（四）装卸搬运是安全性的活动

装卸搬运作业需要人与机械、货物、其他劳动工具相结合，工作量大，情况变化多，很多作业环境复杂，这些都导致了装卸搬运作业中存在着不安全的因素和隐患。装卸搬运的安全性，一方面直接涉及人身，另一方面涉及物资。装卸搬运与其他物流环节相比，安全保障水平较低，因此需要更加重视装卸搬运的安全生产问题。

四、装卸搬运的方式

（一）单件作业方式

单件、逐件的装卸搬运是人工装卸搬运阶段的主导方式。但是，即使当装卸机械涉及各种装卸搬运领域时，单件、逐件的装卸搬运方式也依然存在。① 某些物品出于它本身特有的属性，采用单件作业方式更有利于安全；② 某些装卸搬运场合，没有设置装卸搬运机械或难以设置而被迫单件作业；③ 某些物品由于体积过大，形状特殊，即使有装卸搬运机械也不便于采用集装化作业，只能采用单件作业。

（二）集装作业方式

集装作业方式是指将物品先进行集装，再对集装件进行装卸搬运的方法。

1．集装箱作业方式

集装箱的装卸搬运作业分为垂直装卸作业和水平装卸作业。垂直装卸方式在港口中，根据与岸边集装箱起重机配套的机械类型，进一步细分为跨车方式、轮胎龙门起重机方式和轨道龙门起重机方式等。而水平装卸方式，也被称为"滚上滚下"方式，在港口中主要使用拖挂车和叉车作为装卸设备。在铁路车站，则主要采用叉车或平移装卸机进行操作。

2．托盘作业方式

叉车是托盘装卸搬运的主要机械设备。水平装卸搬运托盘主要采用搬运车辆和辊子式输送机；垂直装卸采用升降机、载货电梯等。

3．其他集装件作业

集装单元化的货物，可以使用叉车、门式起重机和桥式起重机进行装卸搬运作业。带有与各种框架集装化货物相配套的专用吊具的门式起重机和叉车等是配套的装卸搬运机械。集装袋和其他网袋集装化物品，由于体积小、自重轻、回送方便、可重复使用，是备受欢迎的作业方式。

（三）散装作业方式

煤炭、建材、矿石等大宗货物历来都采用散装装卸方式。谷物、水泥、化肥、原盐、食糖等随着作业量增大，为提高装卸搬运效率，也逐渐采用散装装卸方式。

1．重力法作业方式

重力法作业是利用货物的位能来完成装卸搬运作业的方法。例如，重力法卸车是指底开门车或漏斗车在高架线或卸车坑道上自动开启车门，煤或矿石依靠重力自行流出的卸车方式。

2．倾翻法作业方式

倾翻法作业是将运载工具载货部分倾翻，而将货物卸出的方法。例如，铁路敞车被送入翻车机，夹紧固定后，敞车和翻车机一起翻动，货物倒入翻车机下面的受料槽。

3．气力输送方式

气力输送是利用风机在气力输送机的管内形成单向气流，依靠气体的流动或气压差来输送货物的方法。

4．机械作业方式

机械作业是指采用专门的工作机械，通过舀、抓、铲等作业方式，达到装卸搬运的目的。

第二节　装卸搬运技术

一、起重技术

起重技术是靠人力或动力使物资做上下、左右、前后等间歇、周期运动的转载技术。

主要用于起重、运输、装卸、机器安装等作业。

（一）轻小型起重机

轻小型起重机是指仅有一个升降运动的起重机，如滑车、手动或电动葫芦等。其中，电动葫芦是在工字钢下翼缘运行的起重机械，通常由带制动器的锥形异步电机驱动。为了减小外形尺寸，它通常采用行星减速机，并且电机、减速机和钢绳卷筒被设计为同轴布置。运行轨道可以按照工艺路线的需要进行布置，一般由直线或曲线的工字钢组成。

（二）桥式起重机

桥式起重机是横架于车间、仓库及露天货场上方用来吊运各种物品的机械设备，通常称为"桥吊""天车"或"行车"。常用的桥式起重机有桥式吊钩起重机、桥式抓斗起重机、桥式电磁起重机、三用桥式起重机、双小车桥式起重机和电葫芦双梁桥式起重机。

（三）龙门起重机

龙门起重机又称龙门吊或门式起重机，它是由支承在两条刚性或一刚一柔支腿上的主梁构成的龙门框架而得名，具有场地利用率高、作业范围大、适应面广、通过性强等特点，在仓库、货场、车站、港口、码头等场所，担负着生产、装卸、安装等作业过程中的货物装卸搬运任务。

（四）臂架类起重机

臂架类起重机是可在环形场地及其空间作业的起重机，主要由可以旋转和变幅的臂架支撑，完成起重作业。常用的类型有门座起重机、汽车起重机、轮胎起重机等。

（五）堆垛起重机

堆垛起重机是可以在自动化仓库高层货架之间或高层码垛场完成取送、堆垛、分拣等作业的起重机。其突出的特点是可以升降的载货台上装有可以伸缩的货叉机构，它能方便地在指定的货格或位置上放、取单元化货物。

二、装卸搬运车辆

装卸搬运车辆是依靠机械本身的运行和装卸机构的功能，实现物品的水平搬运和装卸、码垛的车辆。

（一）叉车

叉车是以货叉作为主要的取物装置，依靠液压起升机构实现货物的托取、码垛等作业，由轮胎运行机构实现货物的水平运输。

（二）牵引车和挂车

牵引车是具有机动运行和牵引装置，但本身不能装载的车辆；而挂车是无动力的车辆，必须由牵引车拖着运行。当牵引车和挂车配合使用时，构成牵引车列车，在较长的距离内搬运货物，具有较好的经济性和较高的效率。

三、连续输送技术

连续输送技术是一种可以将物资在一定的输送线路上，从一定的输送线路上，从装载起点到卸载终点以恒定的或变化的速度进行输送的技术。

（一）带式输送机

带式输送机是一种使用输送带作为牵引构件的运输机。一般进行水平或较小倾角的物资输送，可以连续装载散装物资或包装好的成件物品。

（二）辊子输送机

辊子输送机由一系列按一定间距排列的辊子组成，用于输送成件物品或托盘货物的输送设备。它具有结构简单且运转可靠、布置灵活、输送平稳的特点，不仅使用方便而且经济节能。

（三）螺旋输送机

螺旋输送机将带有螺旋叶片的转轴装在封闭的料槽内旋转。利用螺旋面的推力使散料物资沿着轴向输送的一种连续输送机械。螺旋输送机分为固定式和移动式两种。

（四）链条输送机

最简单的链条输送机由两根套筒辊子链条组成，链条由驱动链轮牵引，链条下面有导轨，支承着链节的套筒辊子。货物直接压在链条上，随着链条的运动而向前移动。

（五）气力输送装置

气力输送装置是借助于具有一定能量的气流（通常采用空气流），沿着一定管路将散状、颗粒状或粉状物从一处送到另一处目的地的装置。气力输送装置结构简单，能保护环境不被污染，被广泛应用于装卸粮食、水泥等物料。

四、散装装卸技术

散装装卸技术是对大批量粉状或粒状货物进行无包装装卸搬运的技术。散装装卸技术主要包括以下几种。

（一）气力输送装卸搬运

气力输送装卸搬运的主要设备是管道及气力输送设备，以气流运动裹携粉状或粒状物沿管道运动。管道装卸搬运密封性好，装卸搬运能力强，容易实现机械化、自动化。

（二）重力装卸搬运

重力装卸搬运是利用散货本身的重量进行装卸搬运的一种方法，这种方法必须与其他方法进行配合才能完成。因为重力装卸搬运首先要将散货提升到一定高度，具有一定势能之后，才能利用本身的重力进行下一步的装卸搬运作业。

（三）机械装卸搬运

（1）用吊车、叉车配以不同的工具，或采用专门的装载机械，通过抓、铲、舀等动作来完成特定的装卸运输任务。

（2）用皮带机、刮板机等输送设备，进行一定距离的输送作业，并与其他设备配合完成货物的装卸搬运任务。

第三节　装卸搬运合理化

一、装卸搬运合理化措施

装卸搬运必然要消耗劳动，包括活劳动和物化劳动。这些劳动消耗最终以价值形态追加到装卸搬运的对象中，导致产品的物流成本增加。因此，应科学合理地组织装卸搬运工作，尽量减少用于装卸搬运的劳动消耗。实践中，最基本的装卸搬运合理化措施包括以下五个方面。

（一）防止无效的装卸搬运

无效装卸搬运是指用于货物必要的装卸搬运劳动之外的多余劳动。防止无效的装卸搬运可从以下三个方面入手。

1. 减少装卸搬运次数

装卸搬运次数的减少意味着物流作业量的减少，也就意味着劳动消耗的节约和物流费用的节省。同时，物流过程中的货损主要发生在装卸搬运环节，所以减少装卸搬运次数，还能减少货物的损耗，加快物流的速度，减少场地的占用和装卸事故的发生。实际影响装卸搬运次数的因素主要有以下两种。

（1）物流设施和设备。厂房或库房等建筑物的结构类型、结构特点及建筑参数，都对装卸搬运次数有直接的影响。因此，厂房或库房等建筑物尺寸应当与装卸搬运机械相适应，以便于装卸搬运与运输设备自由进出，或者直接在车间或库房内进行作业，以减少二次作业。

物流设备的类型与配套对装卸搬运的次数也会产生影响。例如，叉车配合托盘在车间或仓库的作业过程中，将装卸和搬运两类作业合并完成，从而减少了作业次数。又如将电子秤安装在起重机上，可以在装卸作业的同时完成检斤作业，这样省去了单独的检斤作业环节，同样可以达到减少装卸次数的目的。

（2）装卸搬运作业的组织调度工作。在物流设施、设备一定的情况下，装卸搬运作业的组织调度水平是影响作业次数的最主要因素。如联运过程中，组织货物不落地完成运输方式和运输工具的转换，就是一种较为理想的作业方式。对物流据点而言，要尽量组织一次性作业，使货物不落地、作业无间歇。

2．消除多余包装

包装本身的重量或体积都会消耗装卸搬运的劳动量。如果包装过大或过重，就会过多地、反复地消耗额外劳动。因此，消除多余包装可以减少无效劳动的消耗，降低物流总成本。

3．去除无效物质

进入物流流程的货物，有时混杂着没有使用价值或对用户来说不符合需求的各种掺杂物，如煤炭中的矸石、矿石中的表面水分、石灰中的未烧熟石灰及过烧石灰等。反复装卸搬运的过程，实际上是这些无效物质在反复消耗劳动的过程，因此要尽量减少物流过程中的无效物质，减少无效装卸搬运。

（二）充分利用货物自重以实现低消耗的装卸搬运

在装卸搬运时应适当地利用货物本身的重量，将其重力转变为促使货物移动的动力。例如，从卡车、铁路车厢上卸货时，可利用车厢与地面或小搬运车之间的高度差，通过溜槽、溜板之类的简单工具，依靠货物本身的重量，从高处滑到低处，完成货物的装卸搬运作业。

在进行装卸搬运作业时，尽量削弱或消除重力的不利影响，也可以减轻体力劳动及其他劳动消耗。例如，在甲、乙两种运输工具之间进行换装作业时，可将两种运输工具进行对接，通过货物的平移，将其从甲工具转移到乙工具上，这也能有效地消除重力的不利影响，实现作业的合理化。人力装卸搬运时如果能配合简单的机具，做到"持物不步行"，也可以大大减轻劳动量，做到装卸搬运的合理化。

（三）充分利用机械设备的作业能力，实现"规模装卸搬运"

规模效益是人所共知的。装卸搬运作业过程中也存在明显的规模效益，当一次装卸搬运量或连续装卸搬运量达到能充分发挥机械设备最佳效率的水准时，可以使平均成本降到最低。追求规模效益的方法主要是通过各种集装化手段来提高一次操作的最合理作业量，从而达到降低单位作业成本的目的。另外，散装作业则经常采用连续作业的方式来实现其规模效益。

（四）提高货物的装卸搬运活性指数

装卸搬运活性的含义是指把物品从静止状态转变为装卸搬运状态的难易程度。如果很容易转变为下一步的装卸搬运而不需要做过多装卸搬运前的准备工作，则活性高；反之即活性不高。

为了区别活性的不同程度，可用"活性指数"表示。"活性指数"分为0～4级，共五个等级，分别表示活性程度从低到高，如表5-1所示。

表 5-1　装卸搬运活性指数

放 置 状 态	需要进行的作业				活 性 指 数
	整　理	架　起	提　动	拖　动	
散放地上	要	要	要	要	0 级
放置在容器内	不要	要	要	要	1 级
集装化	不要	不要	要	要	2 级
在无动力车上	不要	不要	不要	要	3 级
在传送带或车上	不要	不要	不要	不要	4 级

由于装卸搬运是在物流过程中反复进行的活动，因此其速度可能决定整个物流速度。每次装卸搬运的时间缩短，多次装卸搬运的累计效果则十分可观。因此，通常情况下，装卸搬运活性越高，其成本也越高。我们应该根据装卸搬运的对象来设计它的装卸搬运活性，对于价格低廉的物品、无须多次转移的物品，就不必采用高等级的活性状态。

（五）缩短搬运距离

在工厂，由于生产工艺的要求，原材料、半成品和产成品总要发生一定距离的水平位移。在物流据点，由于收发保管作业的要求，货物也要发生一定距离的水平位移。这种位移通过搬运实现。从合理搬运的角度看，其搬运距离越短越好。影响搬运距离的因素主要包括工厂和物流据点的平面布局与作业组织工作水平等方面。

1. 工厂、物流据点的平面布局对搬运距离的影响

如果车间、库房、堆场、铁路专用线、主要通路的位置和相互关系处理得好，物流顺畅、便捷，就会缩短总的搬运距离，否则就会增加搬运距离。

2. 作业组织工作水平对搬运距离的影响

在平面布局一定的情况下，组织工作水平是决定搬运距离的主要因素。如对库房、堆场的合理分配，对货物在库房内、堆场内的合理布置，对收货、发货时专用线轨道及货位的合理确定，都能缩短搬运距离。

二、装卸搬运设备的投资分析

在物流系统中，大量的设备投资集中在物料处理系统中，从上述介绍中可以看出选用不同的处理方式，投资额的差异很大。物流处理方式的选择不是目的，真正的目的仍然是实现物流系统的整体目标，即以最小成本达到最好的服务质量。在选择物料处理设备时，要考虑以下五个效果、六个要素。

（一）五效果、六要素

1. 五效果

五效果即服务性、速达性、空间的有效利用、规模适当化、库存控制。服务性、速达性易于理解。空间的有效利用不仅是仓库空间的合理安排，还存在一个土地费用与设备投资的效益替换问题。在土地昂贵的中心城区，建设多层和高架仓库可以节约土地费用，但

设备费用会增加。同时，因多用了设备，可以少用人工，工资总额会有所减少。规模适当化需要考虑的是：物流设施的集中与分散是否适当；依靠引进机械化或自动化提高处理能力，虽然扩大了规模，但是否经济；引进的信息技术是否可行，信息技术的引进只有当具备一定的规模时才会显示出经济效益。库存控制是指在物流量变动的情况下，如何通过控制库存量来提高设备的利用率，而不轻易扩大保管场所。

2. 六要素

为了发挥以上五个效果，在对物料处理做系统化考虑时，要紧紧抓住物流的特点，这些特点可由以下六个方面反映出来：货物种类、货物数量、货物流向、服务标准、季节特点、物流成本。

（二）设备投资的经济特性曲线

设备投资与经营规模关系最紧密，投资适当是指在一定的经营规模下取得最好的经营效果。它们之间的逻辑关系可由图 5-1 表达。

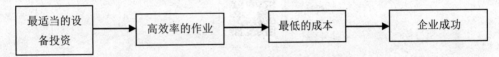

图 5-1　适当投资与成功的逻辑关系

关于设备投资的经济性探讨，图 5-2 十分直观地描述了一般规律。该图给出了从人力向自动化过渡的经济临界点的研究方法。横坐标代表经营规模、自动化程度和劳动生产率；纵坐标代表单位成本。物流业与其他产业相似，随着业务量的增加，企业经营规模相应扩大，物料处理由以人力为主，逐步过渡到机械化、半自动化、全自动化。

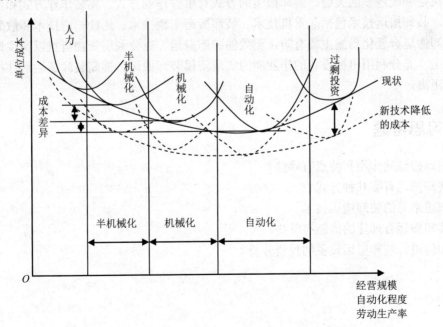

图 5-2　投资水平与成本的关系

从图 5-2 中可以看出，当经营规模很小时，采用人力处理方式是最经济的。到目前为止，我国大多数的物流企业在物料处理上仍然以人工作业为主。随着业务量的扩大，应采用部分的机械设备替代人力，使效率得到提高，只要机械对人力的效益替换是合算的，就应该采用机械。同样的道理，当经营规模扩大到一定的程度，自动化系统的出现也是必然的。图中最右边给出一个投资过度的例子，此时的单位成本反而上升了，其原因是投资费用大而利用率低所导致的。此外，还告诉我们一个基本事实，技术创新可以降低成本，图中的虚线清楚地表达了这层意思。

总而言之，能否正确决策，选择适应企业经营规模的物料处理技术，在很大程度上是决定企业发展成功与否的关键。

 案例

危化品管理的易忽略环节：装卸作业

 本章小结

装卸搬运是在某一物流节点范围内进行的，以改变物料的存放状态和空间位置为主要目的，是决定物流速度的关键。装卸搬运的方式有单件作业方式、集装作业方式和散装作业方式等。装卸搬运技术包括起重机技术、装卸搬运车辆技术、连续输送技术和散装装卸技术。装卸搬运合理化措施主要有防止无效的装卸搬运、充分利用货物自重以实现低消耗的装卸搬运、充分利用机械设备的作业能力实现规模装卸搬运、提高装卸搬运活性指数、缩短搬运距离。

复习思考题

1．装卸搬运的作用和特点有哪些？
2．装卸搬运有哪几种方式？
3．试述常见的装卸搬运技术。
4．装卸搬运合理化的措施有哪些？
5．如何进行装卸搬运设备的投资分析？

第六章　流　通　加　工

知识要求

- ❏ 掌握流通加工的概念及其地位
- ❏ 熟悉流通加工的不同方式
- ❏ 熟悉一些常见的流通加工技术

技能要求

- ❏ 判断流通加工的合理性
- ❏ 根据实际情况，提出流通加工合理化的解决方案
- ❏ 科学分析流通加工的投资管理

素质目标

- ❏ 培养学生的操作规范，增强安全意识和培养职业道德
- ❏ 增强学生科技报国的责任担当

项目导读

如何理解建设高效顺畅的流通体系

第一节　流通加工概述

微课　流通加工概述

一、流通加工的概念

流通加工是为了提高物流速度和物资的利用率，在物资进入流通领域后，按客户要求进行的加工，即在物品从生产者向消费者流动的过程中，为了促进销售、维护产品质量、提高物流效率而采取的使物品发生物理和化学变化的一种物流功能。

如果从物流运作的角度来看，流通加工是指为了弥补生产加工的不足，更有效地满足用户或本企业的需要，使产需双方更好地衔接，而在物流过程中进行的加工活动。中华人民共和国国家标准《物流术语》（GB/T 18354—2021）对流通加工的定义是：根据顾客的需要，在流通过程中对产品实施的简单加工作业活动的总称。

二、流通加工与一般生产加工的区别

流通加工和一般的生产加工在加工方法、加工组织、生产管理等方面并无显著区别，二者的区别主要体现在以下四个方面。

（一）加工对象不同

流通加工的对象是已经进入流通领域的商品，具有商品的属性。而生产加工的对象一般是某种最终产品形成之前的原材料、零部件或半成品等。

（二）加工程度不同

流通加工一般属于简单加工，其加工程度是浅层的，如板材的裁剪、玻璃的开片等。而生产加工的复杂程度和加工深度要远远高于流通加工。应当说明的是，随着流通加工产业水平的不断进步，流通加工的深度也有逐渐提高的趋势。

（三）加工目的不同

生产加工的目的在于创造价值及使用价值，而流通加工的目的则在于完善物品的使用价值，并在这种完善中形成产品的附加价值。

（四）加工责任人不同

流通加工的组织者是从事流通工作的人，能密切结合流通的需要进行必要的加工活动。而生产加工的责任人和组织者则是生产企业的员工。

三、流通加工的地位和作用

（一）流通加工在物流系统中的地位

1. 流通加工能有效地完善流通过程

在实现时间和空间效用方面，流通加工确实不能与运输和储存相提并论；流通加工并不是所有物流业务中都必然出现的活动内容，其普遍性也不如运输和储存。所以，人们一般不把流通加工当作物流的主要功能要素，但是这种观点并不能说明流通加工不重要。相反，因为流通加工能够起到运输或储存等其他功能要素所无法起到的作用，所以也是物流系统中不可缺少的一个重要环节。

2. 流通加工是物流系统中的重要利润源

流通加工是一种低投入高产出的加工方式，它往往通过简单的加工作业就可获得丰厚的利润。例如，流通加工通过改变商品的包装或外观，可使商品的档次大幅度提升，有利于其价值的充分实现。有资料表明，合理的流通加工还可以使物资的利用率提高 20%～50%，这是其他一般手段难以企及的。事实上，根据我国近年来的实际情况，流通加工为流通企业提供的利润并不一定少于运输或储存，流通加工已经成为物流系统中的重要利润源。

3．流通加工是国民经济体系中的重要加工形式

在整个国民经济体系中，流通加工是一种必不可少的加工形式。它对于国民经济的健康发展、产业结构的优化提升，以及社会分工的合理细化都具有十分重要的意义。

（二）流通加工在物流系统中的作用

流通加工在物流系统中的作用，主要体现为它对物流服务功能的延伸和增强，具体表现在以下六个方面。

1．弥补生产加工的不足

流通加工实际上是生产加工的延续和深化，它对于弥补生产加工的不足具有十分重要的意义。由于现实的生产系统中存在很多限制性因素，抑制了生产功能的进一步深化，使许多产品在生产领域的加工只能达到某个特定的程度。例如，钢铁厂的大规模生产只能以标准规格为依据组织生产，以使产品具有较强的通用性，同时也可保证生产系统本身的效益和效率；如果要在木材的生产地将其变成成材或制成木制品，往往会造成运输组织的极大困难，所以木材产地的加工一般只能将其加工成圆木或板方材，进一步的下料或切裁加工则须由流通加工来完成。

2．满足需求的多样化要求

生产企业为了保证高效率的生产，必须采用大批量的生产方式。但通过大批量生产方式生产出来的标准化产品往往难以满足消费者的个性化需求。在没有流通加工业务之前，经常是消费者自己设置加工环节来解决这一矛盾，这是生产企业和消费者都不愿看到的事情。为了既满足消费者对产品的多样化需求，又保证高效率的大批量生产，将生产出来的标准产品进行多样化改制就显得十分必要。例如，根据消费者需要的特定型号和尺寸，对其所需钢材进行裁剪和预处理。这种流通加工形式的最大好处就是加工目的更接近消费，可以使消费者感到更加省力、省时和方便。

3．保护产品的使用价值

物流的整个过程中都存在对产品的保护问题，流通加工能使产品在运输、储存、装卸搬运、包装等作业过程中免于遭受损失，使其使用价值得到顺利实现。一般来说，以保护产品为主要目的的流通加工，并不改变产品的外观或性质特征，加工的深度和水平与加工对象的性质密切相关。这种类型的流通加工主要通过稳固、改装、冷冻、保鲜等手段来完成。

4．提高物流的作业效率

有些物资由于本身具有某种特殊的形态，而致使物流作业的效率低下，甚至难以进行物流操作。如鲜鱼、鲜肉的装卸和储存，超大设备的装卸搬运，气体货物的装卸与运输等。在对这类物资进行物流作业之前，首先应对其进行适当的流通加工以弥补其形态缺陷。如鲜鱼、鲜肉的冷冻，超大设备的解体，气体货物的液化等。这类流通加工的目的只是暂时改变货物的物理状态以方便物流作业，物流作业过程结束后仍能恢复其物理原状，而且一般不会改变化学性质。

5. 促进产品的市场销售

在企业竞争日趋激烈的环境下，市场营销成了企业经营战略的最核心内容之一。事实上，在促进产品的市场销售方面，流通加工业可以起到不可替代的作用。例如，将散装或超大包装的货物分装成适宜于销售的小包装，将以保护产品为目的的运输包装改换成以促进销售为目的的销售包装，将零配件组装成产成品，将蔬菜或鱼肉洗净切块等形式的流通加工，都可以起到吸引消费者、刺激消费的作用。这种类型的流通加工一般也不改变货物本身的性质，大多只是进行简单的改装，也有部分属于组装、分块等深加工内容。

6. 提高原材料的利用率

利用流通领域的集中加工代替各使用部门的分散加工，可以大幅度提高物资的利用率，具有明显的经济效益。例如，原材料准备过程中的集中套裁可以有效减少原材料的消耗数量，提高加工质量。同时，对于加工后的余料还可使其得到更合理的利用。又如，钢材的集中下料就可以通过合理下料、搭配套裁、减少边角余料等办法，来达到提高加工效率、降低加工费用的目的。

四、流通加工方式

（一）以保存产品为主要目的的流通加工

这种加工形式的目的是使产品的使用价值得到妥善的保存，延长产品在生产与使用间的时间距离。根据加工对象的不同，这种加工形式可以表现为生活消费品的流通加工和生产资料的流通加工。生活消费品的流通加工是为了使消费者对生活消费品的质量保持满意，如水产品、蛋产品、肉产品等所需的保鲜、保质的冷冻加工、防腐加工、保鲜加工等，丝、麻、棉织品的防虫、防霉加工等。

（二）为适应多样化需要的流通加工

生产部门为了实现高效率、大批量生产，其产品往往不能完全满足客户的要求。为了满足客户对产品多样化的需要，同时又保证社会高效率的大生产，将生产出来的单调产品进行多样化的改制加工，这是流通加工中占重要地位的一种加工形式。例如，对钢材卷板的舒展、剪切加工，平板玻璃按需要规格的开片加工，木材改制成枕木、方材、板材等的加工。

（三）为了提高产品利用率的流通加工

利用在流通领域的集中加工代替分散在各个使用部门的分别加工，可以大大地提高物品的利用率，有明显的经济效益。集中加工形式可以减少原材料的消耗，提高加工质量。同时，对于加工后的副产品还可以使其得到充分的利用。例如，钢材的集中下料，可充分进行合理下料，搭配套裁，减少边角余料，从而达到加工效率高、加工费用低的目的。

（四）为衔接不同的输送方式，使物流更加合理的流通加工

由于现代社会生产的相对集中和消费的相对分散，流通过程中衔接生产的大批量、高

效率的输送和衔接消费的多品种、多批量、多户头的输送之间存在着很大的矛盾。某些流通加工形式可以较为有效地解决这个矛盾。以流通加工点为分界点，从生产部门至流通加工点可以形成大量的、高效率的定点输送；从流通加工点至客户则可形成多品种、多批量、多户头的灵活输送。例如，散装水泥的中转仓库担负起散装水泥装袋的流通加工及将大规模散装水泥转化为小规模散装的任务，就属于这种流通加工。

（五）为实现配送进行的流通加工

配送中心为实现配送活动，满足客户对物品供应的数量、供应构成的要求，配送中心将对物品进行各种加工活动。如拆整化零、定量备货、定时供应等。随着物流技术水平的不断提高，流通加工活动有时在配送过程中实现，如混凝土搅拌车。流通中心可根据客户的要求，把沙子、水泥、石子、水等各种不同材料按比例要求转入水泥搅拌车可旋转的罐中。在配送路途中，汽车边行驶，边搅拌，到达施工现场后，混凝土已经均匀搅拌好，可直接投入使用。由于配送中心形式多样，配送业务千差万别，因而各配送中心的流通加工活动各具特色。

第二节 流通加工技术

一、生产资料的流通加工

（一）商品混凝土的加工

在许多建筑工程中，常常把水泥、砂石等经搅拌系统加工成混凝土进行配送。混凝土搅拌机械是搅拌混合机械中常用的设备之一，它是将水泥、骨料、砂和水均匀搅拌，制备混凝土的专用机械设备，主要包括混凝土搅拌机械、混凝土搅拌钻、混凝土输送车、混凝土输送泵和车泵等。

其中，混凝土搅拌输送车的特点是在运送混合料数量大、运距较远的情况下，能保证混凝土的质量均匀，不发生离析、泌水的现象，适合在市政、公路、机场、水利工程、大型建筑物基础及特殊混凝土工程机械化施工中使用，是商品混凝土生产中不可缺少的一种配套设备。混凝土搅拌输送车由载重汽车底盘与搅拌装置两部分组成，因此，搅拌输送车能按汽车行驶条件运行，并用搅拌装置来满足混凝土在运输配送过程中的要求。

（二）水泥熟料的加工

成品水泥呈粉状，粉状水泥的运输、装卸需要采用多种措施，才能减少损耗及污染，在需要长途运输水泥的地区，可以从水泥厂购入水泥半成品，即水泥熟料，运输比较方便，然后在本地区的磨细工厂把熟料磨细，并根据当地资源和需求情况加入混合材料及附加剂，加工成成品水泥。

在需要经过长距离输送的情况下，以熟料形态代替传统的粉状水泥有很多益处：（1）可以大大降低运费，节省运力；（2）可以按照当地的实际需要大量掺加混合材料；（3）容易以较低的成本实现大批量、高效率的输送；（4）可以大大降低水泥的输送损失；（5）能更好地衔接产需，方便用户。采用长途输送熟料的方式，水泥厂能够与有限的熟料粉碎厂之间形成固定的直达渠道，从而实现经济效益较优的物流。

（三）金属板材的剪切

由于钢铁生产企业是规模生产，只能按规格进行生产，以使产品有较强的通用性，使生产有较高的效率，一般不可能实现用户需求的终极加工。而流通企业为了方便用户和提高自身经济效益，可以按用户要求进行加工，如物资流通企业对钢板和其他金属板材的剪切加工等，就颇受中、小用户的欢迎。

钢板剪板及下料的流通加工有如下几项优点：① 由于可以选择加工方式，加工后的钢材晶相组织变化较少，可保证原来的交货状态，这有利于保证高质量；② 加工精度高，可减少废料、边角料，也可以减少再进行加工的切削量，既可提高再加工效率，又有利于减少消耗；③ 由于集中加工可保证批量及生产的连续性，可以专门研究此项技术并采用先进设备，从而大幅度提高效率和降低成本；④ 使用户能简化生产环节，提高生产水平。

（四）木材加工和集中下料

在流通领域可以将原木锯截成各种规格的锯材（如板材、方木），同时将碎木、碎屑集中加工成各种规格板。这种加工可以提高效益，方便用户。用户以前直接使用原木，不但加工复杂、占用场地、加工设备多，而且浪费大量资源，木材利用率不到50%，出材率不到40%。实行集中下料，按用户要求供应规格料，可以把原木利用率提高到95%，出材率提高到72%左右。

木工加工机械主要是木工锯机和抛光器具等，构造一般都比较简单。木工锯机是由有齿锯片、锯条或带锯链条组成的切割木材的设备。按刀具的运动方式分类，锯机可分为三种：刀具往复运动的锯机，如狐尾锯、线锯和框锯机；刀具连续直线运动的锯机，如带锯机和链锯；刀具旋转运动的锯机，如各种圆锯机。

（五）平板玻璃的切割下料

按用户提供的图纸对平板玻璃套材开片，向用户提供成品玻璃。用户可以将其直接安装在采光面上。这不但方便用户，而且可以提高玻璃材料的利用率。玻璃的切割机械种类较多，自动切割机是一种常用的设备。玻璃自动切割机由切桌、切割桥、控制箱、供电柜等主要部件组成。

（六）工业用煤的流通加工

（1）除矸加工。除矸加工是以提高煤炭纯度为目的的加工形式。企业为了不运矸石，多运"纯物质"，提高运力，降低成本，采用除矸的流通加工去除矸石。

（2）为管道输送煤浆进行煤浆加工。一般的煤炭运输方法损失浪费较大。管道运输是近代兴起的一种先进技术。在流通的起始环节将煤炭磨成细粉，便有了一定的流动性，再用水调和成浆就可以像其他液体一样进行管道输送。

（3）配煤加工。不同的工业生产需用不同的煤质。如果发热量太大，则造成热能的浪费；如果发热量太小，则不能满足使用要求。从煤矿运出的煤炭通常都是品种单一的，不能满足用户多样化的需求。流通企业根据用户的具体要求，将各种煤及一些其他发热物质按一定的配方进行掺配混合加工，生产出各种不同发热量的燃料。

（4）天然气、石油气等气体的液化加工。由于气体输送、保存都比较困难，天然气及石油气往往就地使用，如果当地资源充足且有剩余，这些气体通常会被就地燃烧，从而造成浪费和污染。两气的输送可以采用管道，但因投资大，输送距离有限，也受到制约。在产出地将天然气或石油气压缩到临界压力之上，使之由气体变成液体，就可以用容器装运，使用时，机动性比较强。

二、消费资料的流通加工

（一）机电产品的分割和组装加工

自行车及中小型机电产品的运输配送，储存保管具有一定困难，主要原因是不易进行包装，如进行防护包装则成本过大，并且运输装卸困难，效率也较低，容易丢失。这些货物有一个共同特点，即装配比较简单，技术要求不高，不需要进行复杂的检验和调试。因此，可采用半成品（部件）高容量包装，在消费地拆箱组装，组装后随即进行市场销售。

有些大型整体设备的体积很大，运输装卸困难，也可按技术要求进行分割，分为体积较小的几个部分进行运输，到达目的地再连接起来，恢复原型。

（二）货物的捆扎

捆扎机械是利用带状或绳状捆扎材料将一个或多个包装紧扎在一起的设备。利用机械捆扎代替传统的手工捆扎，不仅可以加固包件，缩小体积，便于装卸搬运和储存保管，确保运输配送安全，还可以大大降低捆扎的劳动强度，提高工效，因此，它是实现包装机械化、自动化必不可少的机械设备。

由于包件的大小、形状、捆扎要求不同，捆扎类型较多，但各种类型的捆扎机的结构基本类似，主要由导轨与机架、送带、紧带机构、封接装置、控制系统组成。

（三）粘贴货物标签

为了识别和验收的需要，往往要在货物上面粘贴标签和其他标识单据，可用粘贴机作业。粘贴机的主要作用是用黏结剂将标签贴在包件或产品上，粘贴机基本由供签装置、取签装置、打印装置、涂胶装置和连锁装置等几部分组成。

三、食品加工

（一）易腐物品的防腐处理

易腐物品主要是指肉、鱼、蛋、水果、蔬菜、鲜活植物等品类的物品。这些物品在流通过程中容易腐败变质，要进行一些加工处理以保持原有的使用价值。

（1）冷冻加工和低温冷藏。动物性食品腐坏的主要原因是微生物的作用，温度与微生物的生成、繁殖和呼吸作用有密切关系，所以对肉、鱼类食品可采用冷冻加工技术，使微生物的繁殖速度减缓或停止，避免腐烂变质。

温度对水果、蔬菜呼吸强度的影响也极为显著，温度降低，呼吸作用也随之减弱。但温度过低也会使水果蔬菜中的水分冻结而停止其呼吸作用，失去对细菌的抵抗能力而腐败。因此，对于水果蔬菜不能冷冻处理，适宜采用低温冷藏的方法。

（2）其他防腐加工方法。防腐的方法除了低温冷藏外，还有一些其他的方法，如糖泡、盐腌、晾干和制成各种罐头等。这些措施大多由生产企业完成，流通企业也可采用。

（二）生鲜食品的流通加工

（1）冷冻加工。为解决鲜肉、鲜鱼在流通中保鲜及搬运装卸的问题，采用低温冷冻方式的加工，这种方式也用于某些液体商品、货品等。

（2）分选加工。农副产品规格、质量离散情况较大，为获得一定规格的产品，采用人工或机械分选的方式加工称分选加工。分选加工广泛应用于果类、瓜类、谷物、棉毛原料等的加工。

（3）精制加工。农、牧、副、渔等产品精制加工是在产地或销售地设置加工点，不但大大方便了购买者，而且还可以对加工的淘汰物进行综合利用。例如，鱼类的精制加工所剔除的内脏可以制成某些药物或饲料，龟鳞可以制成高级黏合剂，头尾可以制作鱼粉等；蔬菜的加工剩余物可以制作饲料、肥料等。

（4）分装加工。许多生鲜食品零售起点较小，而为保证高效输送出厂，包装则较大，也有一些是采用集装运输方式运达销售地区。为了便于销售，在销售地区按所要求的零售起点进行新的包装，即大包装改小包装或散装，运输包装改销售包装，这种方式也称分装加工。

第三节　流通加工合理化

一、不合理流通加工的几种主要形式

（一）流通加工地点选择的不合理

流通加工地点的选择是影响整个流通加工过程的重要因素。通常情况下，为了满足大批量生产与多样化需求而设置的流通加工地点多选择在需求地附近，因为只有这样才能同时发挥大批量干线运输与多品种末端配送的物流优势。在这种情况下，如果将流通加工点设置在生产地附近，就显然是不合理的，其不合理性主要表现在以下几个方面。

（1）多品种、小批量商品大量地出现在生产地附近，无疑会增加产品长距离运输的复杂性和组织难度，导致流通活动过程的不合理。

（2）在生产地附近增加一个流通加工环节，会不必要地增加近距离装卸搬运、运输和储存等一系列物流活动。所以，在这种情况下，不如由原来的生产加工单位直接完成这种加工任务，而无须设置另外的流通加工环节。

另外，为了提高物流的作业效率而设置的流通加工点应设置在生产地附近，使产品在进入社会物流之前进行流通加工，因为如果将其设置在消费地附近及主要的物流作业完成之后，则不但不能为物流作业提供方便，反而会在流通过程中增加中转环节，所以也是不合理的。

当然，即使流通加工的地点选择在生产地或需求地的决策是正确的，也并不代表流通加工地点的选择就一定合理，因为还存在流通加工地点在更小地域范围内的选址问题。如果决策失误，仍然会导致很多的不合理现象。这些不合理现象主要表现为交通不便，流通加工与生产企业或用户之间距离较远，受地价等因素的影响，导致流通加工点的投资过高、加工点周边的社会及自然环境条件不良等。

（二）流通加工方式选择不当

流通加工方式涉及流通加工的对象、流通加工的工艺、流通加工的技术、流通加工的加工程度等内容。确定流通加工方式时需要考虑的最主要问题是如何将流通加工与生产加工进行合理分工。如果分工不合理，导致本来应由生产加工完成的任务却错误地由流通加工来完成，或本应由流通加工完成的任务却错误地由生产过程来完成，这都是不科学的。

流通加工不是对生产加工的简单代替，而是对生产加工的一种补充和完善。所以，一般而言，如果加工工艺过于复杂或技术要求过高，或者加工任务可以通过生产环节的延伸而轻易完成，那么不宜再设置流通加工点。需要特别强调的是，流通加工尤其不应与生产环节争夺技术要求高、经济效益好的加工内容，更不宜利用特定时期内的市场压力使生产者只从事初级加工或前期加工，而由流通企业完成深加工或最终装配任务。事实上，如果流通加工的方式选择不当，很容易出现流通加工与生产环节争夺利益的不合理局面。

（三）流通加工的作用不大，形成多余环节

有的流通加工工序过于简单，或者对生产及消费者的作用都不明显。这种类型的流通加工对产品的品种、规格、质量和包装状况的改变效果都不大，相反会增加流通环节的复杂性，这都属于不合理的流通加工。

（四）流通加工成本过高，效益不好

流通加工之所以有生命力，重要的原因之一就是因为它有较好的产出投入效果，并能有效地补充和完善生产加工的不足。如果流通加工的成本过高，就难以实现流通加工环节本身的经济目标。因此，除了极个别政策要求必不可少的流通加工类型即便亏损也须坚持外，其他投入产出效果差的流通加工环节都属于不合理的流通加工，都应该及时转行或取消。

二、流通加工合理化的主要措施

流通加工合理化是指通过流通加工资源的最优配置，使流通加工活动本身至少具有存在的价值，进而实现整个物流系统效率和效益的最大化。为了避免不合理流通加工的出现，

决策者应该对诸如是否应设置流通加工环节、在什么地点设置流通加工点、选择什么类型的加工工艺、采用什么样的技术装备等问题，进行正确的决策。目前，我国的物流工作者在这些方面已经积累了一些经验，取得了不少成果，综合起来就是，在流通加工合理化的过程中应该实现以下几个方面的结合。

（一）加工与配送相结合

加工与配送相结合就是将流通加工点设置在配送节点内，一方面可以按配送的需要进行加工，另一方面，加工又可以成为配送业务中的分货、拣货或配货作业的一环，加工后的产品直接投入配货作业。加工与配送结合后，就无须额外设置单独的加工环节，使流通加工有别于生产加工，将加工与中转流通巧妙地结合在一起。同时，由于配送之前有加工这一环节，可使配送服务的水平大幅度提升。这种结合是当前流通加工合理化中采用最多的方式之一，在煤炭、水泥等产品的流通中被广泛应用。

（二）加工与配套相结合

在对配套要求较高的产品流通中，可以采用加工与配套相结合的方式来实现流通加工的合理化。一般情况下，设备配套的主体来自各个小生产单位，但是，现有的生产单位有时无法提供完整的配套，必须通过流通加工点生产部分零配件，才能最终完成配套。所以，加工与配套相结合可以有效地促进配套工作，强化流通的桥梁与纽带作用。

（三）加工与运输相结合

流通加工能有效衔接干线与支线运输，促进两种运输形式的有机结合。在支线转干线运输或干线转支线运输的物流节点内，物资本就必须停顿。如果在这个环节设置流通加工点，则可以分别按照干线或支线运输的合理化要求进行适当加工，加工完成之后再进行中转作业，这种加工会同时提高中转及运输的作业效率。

（四）加工与商流相结合

通过流通加工来促进销售，提高商流的合理化程度，也是流通加工合理化考虑的方向之一。流通加工与配送的结合，可以提高配送水平、强化销售，是加工与商流相结合的成功例证之一。

此外，通过简单地改变包装，形成方便的购买形态；通过组装加工解除用户使用前进行组装或调试的麻烦等，都是有效促进商流的例子。

（五）加工与节约相结合

节约能源、节约设备、节约人力、节约耗费等都是流通加工合理化需要考虑的重要问题。对流通加工合理化的最终评价，应看其能否实现社会效益和企业经济效益的双重满意。与一般的生产性企业不同的是，流通加工企业应该更加重视自身业务的社会效益。如果为了追求自身的局部利益而从事不合理的流通加工业务，甚至与生产企业争利，企业就违背了流通加工活动的初衷，或者其本身已经不属于流通加工的范畴了。

三、流通加工的投资管理

由于流通加工是在产需之间增加了一个中间环节，所以它延长了商品的流通时间，增加了商品的生产成本，存在着许多降低经营效益的因素。因此，设置流通加工点，从事流通业务，必须进行可行性分析。分析的内容有以下几点。

（一）设置流通加工点的必要性

流通加工是对生产加工的辅助和补充，是否需要这种补充，主要取决于两个方面：一是生产厂家的产品是否可直接满足用户需要；二是用户是否有能力在流通领域对某种产品进行进一步加工。如果生产厂家的产品可以直接满足用户的消费需求，流通加工就没有必要；若生产厂家的产品虽然不能直接进入消费，用户又没有进一步加工的能力时，流通加工才是必需的。当然，有时从社会效益和经济效益方面考虑，为了节约原材料、节约能源、组织合理运输，设置流通加工环节是必要的。

（二）设置流通加工环节的经济性

流通加工一般都是比较简单的加工，在技术方面不会有太大的困难，投资建设时要重点考虑是否能充分发挥作用。如果任务量很小，生产断断续续，加工能力经常处于闲置状态，那就可能出现亏损。因此，加工量预测是流通加工点投资决策的主要依据。此外，还要分析该流通加工项目的发展前景，如果发展前景良好，近期效益不理想也是可以接受的。

（三）投资决策和经济效果评价

流通加工项目的投资决策和经济效果评价主要使用净现值法、投资回收期和投资收益率的方法。

 案例

京东和它的工厂们

 **本章小结**

流通加工是指根据顾客的需要，在流通过程中对产品实施的简单加工作业活动的总称。流通加工是物流企业的重要利润源。流通加工的方式有：以保护产品为主要目的的流通加工；为适应多样化需要的流通加工；为了提高产品利用率的流通加工；为衔接不同输送方式，使物流更加合理的流通加工；为实现配送进行的流通加工。流通加工的合理化应考虑

与配套、配送、商流、节约相结合。流通加工投资管理分析内容包括设置流通加工点的必要性、设置流通加工环节的经济性、投资决策和经济效果评价。

复习思考题

1. 流通加工的概念和地位是什么？
2. 流通加工和一般的生产加工的区别有哪些？
3. 如何判断流通加工的合理性？
4. 流通加工合理化的主要措施有哪些？
5. 流通加工投资管理分析的内容是什么？

第七章 物流信息

知识要求

- ❑ 掌握物流信息的概念及其功能、特征
- ❑ 掌握物流信息系统的基本知识

技能要求

- ❑ 熟知几种常见的物流信息技术
- ❑ 科学地将物流信息技术应用到物流活动中

素质目标

- ❑ 激发"探索科学、服务国家"的为国、为民服务之心
- ❑ 在工作中要认真细致，拥有发现问题、解决问题的能力

项目导读

数字物流助力前行，货运宝赋能物流企业释放行业新动能

第一节　物流信息概述

一、物流信息的概念

微课　物流信息概述

物流信息是反映物流各种活动内容的知识、资料、图像、数据的总称。物流信息是物流活动中各个环节生成的信息，一般是随着从生产到消费的物流活动的产生而产生的信息流，与物流过程中的运输、保管、装卸、包装等各种功能有机结合在一起，是整个物流活动顺利进行不可缺少的物流资源。

现代物流的重要特征是物流的信息化，现代物流也可看作物资实体流通与信息流通的

结合。在现代物流运作的过程中，通过使用计算机技术、通信技术、网络技术等技术手段，大大加快了物流信息的处理和传递速度，从而使物流活动的效率和快速反应能力得到提高。建立和完善物流信息系统，对于构筑物流系统，开展现代物流活动是极其重要的一项工作内容。物流信息在物流系统中，既如同其他物流功能一样表现，成为其子系统，但又不同于其他物流功能，它总是伴随其他物流功能的运行而产生，又不断对其他物流以及整个物流起支持保障作用。

物流信息包括物流系统内信息和物流系统外信息两个部分。

（一）物流系统内信息

物流系统内信息是指与物流活动（如运输、保管、包装、装卸、配送、流通加工等）有关的信息。它是伴随物流活动而发生的。在物流活动的管理与决策中，如运输工具的选择、运输线路的确定、在途货物的追踪、仓库的有效利用、订单管理等，都需要详细和准确的物流信息，因为物流信息对运输管理、库存管理、订单管理等物流活动具有支持保证的功能。

（二）物流系统外信息

物流系统外信息是在物流活动以外发生的，但提供给物流使用的信息包括供货人信息、顾客信息、订货合同信息、交通运输信息、市场信息、政策信息，还有来自企业内生产、财务等部门的与物流有关的信息。

二、物流信息的功能

现代物流是由多个子系统组成的复杂系统，要合理组织物流活动，必须依赖物流过程中物流信息的沟通，只有通过高效的信息传递和反馈才能实现整个系统的合理有效的运行。因此，物流信息具有四个主要特性：① 共享性。共享性是指物流活动的各个作业组成部分必须能够充分地利用和共享收集到的信息。② 广泛性。广泛性表现为两个方面，即物流信息来源的广泛性和物流信息影响的广泛性。③ 联系性。来自于物流过程中的各种信息，如运输信息、储存信息等，彼此之间存在着十分密切的联系，并与商流信息、生产信息等也有密切联系。④ 动态性。物流信息的更新速度快，动态性强。

如图7-1所示，不同领域、不同层次的物流活动和物流系统决策都呈现信息化，高度依赖物流信息的收集、处理和传递，具体分析如下。

第一层次是业务方面。这个层次是用于启动和记录个别的物流活动的最基本的层次。物流信息可以在物流系统的各个层次上记录订货内容、安排存货任务、选择作业程序的、装船、定价、开具发票，以及处理消费者查询等。

第二层次是管理控制。物流系统可以通过建立合理的指标体系来评价和控制物流活动，而物流信息则作为"变量"来与标准进行比较，考察和确定指标体系是否有效、物流活动是否正常。

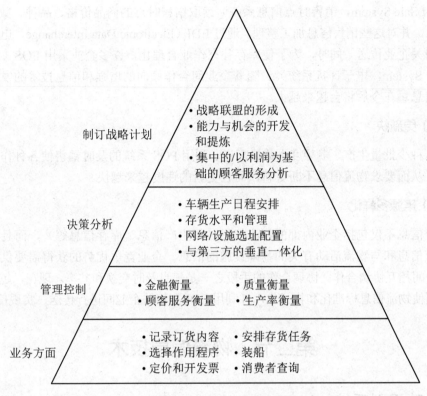

图 7-1　物流信息功能

第三层次是决策分析。物流信息可以以决策结论的形式出现，也可以以决策依据的形式出现，协助管理人员鉴别、评估和比较物流战略及策略上的可选方案，做出有效的物流决策。

第四层次是制订战略计划。在物流信息的支持下，开发和确定物流战略。这类决策往往是决策分析层次的延伸，但是通常更加抽象、松散，并且注重于长期目标。

物流活动各个层次中的物流信息高效地联合起来，发挥着重要作用：

（1）中枢神经作用。信息流经收集、传递后，成为决策的依据，对整个物流活动起指挥、协调的作用。物流信息系统就像传递中枢神经信号的神经系统，高效的信息系统是物流系统正常运转的必要条件。

（2）支持保障作用。物流信息对整个物流系统起支持和保障作用，具体表现在业务、控制、决策、战略方面。

三、物流信息的特征

（一）信息量大

物流信息随着物流活动以及商品交易活动的展开而大量发生，多品种少批量生产和多频度小数量配送使库存、运输等物流活动的信息大量增加。零售商广泛应用 POS 系统

（Point of Sale System，销售时点信息系统）读取销售时点的商品价格、品种、数量等即时销售信息，并对这些销售信息加工整理，通过 EDI（Electronic Data Interchange，电子数据交换）向相关企业传送。同时，为了使库存补充作业合理化，许多企业采用 EOS（Electronic Ordering System，电子订货系统）。随着企业间合作倾向的增强和信息技术的发展，物流信息的信息量在今后将会越来越大。

（二）更新快

多品种少批量生产、多频度小数量配送、利用 POS 系统的及时销售使各种作业活动频繁发生，从而要求物流信息不断更新，而且更新的速度越来越快。

（三）来源多样化

物流信息不仅包括企业内部的物流信息（如生产信息、库存信息等），而且包括企业间的物流信息和与物流活动有关的基础设施的信息。企业竞争优势的获得需要供应链各参与企业之间相互协调合作。协调合作的手段之一是信息及时交换和共享。现在，越来越多的企业力图使物流信息标准化和格式化，并利用 EDI 在相关企业间进行传送，实现信息共享。

第二节 物流信息技术

一、自动识别系统

自动识别系统（Automatic Identification System）是指不用键盘直接将数据输入到计算机系统、可编程逻辑控制器或其他微处理器的设备或系统。自动识别系统可将数据输入工作流水线化、自动化并降低成本，迅速提供电子化的信息，从而为管理人员提供准确和灵活的业务视图。

自动识别系统包括条形码、射频标识与射频数据通信、磁条、语音和视觉系统、光学字符识别、生物识别等。条形码技术是最常用的自动识别技术，它可连接一个数据文件或者直接附带数据；射频标识系统可以远距离识别动态或者静态的对象；射频数据通信系统则可以将各处采集到的数据发送到远处的计算机上；磁卡常用作身份标识，以控制访问者的进出。

（一）条形码技术

条形码技术（Bar-coding Technology）通过图形来表示数字和符号的信息，是建立在计算机科学和现代光学基础上的一门技术。它以黑白相间的条纹来表示商品的名称、产地、价格、种类等相关信息。这种条纹由若干个黑色"条"和白色的"空"单元组成，其中，黑色条对光的反射率低，而白色的空对光的反射率高，再加上条与空的宽度不同，能使扫描光线产生不同的反射接收效果，在光电转换设备上转换成不同的电脉冲，形成了可以传输的电子信息。在实际生活中，条形码技术包括商品条形码与物流条形码等，商品条形码与物流条形码在应用对象、数字构成、包装形状、应用领域等方面具有不同的特点，如表 7-1 所示。

表 7-1　商品条形码与物流条形码的比较

类　型	商品条形码	物流条形码
内容	按照国际惯例，以 EAN 商品条码为通用的商品条码标准	用在商品装卸、仓储、运输和配送过程中的识别符号
数字构成	13 位数字码及相应的条码符号（包括前缀码，也称国家代码，共 3 位，我国为 690～695，由国际物品编码协会统一分配；制造厂商代码，共 4 位，由国家编码中心统一注册分配，一厂一码；商品代码，共 5 位，表示每个厂商的商品，由厂商确定；校验码，共 1 位，校验前面各码的正误）	14 位标准码（包括物流标识码，共 1 位；国家代码，共 3 位，厂商代码，共 4 位；商品代码，共 5 位；校验码，共 1 位）及 16 位扩大码（包括校验码，共 2 位；物流标识码，共 2 位；国家代码，共 3 位；厂商代码，共 4 位；商品代码，共 5 位）
应用对象	向消费者销售的商品	物流过程中的商品
应用领域	POS 系统、补货、订货管理	运输、仓储、分拣等
包装形状	单个商品包装	集合包装

目前，货物的条形码是建立整个供应链的最基本要素，是实现仓储自动化的第一步，也是 POS 系统快速准确收集销售数据的手段。以零售企业为例，公司主机的条形码数据和商品价格定期（每天）更新，下载至店面微机。店面微机具有两个功能：（1）它管理前台 POS，包括通过扫描器收集数据的 POS 终端；（2）它管理后台 POS，包括分析销售数据、下电子订单、打印产品价格和条形码标签。

（二）射频识别技术

射频识别技术（Radio Frequency Identification）是无线电技术在自动识别领域中的应用。它利用射频方式进行非接触双向通信交换数据以达到识别目的。提供不直接接触采集物品信息的手段，可远距离识别动态或静态的对象。RFID 是条形码的升级技术，具有一些非常明显的优点：（1）非接触识读，识读距离可从 10 厘米到 10 米；（2）可穿透多种材料，且不需要光源；（3）可识别高速移动物体，并能同时识别多个对象；（4）标签内容可以动态改变，数据容量大；（5）数据存取有密码保护功能，安全性高；（6）可以唯一地标识每个产品，进行跟踪定位。

一个典型的射频识别系统由射频卡或应答器、读写器或阅读器和应用系统（包括天线、连接线路等）三部分构成。射频系统的数据读写操作是严格按照"主—从"原则来进行的，阅读器和读写器的所有动作均应由应用软件系统来控制。为了执行应用软件发出的指令，应答器一般保存有约定格式的电子数据，在实际应用中，应答器附着在待识别物体的表面；阅读器又称为读出装置，可无接触地读取并识别应答器中所保存的电子数据，从而达到识别物体的目的，如图 7-2 所示。

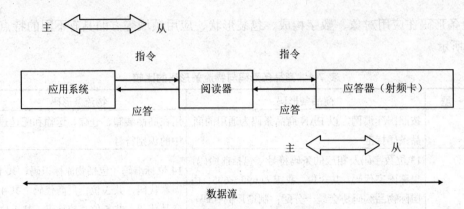

图 7-2　射频识别系统的构成原理

二、EOS

（一）电子订货系统的概念与分类

EOS（Electronic Ordering System，电子订货系统）是指不同组织间利用通信网络和终端设备以在线联结方式进行订货作业与订货信息交换的体系。电子订货系统是将批发、零售商场所发生的订货数据输入计算机，即刻通过计算机通信网络连接的方式将资料传送至总公司、批发商、商品供货商或制造商处。因此，EOS 能处理从新商品资料的说明到会计结算等所有商品交易过程中的作业，可以说 EOS 涵盖了整个商流。

EOS 按应用范围可分为三类：企业内的 EOS（如连锁店经营中各个连锁分店与总部之间建立的 EOS 系统），零售商与批发商之间的 EOS 系统，以及零售商、批发商和生产商之间的 EOS 系统。在当前竞争的时代，若要有效管理企业的供货、库存等经营管理活动，并且能使供货商及时补足售出商品的数量且不能缺货，就必须采用 EOS 系统。EDI/EOS 因包含了许多先进的管理手段和方法，所以在国际上使用得非常广泛，随着普及面的不断推广，就使我们更有必要对其进行全面的分析与掌握。

（二）电子订货系统（EOS）的基本流程

（1）在零售店的终端用条码阅读器获取准备采购的商品的条码，并在终端机上输入订货材料，利用网络传到批发商的计算机中。

（2）批发商开出提货传票，并根据传票，同时开出拣货单，实施拣货，然后依据送货传票发货。

（3）送货传票上的资料便成为零售商的应付账款资料及批发商的应收账款资料。

（4）并接到应收账款的系统中去。

（5）零售商对送到的货物进行检验后，便可以陈列与销售了。

三、EDI

（一）EDI 系统的概念

EDI（Electronic Data Interchange，即电子数据交换）是指通过电子方式，采用标准化的格式，利用计算机网络进行结构化数据的传输和交换。

EDI系统是按照统一规定的一套通用标准格式，将标准的经济信息通过通信网络传输，在贸易伙伴的电子计算机系统之间进行数据交换和自动处理，俗称"无纸化贸易"，被誉为一场"结构性的商业革命"。

（二）物流管理中EDI的构成

构成EDI系统的三个要素是EDI软件和硬件、通信网络以及数据标准化。一个部门或企业若要实现EDI，首先必须有一套计算机数据处理系统；其次，为使本企业内部数据比较容易地转换为EDI标准格式，须采用EDI标准；另外，通信环境的优劣也是关系到EDI成败的重要因素之一。

EDI是为了实现商业文件、单证的互通和自动处理，它不同于人机对话方式的交互式处理，而是采用计算机之间的自动应答和自动处理。因此，文件结构、格式、语法规则等方面的标准化是实现EDI的关键。世界各国在开发EDI时，得出一条重要经验：必须把EDI标准放在首要位置。EDI标准主要分为以下几个方面：基础标准、代码标准、报文标准、单证标准、管理标准、应用标准、通信标准、安全保密标准。

（三）物流管理中EDI的一般流程

物流管理中EDI的一般流程为：发送货物业主（如生产厂家）在接到订单后，制订货物运送计划，并把运送货物的清单及运送时间安排等信息通过EDI发送给物流运输业主和接收货物业主（如零售商），以便物流运输业主预先制订车辆调配计划和接收货物业主制订货物接收计划。

随后，发送货物业主依据顾客订货的要求和货物运送计划下达发货指令，分拣配货，打印出物流条形码的货物标签并贴在货物包装箱上，同时把运送货物品种、数量、包装等信息通过EDI发送给物流运输业主和接收货物业主，据此请示下达车辆调配指令。

然后，物流运输业主在向发货货物业主取运货物时，利用车载扫描读数仪读取货物标签的物流条形码，并与先前收到的货物运输数据进行核对，确认运送货物。物流运输业主在物流中心对货物进行整理、集装，做成送货清单并通过EDI向收货业主发送发货信息，在货物运送的同时进行货物跟踪管理，并在货物交给收货业主之后，通过EDI向发货物业主发送完成运送业务信息和运费请示信息。

最后，收货业主在货物到达时，利用扫描读数仪读取货物标签的物流条形码，并与先前收到的货物运输数据进行核对确认，开出收货发票，货物入库；同时通过EDI向物流运输业主和发送货物业主发送收货确认信息。

在物流管理中，运用EDI系统的优点在于供应链组成各方基于标准化的信息格式和处理方法，通过EDI共同分享信息，从而提高流通效率，降低物流成本。

EDI的好处已日益明显，运费和海关单据使用EDI，使承运人、货运代理和跨国的产品流大大受益。在零库存的作业中使用EDI，使运作效率有了很大的提高，在销售环节中使用EDI能减少交易费用并降低存货，这在欧美等一些发达国家尤为明显。目前，EDI对采购业务有着很重要的影响，它不仅是一种通信用的业务交易工具，也是一种联合设计、计划、交换预测数据等与其他组织协调的方式。

EDI 的竞争优势不仅在于作为通信工具的运用，而且在于它使组织内部和组织之间的竞争结构发生变化。EDI 的交互效用可以分成与供应商有关的、内部的和与客户有关的三个方面。在买方为主导的市场上，EDI 迫使它们整合成较少的客户；而在卖方为主导的市场上，EDI 可以为市场设计一些附加超值服务，例如，通过监控客户存货而自动地追加订货，收集即时市场信息为生产计划增加灵活性和反应能力等。

EDI 对于组织供应链的意义表现为：在不必连续接触的情况下，EDI 能加强组织内部的协调。

四、POS

（一）销售时点信息系统的概念

POS 系统（Point of Sale System，销售时点信息系统），它包含前台 POS 和后台 MIS（Management Information System，管理信息系统）两大基本部分。POS 系统最早应用于零售业，以后逐渐扩展至金融、旅馆等服务性行业，利用 POS 信息的范围也从企业内部扩展到整个供应链。现代 POS 系统不仅仅局限于电子收款技术，它还融合了计算机网络、电子数据交换技术、条形码技术、电子监控技术、电子收款技术、电子信息处理技术、远程通信、电子广告、自动仓储配送技术、自动售货、备货技术等一系列科技手段，从而形成一个综合性的信息资源管理系统。同时，它必须符合和服从商场管理模式，按照对商品流通管理及资金管理的各种规定进行设计和运行。

前台 POS 是指通过自动读取设备（如收银机），在销售商品时直接读取商品销售信息（如商品名、单价、销售数量、销售时间、销售店铺、购买顾客等），实现前台销售业务的自动化、对商品交易进行实时服务管理，并通过通信网络和计算机系统传送至后台，通过后台 MIS 的计算，分析与汇总等掌握商品销售的各项信息，为企业管理者分析经营成果、制定经营方针提供依据，以提高经营效率的系统。

后台 MIS 负责整个商场进、销、存系统的管理以及财务管理、设备管理、考勤管理等。它可以根据商品进货信息对厂商进行管理，又可以根据前台 POS 提供的销售数据控制进货数量，合理周转资金，还可以分析统计各种销售报表，快速准确地计算成本与毛利，也可以对售货员、收款员业绩进行考核，是分配职工工资、奖金的客观依据。因此，商场现代化管理系统中前台 POS 与后台 MIS 是密切相关的，两者缺一不可。

（二）POS 系统的运行步骤

以零售业为例，POS 系统的运行包括以下五个步骤。

（1）店头销售的商品都贴有表示该商品信息的条形码。

（2）在顾客购买商品结账时，收银员使用扫描器自动读取商品条码或 OCR（光学字符识别）标签上的信息，通过店铺内的微型计算机确认商品的单价，计算顾客购买总金额等，同时返回收银机，打印出顾客购买清单和付款总金额。

（3）各个店铺的销售时点信息通过 VAN（增值网）以在线联结方式即时传送给总部或物流中心。

（4）在总部、物流中心和店铺之间利用销售时点信息来进行库存调整、配送管理、商品订货等作业。通过对销售时点信息进行加工分析来掌握消费者购买动向，找出畅销商品和滞销商品，以此为基础，进行商品品种配置、商品陈列、价格设置等方面的作业。

（5）在零售商与供应链的上游企业（批发商、生产商、物流作业等）结成协作伙伴关系（也称战略联盟）的条件下，零售商利用 VAN 以在线联结的方式把销售时点信息即时传送给上游企业，这样上游企业可以利用销售现场的最及时、准确的销售信息制订经营计划、进行决策。例如，生产厂家利用销售时点信息进行销售预测，掌握消费者购买动向，找出畅销商品和滞销商品，把销售时点信息（POS 信息）和订货信息（EOS 信息）进行比较分析来把握零售商的库存水平，以此为基础制订生产计划和零售商库存连续补充计划。

（三）POS 系统的特征

（1）单品管理、职工管理和顾客管理。零售业的单品管理是指对店铺陈列展示销售的商品以单个商品为单位进行销售跟踪和管理的方法。由于 POS 信息即时、准确地反映了单个商品的销售信息，因此，POS 系统的应用使高效率的单品管理成为可能。

职工管理是指通过 POS 终端机上的计时器的记录，依据每个职工的出勤状况、销售状况（如以月、周、日甚至时间段为单位）进行考核管理。

顾客管理是指在顾客购买商品结账时，通过收银机自动读取零售商发行的顾客 ID 卡或顾客信用卡来把握每个顾客的购买品种和购买额，从而对顾客进行分类管理。

（2）自动读取销售时点的信息。在顾客购买商品结账时，POS 系统通过扫描器自动读取商品条码标签的信息，在销售商品的同时获得实时的销售信息，这是 POS 系统的最显著特征。

（3）信息的集中管理。在各个 POS 终端机获得的销售时点信息以在线联结方式汇总到企业总部，与其他部门的有关信息一起由总部的信息系统加以集中并进行分析加工，如把握畅销商品以及新商品的销售倾向，对商品的销售量和销售价格、销售量和销售时间之间的相关关系进行分析，对商品店铺陈列方式、促销方式、促销时间、竞争商品的影响进行相关分析。

（4）连接供应链的有力工具。供应链与各方合作的主要领域之一是信息共享，而销售时点信息是企业经营中最重要的信息之一，通过它能及时把握顾客的需求信息，供应链的参与各方可以利用销售时点信息并结合其他的信息来制订企业的经营计划和市场营销计划。目前，领先的零售商正在与制造商共同开发一个整合的物流系统，各方利用该系统不仅分享 POS 信息，而且一起联合进行市场预测，分享预测信息。

（四）应用 POS 系统的效果

（1）营业额及利润增长。采用 POS 系统的企业供应商品众多，其单位面积的商品摆放数量是普通企业的 3 倍以上，因此，能够吸引更多顾客，并且顾客自选率高，这必然会带来营业额及利润的相应增长，仅此一项，POS 系统即可给使用 POS 的企业带来可观的收益。

（2）节约大量的人力、物力。由于仓库管理是动态管理，即每卖出一件商品，POS 的数据库中就相应减少该件商品的库存记录，免去了商场进行盘存的烦琐工作，节约了大量人力、物力；同时，企业的经营报告、财务报表以及相关的销售信息都可以及时提供给经营决策者，以保持企业的快速反应。

（3）有效库存增加，资金流动周期缩短。由于仓库采用动态管理，仓库库存商品的销售情况，每时每刻都一目了然，商场的决策者可将商品的进货量始终保持在一个合理的水平，可提高有效库存，使商场在市场竞争中占据更有利的地位。据统计，在应用 POS 系统后，商品有效库存可增加 35%～40%，缩短资金的流动周期。

（4）提高企业的经营管理水平。首先可以提高企业的资本周转率，在应用 POS 系统后，可以提前避免出现缺货现象，使库存水平合理化，从而提高商品周转率，最终提高了企业的资本周转率。其次，在应用了 POS 系统后，可以进行销售促进方法的效果分析，把握顾客购买动向，按商品品种进行利益管理，基于销售水平制订采购计划，有效地进行店铺空间管理和基于时间段的广告促销活动分析等，从而使商品计划效率化。

五、GIS

（一）地理信息系统的概念

GIS（Geographical Information System，地理信息系统）是指以地理空间数据为基础，采用地理模型分析方法，适时地提供多种空间的和动态的地理信息，是一种为地理研究和地理决策服务的计算机技术系统。

GIS 是 20 世纪 60 年代开始迅速发展起来的地理学研究新成果，是多种学科交叉的产物。其基本功能是将表格型数据（无论它来自数据库、电子表格文件或直接在程序中输入）转换为地理图形显示，然后对显示结果进行浏览、操作和分析。其显示范围可以从洲际地图到非常详细的街区地图，显示对象包括人口、销售情况、运输线路以及其他内容。

（二）地理信息系统的应用

GIS 应用于物流分析，主要是指利用 GIS 强大的地理数据功能来完善物流分析技术。国外的公司已经开发出利用 GIS 为物流提供专门分析的工具软件。完整的 GIS 分析软件集成了车辆路线模型、网络物流模型、分配集合模型和设施定位模型等。

1. 车辆路线模型

用于解决一个起始点、多个终点的货物运输中如何降低物流作业费用，并保证服务质量的问题，包括决定使用多少辆车、每辆车的行驶路线等。

2. 网络物流模型

用于解决寻求最有效的分配货物路径问题，也就是物流网点布局问题。如将货物从 N 个仓库运到 M 个商店，每个商店都有固定的需求量，因此需要确定由哪个仓库提货送给哪个商店，使运输代价最小。

3．分配集合模型

可以根据各个要素的相似点把同一层上的所有或部分要素分为几个组，用以解决确定服务范围和销售市场范围等问题。如某一公司要设立 x 个分销户，要求这些分销点覆盖某一地区，而且使每个分销点的客户数目大致相等。

4．设施定位模型

用于确定一个或多个设施的位置。在物流系统中，仓库和运输线路共同构成了物流网络，仓库处于网络的节点上，节点决定着线路。根据供求的实际需要并结合经济效益等原则，运用该模型就能很容易地解决在既定区域内应设立多少个仓库、每个仓库的位置、每个仓库的规模，以及仓库之间的物流关系等问题。

六、GPS

（一）全球定位系统的概念

GPS（Global Positioning System，全球定位系统）是指具有在海、陆、空进行全方位实时三维导航与定位能力的系统。

近十年来，我国测绘等部门使用 GPS 的经验表明，GPS 以全天候、高精度、自动化、高效益等显著特点赢得了广大测绘工作者的信赖，并成功地应用于大地测量、工程测量、航空摄影测量、运载工具导航和管制、地壳运动监测、工程变形监测、资源勘察、地球动力学等多个学科，从而给测绘领域带来一场深刻的技术革命。

（二）GPS 系统在物流领域的应用

1．用于汽车自定位，跟踪调度

日本车载导航系统的市场在 1995—2000 年平均每年增长 35%以上，全世界在车辆导航领域的投资平均每年增长 60.8%。因此，车辆导航将成为未来全球卫星定位系统应用的主要领域之一，我国已有数十家公司在开发和销售车载导航系统。

2．用于铁路运输管理

我国铁路开发的基于 GPS 的计算机管理信息系统，可以通过 GPS 和计算机网络实时收集全路列车、机车、车辆、集装箱及所运货物的动态信息，可实现列车、货物追踪管理。只要知道货车的车种、车型、车号，就可以立即从近 10 万千米的铁路网上流动着的几十万辆货车中找到该货车，还能得知这辆货车现在何处运输或停在何处，以及所有的车载货物发货信息。

铁路部门运用 GPS 技术可大大提高其路网及运营的透明度，为货主提供更高质量的服务。

3．用于军事物流

全球卫星定位系统最初是为军事目的而建立的。在军事物流中，如后勤装备的保障等方面，应用相当普遍。在海湾战争中，全球卫星定位系统发挥了较大的作用。在我国的军事和国防建设中，已经开始重视和应用全球卫星定位系统，随着全球卫星定位系统在军事物流方面的全面应用，国防后勤装备的保障将更加可靠。

案例

日日顺供应链场景数字化运营管理实践

本章小结

　　物流信息是指反映物流各种活动内容的知识、资料、图像、数据的总称。物流信息是物流活动的指南，物流过程中所有的物流活动都是根据物流信息开展的，最终促使整个物流系统顺利地运转。物流系统具有信息量大、更新快、来源多样化的特征。物流信息技术包括自动识别系统、EOS、EDI、POS、GIS、GPS等。

复习思考题

　　1．物流信息包含的内容有哪些？
　　2．物流信息具有哪些特征？
　　3．EDI系统由哪些主体构成？
　　4．EDI、EOS、POS、GIS、GPS各代表什么信息内容？
　　5．简要阐述物流信息系统的构成。

第八章　配　送

知识要求

- ❑ 掌握配送的概念及特点
- ❑ 熟悉配送的类型和作用
- ❑ 熟悉配送中心的概念和功能

技能要求

- ❑ 对配送的作业程序提出合理的分析和改进建议
- ❑ 对配送中心的内部结构提出规划方案

素质目标

- ❑ 在工作中要认真细致，拥有发现问题、解决问题的能力
- ❑ 树立团队合作精神和职业认同感

项目导读

连锁超市物流配送开"卷"，谁能成为新武器

第一节　配送的概念及类型

微课　配送概述

一、配送的概念

　　配送是有千年历史的送货形式在现代经济社会中的发展、延伸和创新，特别需要指出的是，不能用传统的送货来理解现代的配送，虽然两者之间有历史渊源的关系，但是两者之间不能等同。如果一定要将两者挂钩，那么，可以将配送理解为现代送货形式。

　　配送是现代社会的产物，在买方市场的前提下，"送货"是买方的要求，卖方只有通

过送货才能提高服务水平，取得竞争优势，因此，可以说送货这种方式是在竞争环境下发展的产物，受利润、占领市场和企业战略发展动力的驱使，企业想方设法提高送货的服务水平，降低送货的成本，这就必须使送货行为优化。实践中又出现了货物的合理配备、车辆的合理调配、路线的合理规划这些新的内涵，这些新内涵和送货有机结合在一起，便形成了现代社会中的配送。

按照国家质量技术监督局发布的中华人民共和国国家标准《物流术语》（GB/T 18354—2021），其中关于配送的定义是这样的："根据客户要求，对物品进行分类、拣选、集货、包装、组配等作业，并按时送达指定地点的物流活动。"一般来说，配送一定是根据用户的要求，在物流据点内进行分拣、配货等工作。它将商流和物流紧密结合起来，既包含了商流活动，也包含了物流活动中若干功能要素。

关于配送，应当掌握以下几个要点。

（1）配送的资源配置作用。配送是"最终配置"，因而是接近顾客的配置。对于现代企业而言，"接近顾客"是至关重要的。美国兰德公司对《幸福杂志》所列的五百家大公司进行一项调查表明："经营战略和接近顾客至关重要"，所以，接近顾客的配送，自然取得了它在现代经济中的地位。

（2）配送的实质是送货。配送的主要经济活动，尤其是接近顾客的经济活动是送货。

（3）配送是现代送货。现代两个字表述了和旧式送货的区别。其区别主要在于：① 一般送货可以是一种偶然的行为，而配送是一种体制行为，是市场经济的一种体制形式。② 一般送货是完全被动的服务行为，而配送则是有一定组织形式的计划行为。③ 配送依靠现代生产力，依靠科技进步支撑。

（4）配送是"配"和"送"有机结合的形式。配送利用有效的分拣、配货等理货工作，使送货达到一定的规模，以利用规模优势获得较低的送货成本。如果不进行分拣、配货，有一件送一件，需要一点送一点，这就会大大增加活劳动和物化劳动的消耗，使送货并不优于取货。所以，为追求整个配送的优势，分拣、配货等工作是必不可少的。

（5）配送是市场经济形式。配送是在市场经济条件下，在"供大于求"的买方市场环境中所派生的一种形式。在买方市场环境下，用户具有选择权，而卖方需要通过有效的服务来销售出自己的产品，争夺一块份额，这就形成了有提供者、有需求者的理想市场环境，使配送得以发展。

（6）配送以用户要求为出发点。在定义中强调"根据用户要求"，明确了用户的主导地位。配送是从用户利益出发、按用户要求进行的一种活动，因此，在观念上必须明确"用户第一""质量第一"，配送企业的地位是服务地位而不是主导地位，因此不能从本企业利益出发，而应从用户利益出发，在满足用户利益的基础上取得本企业的利益。更重要的是，不能利用配送损害用户利益或控制用户，不能利用配送作为部门分割、行业分割、割据市场的手段。

（7）配送是按时送达指定地点的物流活动。过分强调"按用户要求"是不妥的，受用户本身的局限，要求有时候存在不合理性，在这种情况下，会损失自我或双方的利益。对于配送而言，在满足用户要求，按时送达指定地点的同时，应当在时间、速度、服务水平、成本、数量等多方面寻求最优配置，实现双方共同受益，即遵循"双赢"的原则。

二、配送的特点

配送是由运输派生出来的一种物流功能，是一种相对短距离的运输。与运输或者其他的物流功能要素相比较，配送具有以下特点。

（1）配送的输送距离较短。它一般位于物流系统的最末端，处于支线运输、二次运输或末端运输的位置，是送到最终消费者的物流活动。

（2）配送活动也包含其他的一些物流功能要素。配送经常也要进行装卸搬运、储存、包装等活动，是多种物流功能的组合。

（3）配送是物流系统的一个缩影。从活动内容和功能特点来看，配送也可以看成是某个小范围内的物流系统。

配送是物流系统中一种特殊的、综合的活动形式，是商流与物流的紧密结合，既包含了商流活动与物流活动，也包含了物流系统中的其他功能要素。

三、配送的类型

配送作为一种现代的流通组织形式，集商流与物流于一身。但由于配送的主体、对象、客户和环境的不同，它也可以按照不同的标准进行分类。

（一）按配送主体所处的行业不同进行分类

1. 制造业配送

制造业配送包括围绕制造企业所进行的原材料、零部件的供应配送，各生产工序上的生产配送以及企业为销售产品而进行的销售配送。制造业配送的各个环节在客户需求信息的驱动下紧密相连，通过各自的职能分工与合作，为企业的生产和销售服务。

2. 农业配送

农业配送是一种特殊的、综合的农业物流活动，是在农业生产资料、农产品的送货基础上发展起来的。它是指在与农业相关的经济合理区域范围内，根据客户要求，对农业生产资料、农产品进行分拣、加工、包装、分割、组配等作业，并按时送达指定地点的农业物流活动。

3. 商业配送

商业企业的主体包括批发企业和零售企业，二者对于配送的理解、要求、管理等都不相同。批发企业配送的客户一般都不是最终消费者，而是零售企业。因此，批发企业必然要求其配送系统能够满足零售客户的多批次、少批量订货要求，而且还要具有一定的流通加工能力，零售企业配送的客户大多是各类消费者，一方面，由于经营场所的面积有限，它们总是希望上游供应商（包括批发企业）能向其提供小批量的商品配送；另一方面，为了满足各种不同客户的需要，它们又希望尽可能多地配备商品。

4. 物流企业配送

物流企业是专门从事物流活动的企业，因此物流企业配送并不像前面三类企业一样拥有货物的所有权，而是根据所服务客户的需求，为客户提供配送支持性服务。现在，比较常见的物流企业配送就是快递企业所提供的"门到门"配送。

（二）按配送节点的不同进行分类

1．配送中心配送

这类配送活动的组织据点是配送中心，一般规模较大，拥有配套的设施、设备等条件。配送中心配送的专业性较强，一般都与用户建立了相对固定的协作关系，配送设施与工艺都是按照用户的要求专门设计的，所以配送中心配送具有配送能力强、配送品种多、配送数量大等特点，是配送活动的最主要形式。但由于这类配送业务的服务对象固定，所以灵活性和机动性较差。而且由于规模大、投资高，中小型配送经营者往往难以承担这些成本和风险，从而抑制了这类配送活动的进一步发展。

2．仓库配送

仓库配送一般是以仓库为据点进行的配送，也可以是以原仓库在保持储存保管功能的前提下，增加部分配送职能，或经过对原仓库进行改造，使其成为专业的配送中心。

3．商店配送

商店配送的组织者一般是商业或物资系统的门市网点。它是指除了自身日常的零售业务外，商店还将本店经营的产品按用户的要求配齐，或代用户外订、外购一部分本店平时不经营的商品后，再与本店的商品搭配，一起送达用户的业务形式。因此，从某种意义上讲，商店配送也是一种销售配送。连锁商店配送是商店配送的一种主要形式，它又分为两种情况：一种是专门成立为连锁商店服务的配送企业，这种配送企业除主要承担连锁商店的配送任务外，还兼有为其他用户提供服务的职能；另一种是存在于连锁商店内的配送组织，其主要任务是服务于自身的连锁经营，不为其他的用户提供配送服务。

4．生产企业配送

对于新鲜的牛奶、面包或蛋糕等保质期较短的商品，为了减少流通环节，压缩流通时间，生产企业经常以自身的车间或成品仓库为据点，直接面向客户进行配送。这就是生产企业配送。这种类型的配送业务大多由生产企业自己完成，也有的是由第三方物流企业完成。

（三）按配送商品的种类和数量的不同进行分类

1．单（少）品种大批量配送

这类配送的特点是，客户所需的商品品种较少，甚至是单一的品种，但所需商品的批量较大。由于这类配送活动的品种单一、批量大，可以实现整车运输，有利于车辆满载或采用大吨位车辆进行运送。

2．多品种少批量配送

这类配送的特点是，用户所需商品的数量不大，但品种较多，因此在进行配送时，组织者要先根据用户的要求，将所需的各种物品配备齐全后，再凑成整车装运送达客户。

3．成套配套配送

这种配送的特点是，用户所需的商品必须是成套的。例如，装配性的生产企业，为生产某种整机产品，需要多种不同的零部件。所以，配送组织者就要将所需的全部零部件配齐，并按客户的生产节奏定时送达，以便生产企业将成套零部件送入生产线装配整机产品。

（四）按配送时间和数量的不同进行分类

1．定时配送

定时配送是指按规定的时间间隔进行的配送，每次配送的品种和数量可按计划执行，也可以事前以商定的联络方式进行通知。它还可以细分为日配送和"准时—看板"方式配送等形式。

2．定量配送

定量配送是指按规定的批量在一个指定的时间范围内进行的配送。这种配送方式由于配送的数量比较固定，所以备货工作较为简单，实践中还可以与客户进行协商，以托盘、集装箱或车辆为单位进行计量。

3．定时定量配送

定时定量配送是指按照规定的时间和数量进行的配送，它同时兼有定时配送和定量配送的特点，要求具备较高的配送管理水平。

4．定时定线配送

定时定线配送是指在规定的运行路线上，按照事先制订的到达时间表进行运作的配送。采用这种配送方式，客户就可按照预定的时间到预定的地点去接货。这种配送方式可以为众多的中小型客户提供极大的方便。

5．即时配送

即时配送是指根据客户临时确定的配送时间和数量，随即进行的配送，是一种灵活性要求很高的应急配送方式。采用这种方式，客户可以将安全储备降为零，以即时配送代替安全储备，实现零库存经营。

（五）按配送经营形式的不同进行分类

1．销售配送

销售配送的主体是销售企业，它常被销售企业作为销售战略措施的一部分加以利用，所以也称为促销型配送。这种配送的对象和客户一般都是不固定的，配送对象和用户的确定主要取决于市场行情，因此，配送的随机性较强。大部分商店的送货上门服务就属于这种类型的配送。

2．供应配送

供应配送是指用户为了自己的供应需求而采用的配送。它往往是由用户或用户集团组建的配送据点集中组织大批量进货，然后向本企业或企业集团内的若干企业进行配送。商业系统内的连锁商店就广泛采用这种配送方式。这种方式既可以保证企业的供应能力和供应水平，又可以通过批量进货获取价格折扣，降低供应成本。

3．销售与供应一体化配送

对于用户及其所需物品基本固定的配送业务，销售企业在进行销售的同时，还可以为用户提供有计划的供应服务。在这个过程中，销售者既是配送活动的组织者，同时又是用户的供应代理人。这种配送形式有利于形成稳定的供需关系，有利于采用先进的计划技术和手段，有利于保持流通渠道的稳定等。

4．代存代供配送

代存代供配送是指客户把属于自己的货物委托给配送企业进行代存代供，甚至委托其代为订货，随后由配送企业组织对这些货物进行配送。这种配送形式的特点是，货物的所有权不发生变化，变化的只是货物的时空位置，配送企业仅从代存代供业务中获取服务费，而不能直接获取商业差价。

（六）按加工程度的不同进行分类

1．加工配送

加工配送是指与流通加工相结合，在配送据点设置流通加工点，或由流通加工者与配送据点组建成的统一实体完成的配送。流通加工与配送的结合，可以使流通加工更加具有针对性，使配送企业不仅可以依靠送货服务或销售经营取得收益，而且还可以通过流通加工取得增值收益。

2．集疏配送

集疏配送一般只改变产品的数量组成，而不会改变产品本身的物理或化学性质，是与干线运输相配套的一种配送方式。例如，大批量进货之后再小批量、多批次地发货，或者通过零星集货形成一定的批量之后再送货等，都属于集疏配送的范畴。

（七）按配送企业的专业化程度不同进行分类

1．综合配送

综合配送的特点是，配送的商品种类较多，而且来源渠道不同，但都在同一个配送据点内组织对用户的配送。综合配送使用户无须与所需商品的全部供应商进行联系，而只要与配送企业进行联系即可，大大减轻了客户的采购与供应负担。

2．专业配送

专业配送是指按产品性质和状态划分专业领域的配送方式。这种方式可以合理配置配送资源，优化配送的工艺流程，以提高配送的作业效率。流通实践中的各种中小型金属材料、燃料煤、水泥、木材、甲板玻璃、化工产品、生鲜食品等的配送，都属于专业配送。

四、配送的作用

（一）完善和优化物流系统

第二次世界大战后，由于大吨位、高效率运输工具的出现，使铁路、海运甚至公路的干线运输成本都得到了大幅度降低。但是，干线运输也离不开支线运输的短距离输送。长期以来，支线运输一直是物流过程中的一个薄弱环节，这个环节具有许多与干线运输不同的特点，对灵活性、适应性和服务性的要求都较高，这些要求又往往会导致运力利用不合理或运输成本过高。而配送可以在一定的范围内将各种支线运输需求集中起来，使整个物流系统得到完善和优化。

（二）改善末端物流的效益

采用配送方式既可以通过增大订货批量来降低进货成本，又可以通过将多种商品集中在一起进行发货来降低运输成本。这两方面因素的共同作用，可以使末端物流的经济效益大大改善。

（三）通过集中库存使企业实行低库存或零库存经营

如果通过高水平的配送来进行供应，则生产企业就可以完全依赖于准时配送，而不需要留有自己的库存。或者只需留有少量的安全储备而不必留有经常储备。配送可以使企业从库存的包袱中解脱出来，实行"零库存"经营，将大量的存货积压资金释放出来，改善企业的财务状况。同时，集中库存也可以使流通领域的库存总量远低于分散库存的存货总量，在提高库存调节能力的同时，也可提高全社会的经济效益。此外，集中库存还可以利用其规模优势，使单位存货成本下降。

（四）简化事务，方便客户

采用配送方式，客户只需向一处订购，或与一个进货单位联系即可订购到以往需要去许多地方才能订到的货物，只需组织对一个配送单位的接货便可代替现有的高频率接货，因此大大减轻了客户的工作量和负担，也节省了事务开支。

（五）提高供应保障能力

如果生产企业通过自己留有的库存来维持生产，由于受库存成本的制约，其供应保障能力很难得到提高。而如果采用配送方式，因为配送中心的储备量肯定比任何企业都大，所以其供应保障能力肯定最强。

第二节　配送的作业程序

一、配送的基本环节

微课　配送作业

从总体上看，配送是由备货、理货和送货三个基本环节组成的，其中每个环节又包含若干项具体的、枝节性的活动。

（一）备货

1. 备货的概念及意义

备货即指准备货物的系列活动。它是配送的准备工作或基础环节，又是决定配送成败与否、规模大小的最基础环节。同时，它也是决定配送效益高低的关键环节。如果备货不及时或不合理，成本较高，会大大降低配送的整体效益。

2. 备货的具体活动内容

严格来说，备货工作应当包括两项具体活动：筹集货物和储存货物。

（1）筹集货物。在不同的经济体制下，筹集货物（或者说组织货源）是由不同的行业为主体去完成的。若生产企业直接进行配送，那么，筹集货物的工作自然是由企业（生产者）自己去组织的。在专业化流通体制下，筹集货物的工作则会出现两种情况：其一，由提供配送服务的配送企业直接承担，一般是通过向生产企业订货或购货完成此项工作；其二，选择商流、物流分开的模式进行配送，订货、购货等筹集货物的工作通常是由货主（如生产企业）自己去做，配送组织只负责进货和集货（集中货物）等工作，货物所有权属于事主（接受配送服务的需求者）。然而，不管具体做法怎样不同，就总体活动而言，筹集货物都是由订货（或购货）、进货、集货及有关的质量检查、结算、交接等一系列活动组成的。

配送的优势之一，就是可以集中用户的需求进行一定规模的备货。备货是决定配送成败的初期工作，如果备货成本太高，会大大降低配送的效益。

（2）储存货物。储存货物是购货、进货活动的延续。在配送活动中，货物储存有两种表现形态：一种是暂存形态；另一种是储备（包括保险储备和周转储备）形态。

① 暂存形态的储存是指按照分拣、配货工序要求，在理货场地储存少量货物。这种形态的货物储存是为了适应"日配""即时配送"需要而设置的，其数量多少对下一个环节的工作方便与否会产生很大影响，但一般来说，不会影响储存活动的总体效益。

② 储备形态的储存是按照一定时期配送活动的要求和根据货源的到货情况（到货周期）有计划地确定的，它是使配送持续运作的资源保证。

如上所述，用于支持配送的货物储备有两种具体形态：周转储备和保险储备。然而不管是哪一种形态的储备，相对来说，数量都比较多。据此，货物储备合理与否会直接影响配送的整体效益。

（二）理货

1. 理货的内容

理货是配送的一项重要内容，也是配送区别于一般送货的重要标志。理货包括货物分拣、配货和包装等经济活动。

2. 货物分拣的主要方式

货物分拣采用适当的方法和手段，从储存的货物中分出（或拣选）用户所需要的货物。分拣货物一般采取两种方式来操作：一是摘取式；二是播种式。

（1）摘取式分拣就像在果园中摘果子那样去拣选货物，具体做法是：作业人员拉着集货箱（或称分拣箱）在排列整齐的仓库货架间巡回走动，按照配送单上所列的品种、规格、数量等将客户所需要的货物拣出及装入集装箱内。在一般情况下，每次拣选只为一个客户配装；在特殊情况下，也可以为两个以上的客户配装。目前，推广和应用了自动化分拣技术，由于装配了自动化分拣设施等，大大提高了分拣作业的劳动效率。

摘取式分拣的工艺流程：储物货位相对固定，而拣选人员或工具相对运动，所以又称作人到货前式工艺。形象地说，类似于人们进入果园，在一棵树上摘下熟了的果子后，再转到另一棵树前去摘果。

（2）播种式分拣货物类似于田野中的播种操作。具体做法是：将数量较多的同种货物集中运到发货场，然后，根据每个货位货物的发送量分别取出货物，并分别投放到每个代表用户的货位上，直到配货完毕。为了完好无损地运送货物和便于识别配备好的货物，有些经过分拣、配备好的货物尚需重新包装，并且要在包装物上贴上标签，记载货物的品种、规格、数量，收货人的姓名、地址以及运抵时间等。

播种式分拣的工艺流程：用户的分货位固定，而分货人员或工具携货物相对运动，所以又称作货到人前式工艺。形象地说，类似于一个播种者，一次取出几亩地所需要的种子，在地中边巡回边播种，所以又称之为播种方式。

（三）送货（发送）

送货是配送活动的核心，也是备货和理货工序的延伸。在物流运动中，送货的表现形式实际上就是货物的运输（或运送），因此，常常以运输代表送货。但是，组成配送活动的运输（有人称为"配送运输"）与通常所讲的"干线运输"有很大的区别：前者多表现为对用户的"末端运输"和短距离运输，并且运输的次数比较多；后者多为长距离运输（"一次运输"）。由于配送中的送货（或运输）需面对众多的客户，并且要多方向运动，因此，在送货过程中，常常需要做出运输方式、运输路线和运输工具的选择。按照配送合理化的要求，必须在全面计划的基础上制定科学的、距离较短的货运路线，选择经济、迅速、安全的运输方式和适宜的运输工具。通常，配送中的送货（或运输）都把汽车（包括专用车）作为主要的运输工具。

（四）配送加工

配送加工是配送企业在配送系统内，按用户要求设立加工场所进行的加工活动，如卷板展平、开片、下料、原木锯材、型材加工、玻璃集中套裁等，把货物变为用户需要的尺寸、规格或成分；还有器件组装、包装、集装、换装等（这时所说的包装是指对于经过分拣的一个用户所需要的货物，为保持在运送过程中完好无损和便于识别，需要进行重新包装。这种包装要记载货物的品种、数量、收货人的地址、姓名以及送货时间等）。虽然配送加工的加工目的单一，但是可以取得多种社会效果，如可以提高运输效率、降低消耗、减轻生产企业负担、满足用户需要、提高配送质量、增加配送效益等。同时，也可以完善配送功能，提高配送的总体经济效益。

配送企业必须按照所配送商品的特点和用户的基本要求来确定其加工内容，并配置相应的加工设备，配备必要的加工技术及管理人才，按生产加工程序组织生产，努力提高劳动生产率和加工质量，降低劳动消耗，提高配送加工的经济效益。

二、配送的工艺流程

配送的工艺流程有两种形态：一般流程和特殊流程。一般流程，即配送运动必须经过的基本工艺流程，也是各种货物的配送活动共同具有的工艺流程。从现象上看，一般流程是一般意义上的配送工艺流程，而不是所有的货物配送都必须经历的运动过程。特殊工艺流程则刚好相反，它是适应于特殊需要和特殊产品运动而设计和实施的工艺流程，而不是所有的货物配送都必须经历的运动过程。

（一）配送的一般流程

配送的一般流程基本上是这样的一种运动过程：进货→储存→分拣→配货、配装→送货。每个流程的作业内容如下所述。

1. 进货

进货亦即组织货源。其方式有两种：① 订货或购货（表现为配送主体向生产商订购货物，由后者供货）；② 集货或接货（表现为配送主体收集货物，或者接收用户所订购的货物）。前者的货物所有权（物权）属于配送主体，后者的货物所有权属于用户。

2. 储存

储存即按照用户提供的要求并依据配送计划将购买到或收集到的各种货物进行检验，然后分门别类地储存在相应的设施或场地中，以备拣选和配货。储存作业一般都包括这样几道程序：运输→卸货→验收→入库→保管→出库。存储作业以产品性质、形状不同而形式各异。有的是利用仓库进行储存，有的是利用露天场地储存，特殊商品（如液体、气体）则需储存在特制的设备中。为了提高储存的作业效率及使储存环节合理化，目前，许多国家普遍采用了先进的储存技术和储存设备。例如，采用"先进先出"的储存方式进行作业，利用贯通式货架、重力式货架和计算机储存系统等储存货物。

3. 分拣、配货

分拣和配货是同一个工艺流程中的两项有着紧密关系的经济活动。有时，这两项活动是同时进行和同时完成的（如散装物的分拣和配货）。在进行分拣、配货作业时，少数场合是以手工方式进行操作的，更多的场合是采用机械化或半机械化方式去操作的。如今，随着一些高新技术的相继开发和广泛应用，自动化的分拣、配货系统已在很多国家的配送中心建立起来，并且发挥了重要作用。

4. 送货

在送货流程中，包括这样几项活动：搬运、配装、运输和交货。其作业程序为：配装→运输→交货。送货是配送的终结，故在送货流程中除了要圆满地完成货物的移交任务以外，还必须及时进行货款（或费用）结算。在送货这道工序中，运输是一项主要的经济活动。据此，在进行送货作业时，选择合理的运输方式和使用先进的运输工具，对于提高送货质量至关重要。就前者而言，应选择直线运输、"配载运输"（即充分利用运输工具的载重量和容积，合理安排装载的货物和载运方法的一种运输方式）方式进行作业。

（二）配送的特殊流程

在实践中，某些有特殊性质、形状的货物，其配送活动有许多独特之处（例如，液体状态的物质资料的配送就不存在配货、配装等工序，金属材料和木材等生产资料的配送常常附加流通加工工序），据此，在配送的一般流程的基础上又产生了配送的特殊流程。其作业程序有以下几种。

（1）进货→储存→分拣→送货。

（2）进货→储存→送货。

（3）进货→加工→储存→分拣→配货→配装→送货。

（4）进货→储存→加工→储存→装配→送货。

上述几种配送流程中，第一种为各类食品的配送工序，第二种为煤炭等散货的配送流程，第三种为木材、钢材等原材料配送经常采用的作业工序，第四种为机电产品中的散件、配件的配送流程。

第三节 配送中心概述

一、配送中心的概念

物流活动主要发生于两类场所——物流线路（铁路、公路或航线等）和物流节点（车站、港口、仓库等）。配送中心是物流节点的一种重要形式，是专门用于配送业务的物流节点。配送中心适应了物流合理化、生产社会化和市场扩大化的需求，是物流领域内社会分工的产物。它集储存、加工、集货、分货、装运、情报等多项功能于一体，通过集约化经营取得规模效益。

中华人民共和国国家标准《物流术语》（GB/T 18354—2021）对配送中心的定义是："具有完善的配送基础设施和信息网络，可便捷地连接对外交通运输网络，并向末端客户提供短距离、小批量、多批次配送服务的专业化配送场所。"它应基本符合下列要求：主要为特定的客户服务；配送功能健全；完善的信息网络；辐射范围小；多品种、小批量；以配送为主，储存为辅。

现代配送中心与普通的仓库或传统的批发零售企业相比，已经存在着质的不同。一般而言，仓库仅仅用于储存商品，而配送中心不仅能够用于储存商品，而且还可以用于货物的集中与组配，具有多样化的功能。与传统的批发零售企业相比，配送中心的服务内容已经由商物分离的阶段发展到了商流、物流与信息流有机结合的阶段；作业形式已经由相互分离的多环节转变成了一体化的无缝连接；服务关系已经由层层买断的临时关系发展到了长期稳定的协作关系。

二、配送中心的功能

（一）储存功能

配送中心必须按照客户的要求，将其所需要的商品在规定的时间送到指定的地点，以满足生产和消费需要。因此，配送中心必须储备一定数量的商品。储存在配送运行过程中还能创造时间效用，配送中心通过集中商品，形成储备来保证配送服务所需要的货源。

（二）集散功能

配送中心凭借自身拥有的物流设施和设备将分散的商品集中起来，经过分拣、配装，输送给多家客户。集散功能是流通型物流节点的一项基本功能，通过集散商品来调节生产与消费，实现资源的有效配置。

（三）分拣功能

配送中心必须依据客户对商品品种、规格、数量等方面的不同要求，从储备的商品中通过拣选、分货等作业完成配货工作，为配送运输做好准备，以满足不同客户的需要。这是配送中心与普通仓库和一般送货的最主要区别。

（四）加工功能

配送中心为促进销售，便利物流或提高原材料的利用率，按用户的要求并根据合理配送的原则对商品进行下料、打孔、解体、分装、贴标签、组装等初加工活动，因而使配送中心具备一定的加工能力。加工功能不仅提高了配送中心的经营和服务水平，也有利于提高资源利用率。

（五）衔接功能

配送中心是重要的流通节点，衔接着生产与消费，它不仅通过集货和储存平衡供求，而且能有效地协调产销在时间或空间上的分离。配送中心的衔接功能必须通过其他功能来实现。

（六）信息功能

配送中心不仅能够实现物的流通，而且也能够通过信息情报来协调各环节的作业，或者协调生产与消费。配送信息随着物流活动的开展而产生，特别是多品种少批量生产和多频度少批量配送，不仅使信息量增加，而且对信息处理的速度和准确性也提出了更高的要求。

三、配送中心的内部结构

配送中心的内部结构和一般仓库有明显不同，它的内部结构必须充分体现其职能的要求，具有与商品流通相适应的装卸搬运、储存保管等作业功能，同时还应易于管理，能灵活应付作业量的变化。配送中心的内部区域一般划分为以下几个部分。

图中二维码说明：微课 智慧物流 配送中心虚拟仿真系统

（一）接货区

该区域主要用于完成接货及入库前的各种准备工作。例如，接货、卸货、清点、检验、分类等。接货区的主要设施有进货铁路或公路、装卸货站台、暂存验收检查区等。

（二）储存区

该区域主要用于储存或分类储存进入配送中心的各类物资。与不断有货物出入的接货区相比，储存区一般面积较大，通常可以占到整个配送中心总面积的一半左右，在某些特殊类型的配送中心（如水泥、煤炭配送中心）内，储存区的面积甚至会超过总面积的一半。

（三）分拣备货区

该区域主要用于分货、拣货和配货作业，这些作业的目的大多是为送货工作做准备。这类区域面积的大小随配送中心的不同而有较大变化，如提供多用户、多品种、少批量、多批次（如中小件杂货）配送服务的配送中心，由于其分货、拣货和配货工作较复杂，所以该区域所占面积较大；但在大多数储存型配送中心内，该区域的面积则相对较小。

（四）分放配装区

该区域主要用于存放已经配好等待外运的货物。由于存放于该区域的货物已经经过了分拣或组配作业，只需确定送货方式后即可发运，所以一般都只是暂存暂放，停留时间短，周转速度快，占用面积小。在这个区域里，企业按用户需要，将配好的货暂放暂存，等待外运，或根据每个用户货堆状况决定配车方式、配装方式，然后直接装车或运到发货站台装车。该区域的货物是暂存的，时间短，暂存周转快，所占面积相对较小。

（五）外运发货区

该区域主要用于将准备好的货物装入外运车辆并组织发运。该区的结构特点与接货区相类似，主要设施有站台、外运线路等。有的配送中心还将外运发货区与分放配装区连为一体，以便将分好的货物直接通过传送装置输送到装货场地。

（六）加工区

有些配送中心还设有加工区，主要用于对某些物资进行分装、包装、切割、下料、混配等流通加工作业。如果设置了加工区，则其在配送中心内所占的面积一般都较大，但具体加工设备的配置则随加工种类的不同而有较大的区别。

（七）办公区（管理指挥区）

该区域既可集中设置于配送中心的某一位置，也可分散设置于配送中心的不同区域，主要作为日常经营事务的处理场所、内部运作指挥场所或信息收集与发布场所等。

 案例

沃尔玛的新鲜食品物流配送中心

 本章小结

配送是指根据客户的要求，对物品进行拣选、集货、包装、组配等作业，并按时送达指定地点的物流活动。配送能够完善和优化物流系统，改善末端物流的效益，通过集中库存使企业实行低库存或零库存经营、简化事务、方便客户、提高供应保障能力。配送由备货、理货和送货三个基本环节组成。配送中心是以组织配送性销售或供应，执行实务配送

为主要职能的流通型节点。配送中心具有储存功能、集散功能、分拣功能、加工功能、衔接功能、信息功能。配送中心的内部区域一般划分为接货区、储存区、分拣备货区、分放配装区、外运发货区、加工区、办公区。

复习思考题

1. 现代的配送与传统送货有什么不同？
2. 如何理解配送的内涵？
3. 配送的基本流程有哪些？
4. 何谓配送中心？配送中心应基本符合哪些要求？
5. 配送中心的功能有哪些？

第九章　第三方物流

知识要求

- ❑ 掌握第三方物流的概念
- ❑ 熟悉第三方物流的特征和作用
- ❑ 熟悉第四方物流的定义和特征

技能要求

- ❑ 能够为企业提供第三方物流和第四方物流运作模式的解决方案
- ❑ 帮助企业分析物流外包的必要性

素质目标

- ❑ 培养敬业精神，团队协作及工匠精神
- ❑ 培养学生学以致用的实践能力与应用能力

项目导读

快递行业人士热议党的二十大报告：为建设交通强国贡献智慧和力量

第一节　第三方物流概述

一、第三方物流的概念

随着经济全球化，物流活动变得越来越复杂，物流成本越来越高，资金密集程度越来越大。企业利用外协物流活动，可以节约物流成本，提高物流服务水平。这种趋势首先在制造业出现，制造企业将资源集中用于最主要的业务，将其他活动外包给第三方物流公司，促进了第三方物流的发展。

第三方物流（Third Party Logistics，TPL）是由独立于物流服务供需双方之外且以物流服务为主营业务的组织提供物流服务的模式。也就是说，它是物流交易双方的部分或全部物流功能的外部服务提供者，是随着物流业发展而发展的物流专业化的重要形式。"第三方物流"一词于 20 世纪 80 年代中后期开始盛行。1988 年，美国物流管理委员会的一项顾客服务调查中首次提到"第三方物流提供者"，这种新思维被纳入顾客服务职能中。物流发展到一定阶段必然会出现第三方物流，第三方物流的发展程度反映和体现着一个国家物流业发展的整体水平。

第三方物流通常又称为契约物流或物流联盟，是指从生产到销售的整个流通过程中进行服务的第三方，它本身不拥有商品，而是通过签订合作协定或结成合作联盟，在特定的时间段内按照特定的价格向客户提供个性化的物流代理服务。其具体内容包括商品运输配送、储存保管以及其他附加的增值服务等。它以现代信息技术为基础，实现信息和实物的快速、准确的协调和传递，提高仓库管理、装卸、运输、采购订货以及配送发运的自动化水平。

二、第三方物流的特征

（一）关系合同化

第三方物流有别于传统的外协，外协只限于一项或一系列分散的物流功能，如运输公司提供运输服务、仓储公司提供仓储服务等。第三方物流虽然也包括单项服务，但更多的是提供多功能甚至全方位的物流服务，它注重的是客户物流体系的整体运作效率与效益。同时，第三方物流是通过合同的形式来规范物流经营者和物流消费者之间的关系的。物流经营者根据合同的要求，提供多功能直至全方位一体化的物流服务，并以合同来管理所有提供的物流服务活动及其过程，另外，第三方发展物流联盟也是通过合同形式来明确各物流联盟参与者之间的关系。

（二）服务个性化

第三方物流服务的对象一般都较少，只有一家或数家，但服务延续的时间较长，往往长达几年。这是因为需求方的业务流程不尽相同，而物流、信息流是随价值流流动的，因而要求第三方物流服务应按照客户的业务流程来定制。这也表明物流服务理论从"产品推销"阶段发展到了"市场营销"阶段。第三方物流企业提供物流服务是从客户的角度来考虑的，为客户提供定制化的服务。从这个角度来看，第三方物流企业与其说是一个专业物流公司，不如说是客户的专职物流部门。

（三）功能专业化

第三方物流所提供的服务是专业化的服务，对于专门从事物流服务的企业，它的物流设计、物流操作过程、物流管理都应该是专业化的，物流设备和设施都应该标准化。专业化运作可降低成本，提高物流水平，从而促进经济效益大幅度提高，这一点在工业化时期已经在各个领域得到了证明。

（四）效益规模化

第三方物流最基本的特征是集多家企业的物流业务于一身。物流业务规模的扩大，可以让企业的物流设施、人力、物力、财力等资源得到充分利用，发挥综合效益；有的还可以采用专用设备、设施，提高工作效率；有的还可以采用先进的计算机信息网络，取得范围效益。规模效益是第三方物流的一个最重要的效益源泉。第三方物流企业要扩大规模，就要努力扩大物流市场的覆盖面，增加客户户数、增加物流业务量。规模越大，需要的运输车辆越多、越大，需要的装卸搬运设施越多、越先进，需要的仓储能力、吞吐能力越大，需要的通信能力越强、技术越先进。总之，规模大就会促进企业发展，大大提高企业效益。

（五）长期战略伙伴关系

在西方的物流理论中，非常强调企业之间的"相互依赖"的关系。也就是说，一个企业的迅速发展只靠自身的资源、力量是远远不够的，必须寻求战略合作伙伴，通过同盟的力量获得竞争优势。而第三方物流企业扮演的就是这种同盟者的角色，与客户形成的是相互依赖的市场共生关系。客户通过信息系统对物流全程进行管理和控制，物流服务企业则对客户的长期物流活动负责。

第三方物流企业不是货运公司，也不是单纯的速递公司，它的业务深深地触及客户企业销售计划、库存管理、订货计划、生产计划等整个生产经营过程，远远超越了与客户之间一般意义上的买卖关系，而是与客户紧密地结合成一体，形成了一种战略合作伙伴关系。从长远看，第三方物流的服务领域还将进一步扩展，甚至会成为客户营销体系的一部分。它的生存与发展必将与客户企业的命运紧密地联系在一起。

（六）以现代信息技术为基础

信息技术的发展是第三方物流出现和发展的必要条件。现代信息技术实现了数据的快速、准确传递，提高了仓库管理、装卸运输、采购订货、配送发运、订单处理的自动化水平，使订货、包装、保管、运输、流通加工实现一体化，客户企业可以更方便地使用信息技术与物流企业进行交流和协作，企业间的协调和合作有可能在短时间内迅速完成。同时，电脑软件的迅速发展，使人们能够精确地计算出混杂在其他业务中的物流活动的成本，并能有效管理物流渠道中的商流，从而促使客户企业能够把原来在内部完成的物流活动交由物流公司运作。目前，常用于支撑第三方物流的信息技术有：实现信息快递交换的 EDI 技术、实现资金快速支付的 EFT 电子转账技术、实现信息快速输入的条形码技术和实现网上交易的电子商务技术等。

三、第三方物流的作用

（一）提供物流业务外包服务

第三方物流参与一个公司的供应链的程度，取决于它们发挥的作用表现在怎样的层次上。例如，在实施供应链基本功能的层次上，一个第三方物流公司可以通过确定和安排一批货物的最佳运输方式来降低物流成本；在最复杂的层次上，第三方物流公司为制造企业设计、协调和实施供应链策略，通过提供增值信息服务来帮助客户更好地管理其核心能力，并能通过第三方物流来降低物流费用。第三方物流公司在提供物流业务服务方面有以下优势。

1．拥有市场知识和网络

通过专业化的发展，第三方物流公司已经开发了信息网络并且积累了针对不同物流市场的专业知识，包括运输、仓储和其他增值服务。许多关键信息，如可得卡车运量、国际清关文件、空运报价和其他信息通常是由第三方物流公司收集和处理。对于第三方物流公司来说，获得这些信息更为经济，因为它们的投资可以分摊到许多客户的头上。对于非专业物流公司而言，获得这些知识和信息的费用就会非常昂贵。

2．拥有规模经济效益

由于拥有强大的购买力和货物配载能力，一家第三方物流公司可以从运输公司或者其他物流服务商得到比其他客户更为低廉的运输报价，可以从运输商大批量购买运输能力，然后集中配载很多客户的货物，大幅度降低单位运输成本。

3．拥有第三方灵活性

通常，把物流业务外包给第三方物流公司可以使公司的固定成本转化为可变成本。尤其对业务量季节性很强的公司而言，外包物流对公司盈利的影响更为明显。例如，对于一家季节性很强的大零售商来说，若要年复一年地在旺季聘用更多的物流和运输管理人员，到淡季再开除他们是很困难的。若和第三方物流结成伙伴关系，这家零售商就不必担心业务的季节性变化问题。

4．拥有信息技术

许多第三方物流公司与独立的软件供应商结盟或者开发了内部的信息系统，这使他们能够最大限度地利用运输和分销网络，有效地进行货物跟踪，进行电子交易，生成提高供应链管理效率所必需的报表和进行其他相关的增值服务。因为许多第三方物流已在信息技术方面进行了大量的投入，可以做到帮助他们的客户搞清楚哪种技术最有用处，如何实施，如何跟上日新月异的物流管理技术的发展。与合适的第三方物流公司合作可以使企业以最低的投入充分享用更好的信息技术。

5．有助于减少资本投入

通过物流外包，制造企业可以降低运输设备、仓库和其他物流过程中的投资，从而改善公司的盈利状况，把更多的资金投在公司的核心业务上。

6．有助于进入新的市场

许多第三方物流公司在国内外都有良好的运输和分销网络。希望拓展国际市场或其他地区市场以寻求发展的公司，可以借助这些网络进入新的市场。

（二）为供应链各节点企业带来经济效益

第三方物流提供者作为一个为外部客户管理、控制和提供物流服务作业的公司，它们在供应链中并不占有一席之地，仅是作为第三方，通过提供一整套物流活动来服务于整个供应链。第三方物流给供应链各节点企业带来了众多好处，主要表现在以下几个方面。

1．集中主业

企业能够实现资源优化配置，将有限的财力、人力集中于核心业务，进行重点研究，发展基本技术，开发出新产品，参与世界竞争。

2．节省费用，减少资本积压

专业的第三方物流提供者利用规模生产的专业优势和成本优势，通过提高各环节能力的利用率节省费用，使企业能从分离费用结构中获益。根据对工业用车的调查结果，企业解散自有车队而代之以公共运输服务的主要原因就是为减少固定费用，其中不仅包括购买车辆的投资，还包括和车间仓库、发货设施、包装器械以及员工有关的开支。

3．减少库存

企业不能承担多种原料和产品库存的无限增长，尤其是高价值的部件要及时送到配送点，实现零库存，确保库存量最小化。第三方物流提供者借助精心策划的物流计划和适时运送方法，能最大限度地减少库存，改善企业的现金流量，实现成本优势。

4．提升企业形象

第三方物流提供者与顾客不是竞争对手，而是战略伙伴，他们为顾客着想，通过全球性的信息网络使顾客供应链管理完全透明化，顾客随时可通过互联网了解供应链的情况；第三方物流提供者是物流专家，他们利用完备的设施和训练有素的员工对整个供应链实现完全的控制，减少物流的复杂性；他们通过全球的运送网络和服务提供者（分承包方）大大缩短了交货期，帮助顾客改进服务，树立自己的品牌形象。第三方物流服务者通过"量体裁衣"式的设计，制订出以顾客为导向、低成本高效率的物流方案，使顾客在同行中脱颖而出，为企业在竞争中取胜创造了条件。

总的来说，第三方物流不仅为企业节约成本，同时在这个充满竞争的年代，为企业服务质量的提升以及企业应对市场的灵活性等方面提供支持。

第二节　第三方物流的运作模式

企业的物流运作主要包括产品运动、信息运动、对这些运动的速度和成本的控制以及企业内部功能的整合和企业外部协作体系的一体化。当企业自身所拥有的物流资源不足以对企业组织的目标形成有效支持的时候，企业就会到市场上去寻求外部资源的支持，即所谓外包物流运作或外购物流服务。而当企业产生了外购物流服务的需求时，第三方物流服务的市场也就产生了。

一、第三方物流的典型运作模式

第三方物流运作从初级到高级是分阶段发展的，但其并没有统一的分类标准和固定的运作模式。不同的企业完全可以根据自身的特点进行优化组合，最大限度地发挥自身的资源优势，设计出自己的第三方物流服务产品。下面介绍三种典型的第三方物流运作模式。

（一）以综合物流代理为主的第三方物流运作模式

第三方物流企业为客户提供全方位、综合性的物流服务，所提供的服务可能是企业自身无法完成的，需要将部分服务项目委托给其他专业性较强的公司来协助完成。在整个运作过程中，第三方物流企业完全可以不进行固定资产再投资，只需运用自己成熟的第三方物流管理经验，就能为客户提供高质量的服务。

采用这种模式的物流企业应该具有很强的实力，同时拥有发达的网络体系，这样的企业能做到综合物流代理，为客户提供全方位的服务。

（二）以提高物流环节的服务附加值为目标的第三方物流运作模式

物流产业是创造商品价值的产业，从订单处理、仓储保管、运输配送、装卸、包装、流通加工到信息反馈等一连串活动，都能创造商品的附加值。第三方企业是一个微利企业，传统的做法是通过开拓业务，增加新的客户，以增加盈利，但这只是一种"面的扩充"。通过物流活动增加商品附加值则是打破原有的惯性，从深度与广度的空间去考虑，这种物流服务既使客户感到方便，又增加了商品的附加值，增加了物流的利润，也使第三方物流企业增加了盈利。

我国第三方物流企业由于运输方式的单一，网络的整合能力又欠缺，若不考虑实际情况，在现阶段去做综合物流代理，不但实力达不到，而且容易导致服务不到位，最终使客户不满意。面对现实，企业应该根据自身的实际情况，从提高物流环节的服务附加值入手，实现物流环节的系统化和标准化，为客户提供物流服务，使物流的整体综合效益达到最佳。

（三）以个性化物流服务为目标的第三方物流运作模式

客户对物流的需求具有多样性，特别是中小型企业客户，自身的商务功能有限，需求更具特殊性，这是一个巨大的潜在客户群。第三方物流企业如果能够为这些客户提供差异性服务，就会发现有很多发展空间。所以，物流服务提供者不能仅仅依靠单纯地提供部分固定的服务项目，而应利用信息将其咨询能力与企业客户的实际情况相结合而创造新价值，将其自身的行业优势转化为新的生产力资源融入企业客户之中。这也即是企业要有"以客为本"的经营理念，在提供物流服务时必须以客户满意为中心，真正地领会客户的生产意图，一切从客户的需要出发，针对客户供应链的各环节，紧密配合客户生产的需求，以提高客户生产效率，降低客户的物流费用，提高客户整体效益和竞争力为目的，拟定一个整体性的解决方案，并以此整合所有的业务。

由此，物流社会化又融入了更深的含义：物流代理商不仅承接的是物流业务，更重要的是提供给顾客一种崭新的资源。这种资源是特别为顾客提供的，顾客无法从自身内部获得，而只能借助于专业的社会生产力资源提供者来获取。正如微软公司副总裁所说的："附加价值不是可以永远源源不断汲取且永不干涸的井，它迟早会有枯竭的一天。所以你必须找寻新的燃料之源，这就是崭新的行事方式。"而第三方物流正是为企业提供了这种崭新的方式，即一种跨越其组织界限的行业合作。在新经济的条件下，物流的个性化服务正是顺应了这样的趋势，物流作为"第三利润源"，其作用正在得到更大的发挥。

二、第三方物流企业的合作经营方式

在我国，现代物流的发展起步较晚，但新成立的第三方物流企业对现代物流有较深的理解，它们更加注重客户关系，与国有物资流通企业相比，服务水平更高，企业负担更轻。目前，我国已具备发展物流与配送的经济环境和市场条件，第三方物流企业形成了规模优势，在不断推进改革的条件下，我国第三方物流的发展必将进入一个新阶段，前景很可观。

（一）纵向合作经营

纵向合作经营是指在物流业务系统中的第三方物流企业，因所从事的物流业务不同而与上游或下游第三方物流企业之间不存在同类市场竞争时的合作经营关系。纵向合作经营最典型的模式是专门从事运输业务的物流企业和专门从事仓储业务的物流企业之间的合作。

纵向合作经营的结果使社会物流资源得以整合，第三方物流业的分工更专业化，资金投入更合理化。

（二）横向合作经营

横向合作经营是指彼此相互独立地从事相同物流业务的第三方物流企业之间的合作经营关系。

横向合作经营的基础是资源共享，它包括三方面：一是市场的共享。合作体内每个企业独立开发的市场即是合作体内所有企业的市场。二是技术的共享。合作体内每个第三方物流企业都有自己的技术特点，合作经营的结果使合作体内各种技术特点相互取长补短，形成了合作体共同的、比较全面的物流技术体系优势，既降低了每个企业的技术开发费用，又增强了企业的技术竞争力，扩大了企业的市场竞争范围。三是业务能力的共享。在合作体内部，当某一企业因为季节性或临时性业务量较大时，可以花费合理而低廉的费用使用合作体内其他第三方物流企业的业务资源，进而使合作体内部的投资更合理。

（三）网络化合作经营

网络化合作经营方式是指既有纵向合作又有横向合作的全方位合作经营模式。网络化合作经营有着纵向合作和横向合作共同的特点，是最常见的合作经营模式，通常不完全资产型的第三方物流企业都采用这种合作经营的方式。

第三节　物流外包

随着市场竞争的不断激烈和信息技术的快速发展，企业为了取得竞争上的优势，正在利用第三方物流服务供应商能提供的所有服务。因此，第三方物流业悄然兴起，并在物流业中占据越来越重要的位置。它已成为西方国家物流业发展的有效运作模式。物流外包逐渐被供需双方（物流服务供应商和需求方）所认可。物流外包即生产或销售等企业为集中精力增强核心竞争能力，而将其物流业务以合同的方式委托给专业的物流公司（如第三方物流公司等）运作，外包是一种长期的、战略的、相互渗透的、互利互惠的业务委托和合约执行方式。

一、物流外包决策

影响企业决定物流业务外包的主要因素包括成本项目、专业技术、服务水平和信息管理。

（一）成本项目

成本项目包含物流运作的单位成本、运输费用、仓储费用、逆向物流费用、物流管理费用以及成本占营业额的比例；运用 ABC 法分析物流中心成本结构及影响成本的活动因素并建立其关联性，借此作为评价第三方物流服务供应商的一个主要指标。现代企业的竞争力除了需具备传统的研发能力、产品功能和营销技巧外，企业的竞争优势主要取决于成本与服务品质，如图 9-1 所示，哪个企业能成为成本与服务的领先者，哪个企业就具有最大的竞争优势。

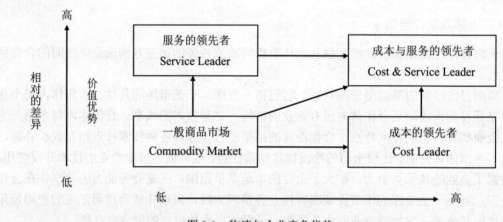

图 9-1　物流与企业竞争优势

（二）专业技术

专业技术主要包括库存管理、流通加工、物流专业能力和运输作业管理。

1．库存管理

库存管理包括商品从入库到出库之间的装卸、搬运、流通加工、物流中心规划等。库存数量的多少将显示此物流中心资金积压的情况，另一方面，商品进出数量的准确性也将影响到库存金额，因此，通常情况下，物流中心需做好库存管理。其作业内容则包含了产品的分类、经济订货批量和再订货点的确定、库存盘点作业、商品周转率分析与物流中心的使用率分析等。

2．流通加工

流通加工作业包括分类、拆箱改包装、商标和粘贴卷标作业等，还包括与此相对应的工具、设备、人才的选拔和调派、包装方式的规划和设计系统等。

3．物流专业能力

物流专业能力包括接收和处理订单的效率化与信息化程度、共同配送的能力、仓库空间规划与使用的效率、货品搬运系统的合理化程度和回单作业能力与信息化。

4．运输作业管理

商品经由运输过程送达客户手中，一般的物流配送以车辆运送为主，故货品配送时需包含派车计划及出货路径选择、装车排程等因素。其中派车计划应包括该批次出货商品所需配送车辆的种类及数量。由于物流活动大多数成本表现为运输成本，因此整体运输作业管理须由成本结构分析、减少或除掉不必要的后勤活动开始，以创造成本竞争优势。

（三）服务水平

物流服务是将产品或服务配送给顾客，从而为顾客创造附加价值的过程。图 9-2 是对物流服务构成的详细说明。

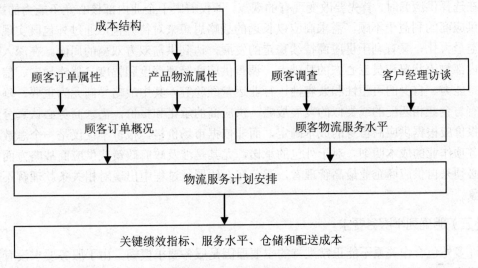

图 9-2　物流服务构成

（四）信息管理

信息是企业的重要资产，企业掌握信息就能把握商机，提升企业竞争力。因此，信息系统对物流作业而言至关重要，可用以下几个变量来衡量。

1．物流信息网络系统

物流信息网络系统包括库存计划系统、增补库存计划系统、订货系统、出货系统和发票开立系统。

2．运输信息系统

运输信息系统包括装载系统和共同载运系统。

3．快速响应系统

快速响应系统包括客户服务中心、信息反馈系统等。

高度竞争的市场环境为企业带来了商机与希望，但也同时带来了困扰与迷茫。企业每一项决策都需要凭借其内部的信息系统，配合企业内与企业间的营运特性，构建一个良好的供应链合作体系，在时间、品质和价格上达到以最低成本向顾客提供最佳服务的整体目标。因此，能否快速、准确地把握信息已经成为新世纪企业竞争的关键要素。

二、物流外包运作

（一）企业物流业务外包容易出现的问题

成功的物流业务外包可以提高企业的劳动生产率，可以使企业集中精力做好自己的核心业务。业务外包通常会减少企业对业务的监控，但同时也可能使企业责任外移。这样，企业在选择合作伙伴时，要对其进行全面的评价，确保建立稳定长期的合作关系。选择好合作伙伴后，必须不断监控其行为。

（二）严格筛选物流供应商

在选择供应商时，首先要改变现有的观点，即仅着眼于企业内部核心竞争能力的提升，而置供应商的利益于不顾，需求商应以长远的战略思想来对待外包，通过外包既实现需求商利益最大化，又有利于供应商持续稳定的发展，达到供需双方双赢的局面。在深入分析企业内部物流状况和员工心态的基础上，调查供应商管理深度和幅度、战略导向、信息技术支持能力、自身的可塑性和兼容性、行业运营经验等，其中战略导向尤为重要，确保供应商有与企业相匹配的或类似的发展战略。供应商的承诺和报价，需求商务必认真分析衡量。报价应根据供应商自身的成本确定，而非依据市场价格，报价不仅仅是一个总数，应包括各项作业的成本明细。对于外包的承诺，尤其是涉及政府政策或供应商战略方面的项目，必须来自供应商企业最高管理者，避免在合约履行过程中出现对相关条款理解不一致的现象。

（三）明确列举服务要求

许多外包合作关系不能正常维持的主要原因是服务要求模糊。由于服务要求没有量化或不明确，导致供需双方理解出现偏差，供应商常常认为需求商需求过高，需求商认为供应商未认真履行合约条款。例如，供应商在没有充分了解货物流量、货物类别、运输频率的情况下就提交了外包投标书；供应商缺乏应有的专业理论知识，不能对自身的物流活动进行正确的、详细的描述等，需求商应该详细列举供应商应该具备的条件：生产能力、服务水平、操作模式和财务状况。

（四）合理选择签约方式

要提前判断供应链上下游的需求，合理选择签约方式，实现有效的协调沟通，确保与供应商签订的合约满足双方的需求，实现各自的目标。合约不可能对环境变化做出全面准确的预测，合约签订前后的各种情况会有所不同，如行业政策、市场环境、供应商内部发展状况等。在某种情况下，虽然供应商的操作方式或理念比较超前，但并不一定适合需求商发展的需要。

（五）共同编制作业流程

需求商不能认为外包作业是供应商方面的工作，他应与供应商一起制定作业流程、确定信息渠道、编制作业计划，供供需双方参考使用。双方对应人员在作业过程中应相互步调一致，为检验对方作业是否符合外包要求提供标准和依据。

（六）积极理顺沟通渠道

一般而言，导致外包合作关系失败的首要原因是计划出现错误，其次是沟通不畅，沟通的重要性仅次于计划，供需双方日常合作过程中出现的问题大多与沟通不畅有关。供应商是顾客关系中最重要的环节之一，供应商应该被包括在企业整个业务链中。建立正确的沟通机制，双方应就矛盾产生的根源达成一种共识，即矛盾和冲突是业务本身产生的，而非工作人员主观原因导致，当问题出现时，应理性对待，给对方考虑和回复的时间，同时在履行合约过程中，花费一定的时间和精力相互沟通了解，探讨合约本身存在的问题以及合约以外的问题，对维持双方的合作关系非常重要，但这一点常常容易被忽视。

（七）明确制定评估标准

对供应商服务水平的评估基于合约条款，而合约条款多数只对结果做出描述，因此，对外包业务过程不能进行有效的评估，也不能建立适宜的持续改进机制。随着时间的推移，当需求商准备向供应商增加外包项目时，会发现供应商已不符合企业进一步发展的要求。不能有效地考核工作，是管理的薄弱环节，当建立合作关系后，应依据既定合约，充分沟通协商，详细列举绩效考核标准，并对此达成一致意见。绩效评估和衡量机制不是一成不变的，应该不断更新以适应企业总体战略的需要，促进战略的逐步实施和创造竞争优势。绩效考核标准应立足实际，不能过高而使供应商无法达到，同时要有可操作性，但是标准应该包含影响企业发展的所有重要因素，良好的工作业绩应该受到肯定和奖励，供应商或企业内部职能部门即使对所做的工作有自豪感，也同样需要得到承认和积极的评价。

第四节　第四方物流

一、第四方物流的定义

美国埃森哲公司最早提出了第四方物流的概念，并依据业务内容对其进行了定义：第四方物流供应商是一个供应链的集成商，它对公司内部和具有互补性的服务供应商所拥有的不同资源、能力和技术进行整合和管理，提供一整套供应链解决方案。近几年，国外已兴起了第四方物流的研究与试验。事实表明，第四方物流的发展可以满足整个物流系统的需求，很大程度地整合了社会资源，减少了货物的物流时间，节约了资源，提高了物流效率，也减少了环境污染。

事实上，第四方物流的出现是市场整合的结果。过去，客户试图通过优化库存与运输、利用地区服务代理商以及第三方物流供应商，来满足自身服务需求的增长。但在今天，客户需要得到更好的服务，如电子采购、订单处理能力、虚拟库存管理等服务。一些企业经常发现第三方物流供应商缺乏当前所需要的综合技能、集成技术、战略和全球扩展能力。为改变窘境，某些第三方物流提供商正采取措施，通过与出色的服务提供商联盟，来提高它们的技能。其中最佳形式是和领先的咨询公司、技术提供商结盟，随着联盟与团队关系不断发展壮大，一种新的外包选择开始出现。企业正在向某个单一的组织外包它的整个供应链流程，由它们评估、设计、制订及运作全面的供应链集成方案，这正是第四方物流。

二、第四方物流的特征

（一）第四方物流是一个集成商

第四方物流集成了管理咨询和第三方物流服务商的能力，利用分包商来控制与管理客户公司的点到点式供应链运作流程。

（二）第四方物流提供一整套完善的供应链解决方案

第四方物流能够有效地适应客户的多样化和复杂化需求，集中所有资源为客户完美地解决问题，有效地组织并实施供应链解决方案。第四方物流的供应链解决方案共有四个层次，即执行、实施、变革和再造。

1．执行——需要承担多个供应链职能和流程的运作

第四方物流开始承接多个供应链职能和流程的运作责任。其工作范围远远超越了传统的第三方物流的运输管理和仓库管理的运作，具体包括制造、采购、库存管理、供应链信息技术、需求预测、网络管理、客户服务管理和行政管理等。尽管一家公司可以把所有的供应链活动外包给第四方物流，但通常第四方物流只是从事供应链功能和流程的一些关键部分。

2．实施——进行流程一体化、系统集成和运作交接

一个第四方物流服务商帮助客户实施新的业务方案，包括业务流程优化、客户公司和服务供应商之间的系统集成，以及将业务运作转交给第四方物流的项目运作小组。项目实施过程中应该对组织变革多加小心，因为"人"的因素往往是把业务转给第四方物流管理成败的关键。实施的最大目标即是须避免一个设计优良的策略和流程的无效实施，结果使方案的有效性受到局限，影响项目的预期成果。

3．变革——通过新技术实现各个供应链职能的加强

变革的努力集中在改善某一具体的供应链职能，包括销售和运作计划、分销管理、采购策略和客户支持。在这一层次上，供应链管理技术对方案的成败变得至关重要。领先和高明的技术，加上战略思维、流程再造和卓越的组织变革管理，共同组成最佳方案，对供应链活动和流程进行整合和改善。

4．再造——供应链过程协作和供应链过程的再设计，第四方物流最高层次的方案就是再造

在供应链过程中实现真正的显著改善，一是通过各个环节计划和运作的协调一致来实现，二是通过各个参与方的通力协作来实现。再造过程就是基于传统的供应链管理咨询技巧，使公司的业务策略和供应链策略协调一致。同时，技术在这一过程中又起到了催化剂的作用，整合并优化了供应链内部以及与其交叉的供应链的运作。

（三）第四方物流通过其对整个供应链产生影响的能力来增加价值

第四方物流充分利用了一批服务提供商的能力，这些服务提供商包括第三方物流、信息技术供应商、合同物流供应商、呼叫中心、电信增值服务商等，再加上客户的能力和第四方物流自身的能力。总之，第四方物流通过提供一个全方位的供应链解决方案来满足今天的公司所面临的广泛而又复杂的需求。

（四）第四方物流强调技术外包

第四方物流外包的主要是无形的技术，而第三方物流外包的主要是有形的物流业务。

（五）第四方物流对员工的素质要求很高

由于第四方物流公司是提供技术服务的咨询服务提供商，因此其员工不仅要有丰富的现代管理技术和知识，而且还需要对环境变化有超强的预见能力和应变能力。

三、第四方物流的运营方式

（一）协同运作型的第四方物流

协同运作型是第四方物流和第三方物流共同开发市场的一种方式，第四方物流向第三方物流提供一系列服务，包括技术、供应链整合策略、进入市场的能力和项目管理的能力等。第四方物流在第三方物流公司内部工作，第三方物流成为第四方物流思想与策略的具体实施者，从而达到为客户服务的目的。第四方物流和第三方物流一般会采用商业合同的方式或者战略联盟的方式进行合作，其运作模式如图9-3所示。

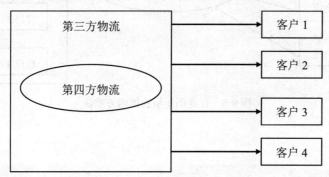

图9-3 协同运作型的第四方物流

（二）方案集成型的第四方物流

在方案集成型模式中，第四方物流为客户提供整个供应链的运作解决方案。第四方物流对自身以及第三方物流的资源、能力和技术进行综合管理，借助第三方物流为客户提供全面的、集成的供应链解决方案。第三方物流通过第四方物流的方案为客户提供服务。第四方物流作为一个枢纽，可以集成多个服务供应商的能力和客户的能力，其运作模式如图9-4所示。

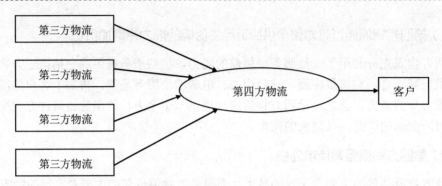

图9-4　方案集成型的第四方物流

（三）行业创新型的第四方物流

在行业创新型模式中，第四方物流为多个行业的客户开发和提供供应链解决方案，以整合整个供应链的职能为重点，将第三方物流加以集成整合，向"下游"的客户提供解决方案。在这里，第四方物流是"上游"第三方物流的集群和"下游"客户集群的纽带，其责任十分重大。行业解决方案会给整个行业带来最大的利益。第四方物流会通过卓越的运作策略、技术和供应链运作的具体实施来提高整个行业的效率，其运作模式如图9-5所示。

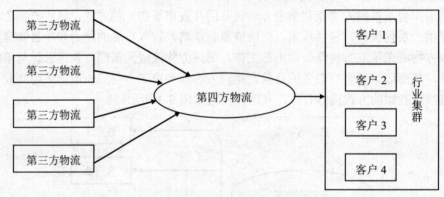

图9-5　行业创新型的第四方物流

 案例

第四方物流平台"智全程"：为什么要选择第四方物流公司

 **本章小结**

第三方物流是由供方与需方以外的物流企业提供物流服务的业务模式，其特征是关系

合同化、服务个性化、功能专业化、效益规模化、建立长期战略伙伴关系和以现代信息技术为基础。

第三方物流的典型运作模式包括以综合物流代理为主的第三方物流运作模式、以提高物流环节的服务附加值为目标的第三方物流运作模式、以个性化物流服务为目标的第三方物流运作模式。第三方物流企业的合作经营方式包括纵向合作经营、横向经营、网络化合作经营。

物流外包是指生产企业或销售企业为集中精力增强核心竞争力，而将其物流业务以合同的方式委托给专业的物流公司运作。影响企业决定物流业务外包的主要因素包括成本因素、专业技术、服务水平和信息管理。

第四方物流供应商是供应链的集成商，它对公司内部和具有互补性的服务供应商所拥有的不同资源、能力和技术进行整合和管理，提供一整套供应链解决方案。第四方物流的运营方式包括协同运作型、方案集成型、行业创新型。

复习思考题

1. 简述第三方物流的概念和特征。
2. 第三方物流的作用有哪些？
3. 企业实施物流业务外包的主要原因有哪些？
4. 结合实际说明第三方物流的典型运作模式。
5. 第三方物流企业的合作经营方式有哪些？
6. 简述第四方物流的主要运营方式。

第十章 国际物流

知识要求

- 重点掌握国际物流的基本术语
- 重点掌握国际物流的运输方式
- 了解国际物流相关实务

技能要求

- 了解国际货物运输的特点
- 了解海上运输及航空运输的运费计算方法

素质目标

- 培养学生全球经济共同体的大格局观念
- 培养学生发现问题、解决问题的能力
- 展示大国风范，增加民族自信心和自豪感

项目导读

中欧班列：逆势而上，开辟国际贸易大通道

第一节 国际物流概述

众所周知，随着全球经济一体化的趋势不断增强，各国在国际分工基础上形成的合作交往日益密切，相互联系、相互依赖、共同发展是当今世界经济发展的主要特征。这一特征使现代企业打破原有的国家及地域的局限，在全球范围内配置资源，开展经营活动，使企业的产品和服务跻身全球流通市场。这就是国际物流蓬勃发展的动因。国际物流是国内物流的延伸，是国际贸易的必然组成部分，各国之间的贸易最终都需要通过国际物流加以

实现。近年来，我国，特别是我国沿海地区的物流国际化趋势明显，国际货物运输、国际货运代理、国际化采购和生产等国际物流业务快速增长，成为我国对外开放的保障和经济增长的支柱。

一、国际物流的含义

国际物流是指跨越不同国家（地区）之间的物流活动。广义的国际物流研究范围包括国际贸易物流、非贸易物流、国际物流投资、国际物流合作、国际物流交流等领域。其中，国际贸易物流主要是指组织货物在国际间的合理流动；非贸易物流是指国际展览与展品物流、国际邮政物流等；国际物流合作是指不同国别的企业共同完成重大的国际经济技术项目的国际物流；国际物流投资是指不同国家物流企业共同投资组建国际物流企业；国际物流交流则主要是指在物流科学、技术、教育、培训和管理方面的国际交流。国际物流的实质是根据国际分工的原则，依照国际惯例，利用国际化的物流网络、物流设施和物流技术，实现货物在国际间的流动与交换，以促进区域经济的发展与世界资源的优化配置。国际物流的总目标是为国际贸易和跨国经营服务，即选择最佳的方式与路径，以最低的费用和最小的风险，保质、保量、适时地将货物从某国的供方运到另一国的需方。

（一）国际物流的特点

1．物流环境存在差异

国际物流的一个非常重要的特点是，各国物流环境的差异，尤其是物流软环境的差异。不同国家的不同物流适用法律使国际物流的复杂性远高于一国的国内物流，甚至会阻断国际物流；不同国家，不同经济和科技发展水平会造成国际物流处于不同科技条件的支撑下，甚至有些地区根本无法应用某些技术而迫使整个国际物流系统水平的下降；不同国家的不同标准，也造成国际间"接轨"的困难，因而使国际物流系统难以建立；不同国家的风俗人文也使国际物流受到很大局限。由于物流环境的差异就迫使一个国际物流系统需要在几个不同法律、人文、习俗、语言、科技、设施的环境下运行，无疑会大大增加物流的难度和系统的复杂性。

2．物流系统范围广

本书已谈到，物流本身的功能要素、系统与外界的沟通就已很复杂，国际物流再在这复杂的系统上增加不同国家的要素，这不仅是地域的广阔和空间的广阔，而且所涉及的内外因素更多，所需的时间更长，广阔范围带来的直接后果是难度和复杂性增加，风险增大。

3．国际物流必须有国际化信息系统的支持

国际化信息系统是国际物流，尤其是国际联运非常重要的支持手段。国际信息系统建立的难度，一是管理困难，二是投资巨大，再由于世界上有些地区物流信息水平较高，有些地区则较低，所以会出现信息水平不均衡，因而信息系统的建立更为困难。当前国际物流信息系统一个较好的建立办法是和各国海关的公共信息系统联机，以及时掌握有关各个港口、机场和联运线路、站场的实际状况，为供应或销售物流决策提供支持。国际物流是最早发展"电子数据交换"（EDI）的领域，以 EDI 为基础的国际物流将会对物流的国际

化产生重大影响。

4. 国际物流的标准化要求较高

要使国际间物流畅通起来，统一标准是非常重要的，可以说，如果没有统一的标准，国际物流水平无法提高。目前，美国、欧洲一些国家基本实现了物流工具、设施的统一标准，如托盘采用 1000mm×1200mm、集装箱的几种统一规格及条码技术等，这样一来，大大降低了物流费用，降低了转运的难度。而没有统一标准的国家，必然在转运、换车底等方面需要多耗费时间和费用，从而降低其国际竞争力。

（二）国际物流与国际贸易的关系

1. 国际物流是开展国际贸易的必要条件

世界范围的社会化大生产必然会引起不同的国际分工，任何国家都不能够包揽一切，因此需要国际间的合作。国际间的商品和劳务流动是由商流和物流组成的，前者由国际交易机构按照国际惯例进行，后者由物流企业按各个国家的生产和市场结构完成。为了克服它们之间的矛盾，这就要求开展与国际贸易相适应的国际物流。

2. 国际贸易对物流提出新的要求

（1）质量要求。国际贸易结构正在发生巨大变化，传统的初级产品、原材料等贸易品种逐渐让位于高附加值、精密加工的产品。随着高附加值、高精密度商品流量的增加，对物流工作质量也提出了更高的要求。

（2）效率要求。国际贸易合约的履行是由国际物流活动来完成的，而在整个物流活动中涉及不同的运输工具、多种运输方式以及装卸搬运等多重环节的衔接，这就要求对整个物流系统进行整合，以促进物流效率的提高。

（3）安全要求。国际物流所涉及的环节多、风险大、情况复杂，受到自然、政治、经济等多方面因素的影响，其中任何一个环节出现问题都会影响整个物流活动的进行。因此，只有对各方面因素进行综合考虑才能保证国际物流安全、有效的运行。

（4）经济要求。国际物流费用是国际贸易交易中的一项重要开支，国际贸易的特点决定了国际物流的环节多、运期长。这就要求国际物流企业选择最佳的物流方案，控制物流费用，以减少国际贸易中的物流开支，提高国家贸易企业在国际市场上的竞争力。

（三）国际物流系统

国际物流系统是由商品的包装、储存、运输、检验、流通加工和其前后的整理、再包装以及国际配送等子系统组成。运输和储存子系统是物流系统的主要组成部分。国际物流通过商品的储存和运输，实现其自身的时间和空间效益，满足国际贸易活动和跨国公司经营的要求。

1. 国际物流系统的构成

（1）国际货物运输子系统。

国际货物运输的特点：路线长、环节多、涉及面广、手续繁杂、风险性大、时间性强，以及具有内外运两段性、联合运输等特性。外贸运输的两段性是指外贸运输的国内段运输（包括进口和出口国内运输）和国际运输段。

① 出口货物的国内运输段。出口货物的国内运输是指出口商品由生产地或供货地运送到出运港（站、机场）的国内运输，是国际物流中不可缺少的重要环节。国内运输段的主要工作包括发运前的准备工作、清车发运、装车和装车后的善后工作。

　　② 国际货物运输段。国际（国外）货物运输段是整个国际货物运输的重要一环，它是国内运输的延伸和扩展，同时又是衔接出口国运输和进口国货物运输的桥梁与纽带，是国际物流畅通的重要环节。国际段运输可以采用由出口国装运港装货直接到进口国目的港卸货，也可以采用中转方式，经过国际转运点，再运给用户。

　　（2）外贸商品储存系统。国际货物运输是克服了外贸商品使用价值在空间上的距离，创造物流空间效益，使商品实体位置由卖方转移到买方；而储存保管是克服外贸商品使用价值在时间上的差异，物流部门依靠储存保管创造商品的时间价值。

　　外贸商品一般在生产厂家的仓库存放，或者在收购供应单位的仓库存放；必要时再运达港口仓库存放，在港口仓库存放的时间取决于港口装运与国际运输作业的有机衔接；也有在国际转运站点存放的。

　　从物流角度讲，希望外贸商品不要太长时间停留在仓库内，要尽量减少储存时间、储存数量，加速物资和资金周转，实现国际贸易系统的良性循环。

　　（3）进出口商品装卸与搬运子系统。进出口商品的装卸与搬运作业是仓库作业和运输作业的纽带和桥梁，实现物流的空间效益。它是保证商品运输和保管连续性的一种物流活动。有效地进行装卸搬运作业，可以减少运输和保管之间的摩擦，充分发挥商品的储运效率。

　　（4）商品检验子系统。根据国际贸易惯例，商品检验时间与地点的规定可概括为三种做法：一是在出口国检验；二是在进口国检验；三是在出口国检验、进口国复验。

　　（5）商品包装子系统。商品包装是指在流通过程中保护商品，方便运输，促进销售，按一定的技术方法而采用的容器、材料及辅助等的总体名称。也指为了上述目的而在采用容器材料和辅助物的过程中施加一定技术方法的操作活动。理解商品包装的含义，包括两个方面的意思：一方面是指盛装商品的容器，通常称作包装物，如箱、袋、筐、桶、瓶等；另一方面是指包装商品的过程，如装箱、打包等。

　　（6）进出口商品的流通加工子系统。流通加工（Distribution Processing）是商品从生产者向消费者流通的过程中，为了增加附加价值，满足客户需求，促进销售而进行简单的组装、剪切、套裁、贴标签、刷标志、分类、检量、弯管、打孔等加工作业。

　　（7）国际物流信息子系统。主要功能：采集、处理和传递国际物流和商流的信息情报。国际物流信息的主要内容：进出口单证的作业过程、支付方式信息、客户资料信息、市场行情信息和供求信息等。

　　2．国际物流系统模式

　　（1）国际物流系统的基本模式。

　　输入部分——备货，货源落实；到证，接到买方开来的信用证；到船，买方派来船舶；编制出口货物运输计划；其他物流信息。

　　输出部分——商品实体从卖方经由运输过程送达买方手中；交齐各项出口单证；结算、收汇；提供各种物流服务；经济活动分析及理赔、索赔。

转换部分——商品出口前的加工整理；包装、标签；储存；运输（国内、国际段）；商品进港、装船；制单、交单；报关、报验；以及现代管理方法、手段和现代物流设施的介入。

（2）国际物流系统网络模式。该模式以计算机网络技术进行物流运作与管理，实现了物流企业间的信息资源共享和优化配置。

（3）国际物流系统整合模式。伴随着经济全球化以及与物质流动和信息流动而发展起来的高新技术，如企业资源计划（ERP）。

（四）国际物流节点

1. 国际物流节点的功能

物流节点又称物流接点，是物流网络中连接物流线路的结节之处，所以又称物流结节点。国际物流节点具有三项功能：衔接功能、信息功能、管理功能。

（1）衔接功能。物流节点将各条物流线路联结成一个系统，使各条线路通过节点变得更为贯通而不是互不相干，这种作用称为衔接作用。国际物流节点一般采用以下手段来衔接物流。

① 通过转换运输方式，衔接不同的运输手段。

② 通过加工，衔接干线物流及配送物流。

③ 通过储存，衔接不同时间的供应物流与需求物流。

④ 通过集装箱、托盘等集装处理，衔接整个"门到门"运输，使之成为一体。

（2）信息功能。物流节点是整个物流系统或与节点相接物流的信息传递、收集、处理、发送的集中地，这种信息作用在现代物流系统中起着非常重要的作用，也是将复杂的物流储单元联结成有机整体的重要保证。在现代物流系统中，每一个节点都是物流信息的一个点，若干个这种类型的信息点和物流系统的信息中心结合起来，便成了指挥、管理、调度整个物流系统的信息网络，这是一个物流系统建立的前提条件。

（3）管理功能。物流系统的管理设施和指挥机构往往集中设置于物流节点之中，实际上，物流节点大都是集管理、指挥、调度、信息、衔接及货物处理为一体的物流综合设施。整个物流系统运转的有序化和正常化，整个物流系统的效率和水平取决于物流节点的管理职能实现的情况。

2. 国际物流节点的类型

根据物流节点的主要功能可以将节点分为以下四类。

（1）转运型节点。转运型节点是以连接运输方式为主要职能，停留时间短。如铁路货运站、海运码头港口、公路货场、航运机场、不同运输方式之间的转运站、终点站和口岸等。货物在这类节点上停滞的时间较短。

（2）储存型节点。储存型节点是以货物储存为主要职责，停留时间长。如储备仓库、营业仓库、中转仓库、港口和口岸仓库等。国际货物在这类节点上停滞的时间较长。

（3）流通型节点。流通型节点的主要职能是组织国际货物在物流系统中的运动。如流通仓库、配送中心、流通中心等。

（4）综合型节点。综合型节点是指将若干功能有机结合在一起的集约型节点。如国际物流中心、自由贸易区、保税区、出口加工区也有综合型物流节点的功能；港口码头、保税仓库、外贸仓库也可以成为物流中心。

3．国际物流节点之口岸

（1）口岸的概念。口岸是国家指定对外经贸、政治、外交、科技、文化、旅游和移民往来，并供往来人员、货物和交通工具出入国（边）境的港口、机场、车站的通道。简单地说，口岸是国家指定对外往来的门户。口岸原来的意思是指由国家指定的对外通商的沿海港口。但现在，口岸已不仅仅是经济贸易往来（即通商）的商埠，还包括政治、外交、科技、文化、旅游和移民等方面的往来港口，同时口岸也已不仅仅指设在沿海的港口。随着陆、空交通运输的发展，对外贸易的货物、进出境人员及其行李物品、邮件包裹等，可以通过铁路和航空直达一国腹地。因此，在开展国际联运、国际航空邮包邮件交换业务以及其他有外贸、边贸的地方，国家也设置了口岸。

（2）口岸的分类。

① 按批准开放的权限划分。

□ 一类口岸，是指国务院批准开放（包括中央管理的口岸和由省市自治区管理的部分口岸）。

□ 二类口岸，是指省级人民政府批准开放并管理的口岸。

② 按出入境的交通运输方式划分。

□ 港口口岸，是指国家在江河湖海沿岸开设的供人员和货物出入国境以及船舶往来停靠的通道。它包括港内水域及紧接水域的陆地。港口水域包括进港航道、港池和锚地。港口口岸包括海港港口口岸和内河港口口岸。内河港是建造在河流（包括运河）、湖泊和水库内的港口，为内河船舶及其客货运输服务。

□ 陆地口岸，是指国家在陆地上开设的供人员和货物出入国境及陆上交通运输工具停站的通道。陆地口岸包括国（边）境以及国家批准内地可以直接办理对外进出口经济贸易业务往来和人员出入境的铁路口岸和公路口岸。

□ 航空口岸，又称空港口岸，是指国家在开辟有国际航线的机场上开设的供人员和货物出入国境及航空器起降的通道。

（3）中国电子口岸。中国电子口岸运用现代信息技术，借助国家电信公网资源，将国家各行政管理机关分别管理的进出口业务信息流、资金流、货物流的电子底账数据集中存放到公共数据中心，实现数据共享和数据交换，各个国家行政管理部门可进行跨部门、跨行业的联网数据核实，企业可以在网上办理各种进出口业务。

中国电子口岸建立的重要意义有以下几个方面。

首先，有利于增强管理部门的管理综合效能。企业只要与电信公网"一点接入"，就可以通过公共数据中心在网上直接向海关、国检、外贸、外汇、工商、税务、银行等政府管理机关申办各种进出口手续，从而真正实现政府对企业的"一站式"服务。

其次，使管理部门在进出口环节的管理更加完整和严密。管理部门实行"电子+联网核查"的新型管理模式，从根本上解决业务单证弄虚作假的问题，严厉打击走私、骗汇、骗税违法犯罪活动，创造公平竞争的市场环境。

再次，降低贸易成本，提高贸易效率。通过中国电子口岸网上办理业务，企业既节省时间，又减少奔波劳累之苦，提高贸易效率，降低贸易成本，方便企业的进出口活动。

总之，中国电子口岸是中国电子化政府的雏形，是贸易现代化的重要标志，是提高行政执法透明度，实现政府部门行政执法公平、公正、公开的重要途径。

4. 国际物流节点之港口

港口按其基本功能可分为商港、渔港、军港和避风港四大类型。

（1）港口的特点。

① 货物集结点。港口是整个供应链上最大的集结点，连接着各种陆路运输方式，汇聚着内陆运输、水路运输等大量的货物，世界贸易的 90% 以上是通过港口实现的。

② 信息中心。在港口地区落户的有货主、货运商、批发商、物流企业、海关、商品检验机构以及其他各种有关机构，汇集了大量的货源信息、技术信息和服务信息，促使港口成为重要的信息中心。

③ 现代产业中心。港口是生产要素的最佳结合点，缩小国家之间生产要素的禀赋差异，优化配置国际生产要素建设工业，可以节省大量物流成本，增强国际竞争力。

④ 国际贸易服务基地。港口是国际贸易中重要的服务基地。在物流方面，港口为船舶、汽车、火车、飞机、货物、集装箱提供中转运输、装卸仓储等综合物流服务；在商流方面，为用户提供如代理、保险、融资、货代、船代、通关等商贸和金融服务。

（2）港口的功能。

港口是内地的货物、旅客运往海外，或船舶靠岸后起卸客货运送至本地或内陆各地的交汇地。因此，港口的功能可以归纳为以下几个方面。

① 货物装卸和转运功能：这是港口最基本的功能，即货物通过各种运输工具转运到船舶或从船舶转运到其他各种运输工具，实现货物在空间位置的有效转移，开始或完成水路运输的全过程。

② 商业功能：即在商品流通过程中，货物的集散、转运和一部分储存都发生在港口。港口介于远洋航运业与本港腹地客货的运输机构之间，便利客货的运送和交接。港口的存在既是商品交流和内外贸易存在的前提，又促进了它们的发展。

③ 工业功能：随着港口的发展，临江工业、临海工业越来越发达。通过港口，由船舶运入供应工业的原料，再由船舶输出加工制造的产品，前者使工业生产得以进行，后者使工业产品的价值得以实现。港口的存在是工业存在和发展的前提，在许多地方，港口和工业已融为一体。

5. 国际物流节点之自由港或自由贸易区

自由港（Free Port），也称为自由口岸。自由贸易区（Free Trade Zone），也称为对外贸易区、自由区、工商业自由贸易区等。无论自由港或自由贸易区都划在关境以外，对进出口商品全部或大部分免征关税，并且准许在港内或区内开展商品自由储存、展览、拆散、改装、重新包装、整理、加工和制造等业务活动，以便于本地区的经济和对外贸易的发展，增加财政收入和外汇收入。

广义的自由贸易区是指两个或两个以上的国家或地区或单独关税区组成的区内取消关税和其他非关税限制，区外实行保护贸易的特殊经济区域或经济集团。如北美自由贸易区（简称 NAFTA）、美洲自由贸易区（简称 FTAA）、中欧自由贸易区（简称 CEFTA）、东盟自由贸易区（简称 AFTA）、欧盟与墨西哥自由贸易区、中国与东盟自由贸易区等。

狭义的自由贸易区是指一个国家或单独关税区内部设立的用防栅隔离的、置于海关管辖之外的特殊经济区域，区内允许外国船舶自由进出，外国货物免税进口，取消对进口货物的配额管制，也是自由港的进一步延伸，如巴拿马科隆自由贸易区、德国汉堡自由贸易区、美国纽约 1 号对外贸易区等。

6．国际物流节点之保税区

许多国家对保税区的规定与自由港、自由贸易区的规定基本相同，起到了类似自由港或自由贸易区的作用。按照保税区职能的不同，日本保税区可分为以下五种：指定保税区（Designated Bonded Area）、保税货棚（Bonded Shed）、保税仓库（Bonded Warehouse）（保税仓库是经海关批准，外国货物可以不办理进口手续，可以连续长时间储存的场所）、保税工厂（Bonded Factory）、保税陈列场（Bonded Exhibition）。

（五）国际物流连线

国际物流连线是指连接国内外众多收发货物节点的运输线，如各种海运航线、铁路线、飞机航线以及海、陆、空联合航线。这些网络连线是库存货物的移动（运输）轨迹的物化形式；每一对节点有许多连线以表示不同的运输路线、不同产品的各种运输服务；各节点表示存货流动暂时停滞，其目的是更有效地移动（收或发）。

国际物流连线实质上也是国际物流流动的路径。它主要包括国际远洋航线及海上通道、国际航空路线、国际铁路运输线与大陆桥、国际主要输油管道等。

（1）国际远洋航线及海上通道。世界各地水域在港湾、潮流、风向、水深以及地球球面距离等自然条件的限制下，可供船舶航行的一定路径称为航路。海上运输运营为达到最大的经济效益，在许多不同航路中所选定的运营通路称为航线。

海上航线的分类有以下几种。

① 按船舶营运方式，航线分定期航线和不定期航线。定期航线又称班轮航线。

② 按航程的远近，航线分远洋航线、近洋航线和沿海航线。远洋航线是指跨越大洋的运输航线；近洋航线是指与邻国港口间的运输航线；沿海航线则是指本国沿海各港口间的海上运输航线。

③ 按航行的范围分，航线包括以下几种。

❑　太平洋航线：该航线细分为远东—北美西海岸航线，远东—加勒比海航线，北美东海岸航线，远东—南美西海岸航线，远东—东南亚航线，远东—澳大利亚、新西兰航线，澳大利亚、新西兰—北美东西海岸航线。

❑　大西洋航线：该航线可分为西北欧—北美东海岸航线，西北欧、北美东海岸—加勒比海航线，西北欧、北美东海岸—地中海—远东航线，南美东海岸—好望角—远东航线，西北欧、地中海—南美东海岸—远东航线。

❑　印度洋航线：该大洋航线又可分为波斯湾—好望角—西欧、北美航线，波斯湾—东南亚—日本航线，波斯湾—苏伊士运河—地中海—西欧、北美航线。

（2）国际航空路线。

① 北大西洋航线：本航线连接西欧、北美两大经济中心区，是当今世界最繁忙的航线，

主要往返于西欧的巴黎、伦敦、法兰克福和北美的纽约、芝加哥、蒙特利尔等机场。

②　北太平洋航线：本航线连接远东和北美两大经济中心区，是世界又一重要航线，它由香港、东京和北京等重要国际机场经过北太平洋上空到达北美西海岸的温哥华、西雅图、旧金山、洛杉矶等重要国际机场，再连接北美大陆其他航空中心。太平洋上的火奴鲁鲁（檀香山）、阿拉斯加的安克雷奇国际机场是该航线的重要中间加油站。

③　西欧—中东—远东航线：本航线连接西欧各主要航空港和远东的北京、东京、首尔等重要机场，为西欧与远东两大经济中心区之间的往来航线。

除以上三条最繁忙的国际航线外，重要的航线还有：北美—澳新航线；西欧—东南亚—澳新航线；远东—澳新航线；北美—南美航线；西欧—南美航线等。

（3）大陆桥与小陆桥。

①　美国大陆桥包括两条路线：一条路线是从美国西部太平洋沿岸的洛杉矶、西雅图、旧金山等港口上桥，通过铁路横贯至美国东部大西洋沿岸的纽约、巴尔的摩等港口转海运，铁路全长 3200 千米；另一条路线是从美国西部太平洋港口上桥，通过铁路至南部墨西哥湾的休斯敦、新奥尔良等港口转海运，铁路全长 500～1000 千米。

②　加拿大大陆桥，运输路线是：从日本海运至温哥华或西雅图港口后，换装并利用加拿大铁路横跨北美大陆至蒙特利尔，再换装海运至欧洲各港。

③　西伯利亚大陆桥，该大陆桥的两端连接太平洋与波罗的海和北海，具体路线是：从俄罗斯远东地区日本海口岸纳霍德卡港或东方港上桥，通过横穿俄罗斯的西伯利亚铁路至波罗的海沿岸港口转海运至西北欧，或者直接通过白俄罗斯、波兰、德国、比利时和法国的铁路至波罗的海沿岸港口转海运至西北欧等地或其相反方向的运输路线。陆桥部分长达 10 000 多千米。

④　亚欧第二大陆桥，东起我国连云港等港口，经津浦、京山、京沪、京广、广深、京九等线路进入陇海线，途经我国的阿拉山口国境站进入哈萨克斯坦，最终与中东地区黑海、波罗的海、地中海以及大西洋沿岸的各港口相连接。

⑤　小陆桥和微型陆桥，美国小陆桥路线为从日本或远东至美国东部太平洋口岸经美国大陆铁路或公路，至南部墨西哥湾口岸或其相反方向的路线；美国微型陆桥是指从日本或远东至美国东部太平洋港口，经铁路或公路到达美国内陆中西部地区或其相反方向的路线。

二、国际物流与贸易术语

1．国际多式联运

按照多式联运合同，以至少两种不同的运输方式，由多式联运经营人将货物从一国境内的接管地点运至另一国境内指定交付地点的货物运输方式。

2．国际航空货物运输

货物的出发地、约定的经停地和目的地之一不在同一国境内的航空运输。

3．国际铁路联运

使用一份统一的国际铁路联运票据，由跨国铁路承运人办理两国或两国以上铁路的全程运输，并承担运输责任的一种连贯运输方式。

4. 班轮运输

在固定的航线上,以既定的港口顺序,按照事先公布的船期表航行的水上运输经营方式。

5. 租船运输

船舶出租人把船舶租给承租人,根据租船合同的规定或承租人的安排来运输货物的运输方式。

6. 大陆桥运输

用横贯大陆的铁路或公路作为中间桥梁,将大陆两端的海洋运输连接起来的连贯运输方式。

7. 转关运输

进出口货物在海关监管下,从一个海关运至另一个海关办理海关手续的行为。

8. 报关

进出境运输工具的负责人、进出境货物的所有人、进出口货物的收发货人或其代理人向海关办理运输工具、货物、物品进出境手续的全过程。

（1）保税货物：经海关批准未办理纳税手续进境,在境内储存、加工、装配后复运出境的货物。

（2）海关监管货物：进口货物自进境起到办结海关手续止,出口货物自向海关申报起到出境止,过境、转运和通运货物自进境起到出境止,应当接受海关监管。

（3）通运货物：由境外启运,经船舶或航空器载运入境后,仍由原载运工具继续运往境外的货物。

（4）转运货物：由境外启运,到我国境内设关地点换装运输工具后,不通过我国境内陆路运输,再继续运往境外的货物。

（5）过境货物：由境外启运,通过境内的陆路运输继续运往境外的货物。

（6）到货价格：货物交付时点的现行市价,其中含包装费、保险费、运送费等。

（7）出口退税：国家实行的有国内税务机关退还出口商品国内税的措施。

（8）海关估价：一国海关为征收关税,根据统一的价格准则,确定某一进口（出口）货物价格的过程。

（9）等级标签：在产品的包装上用以说明产品品质级别的标志。

（10）等级费率：将全部货物划分为若干个等级,按照不同的航线分别为每一个等级制定一个基本运价的费率。归属于同一等级的货物,均按照该等级费率计收运费。

（11）船务代理：接受船舶所有人（船公司）、船舶经营人、承租人的委托,在授权范围内代表委托人办理与在港船舶有关的业务,提供有关的服务或进行与在港船舶有关的其他法律行为的经济组织。

（12）国际货运代理：接受进出口货物收货人、发货人的委托,以委托人或自己的名义,为委托人办理国际货物运输及相关业务,并收取劳务报酬的经济组织。

（13）航空货运代理：以货主的委托代理人身份办理有关货物的航空运输手续的服务方式。

（14）无船承运人：不拥有运输工具,但以承运人身份发布运价,接受托运人的委托,签发自己的提单或其他运输单证,收取运费,并通过与有船承运人签订运输合同,承担承运人责任，完成国际海上货物运输的经营者。

（15）索赔：受经济损失方向责任方提出赔偿经济损失的要求。

（16）理赔：一方接受另一方的索赔申请并予以处理的行为。

（17）原产地证明：出口国（地区）根据原产地规则和有关要求签发的，明确指出该证中所列货物原产于某一特定国家（地区）的书面文件。

（18）进出口商品检验：对进出口商品的种类、品质、数量、重量、包装、标志、装运条件、产地、残损以及是否符合安全、卫生要求等进行法定检验、公证鉴定和监督管理。

（19）清关（结关）：报关单位已经在海关办理完毕进出口货物通关所必需的所有手续，完全履行了法律规定的与进出口有关的义务，包括纳税、提交许可证件及其他单证等，进口货物可以进入国内市场自由流通，出口货物可以运出境外。

（20）滞报金：进口货物的收货人或其他代理人超过海关规定的申报期限，未向海关申报，由海关依法征收的一定数额的款项。

（21）装运港船上交货：卖方在合同规定的装运期内，在指定装运港将货物交至买方指定的船上，并负担货物在指定装运港越过船舷为止的一切费用和风险。

（22）成本加运费：卖方负责租船订舱，在合同规定的装运期内将货物运至指定目的港的船上，并负担货物在装运港越过船舷为止的一切费用和风险。

（23）成本加保险费和运费：卖方负责租船订舱，办理货运保险，在合同规定的装运期内在装运港将货物运至指定目的港的船上，并负担货物在装运港越过船舷为止的一切费用和风险。

（24）进料加工：有关经营单位或企业用外汇进口部分原材料、零部件、元器件、包装物料、辅助材料，加工成成品或半成品后销往国外的一种贸易方式。

（25）来料加工：由外商免费提供全部或部分原料、辅料、零配件、元器件、配套件和包装物料，委托我方加工单位按外商的要求进行加工装配，成品交外商销售，我方按合同规定收取工缴费的一种贸易方式。

（26）保税仓库：经海关批准设立的专门存放保税货物及其他未办结海关手续的货物的仓库。

（27）报税工厂：经海关批准专门生产出口产品的保税加工装配企业。

（28）保税区：在境内的港口或邻近港口、国际机场等地区建立的在区内进行加工、贸易、仓储和展览，由海关监管的特殊区域。

（29）出口监管仓库：经海关批准设立，对已办结海关出口手续的货物进行存储、保税物流配送、提供流通性增值服务的海关专用监管仓库。

（30）出口加工区：经国务院批准设立从事产品外销加工贸易并由海关封闭式监管的特殊区域。

9. 国际贸易术语（见表 10-1）

表 10-1　国际贸易术语及其含义

英 文 简 称	英 文 全 称	中 文 含 义
EXW	Ex Works	工厂交货
FAS	Free Alongside Ship	船边交货

续表

英 文 简 称	英 文 全 称	中 文 含 义
FOB	Free on Board	船上交货
CFR	Cost and Freight	成本加运费
CIF	Cost,Insurance and Freight	成本、保险费加运费
FCA	Free Carrier	货交承运人
CPT	Carriage Paid to	运费付至
CIP	Carriage,and Insurance Paid to	保险费、运费付至
DAF	Delivered at Frontier	边境交货
DES	Delivered Ex Ship	目的地港船上交货
DEQ	Delivered Ex Quay	目的地港码头交货
DDU	Delivered Duty Unpaid	未完税交货
DDP	Delivered Duty Paid	完税交货

第二节　国际海洋运输

微课　国际海运
航线

一、国际海运概述

（一）国际海运的概念

运输按运输通道的不同，可以分为水上运输、陆上运输、航空运输和管道运输等。其中，水上运输可以分为国际海洋运输（也称为国际海上运输，简称国际海运）和内河运输。海运是指使用以燃料作为动力的船舶或其他水上运输工具通过海上航道运送货物和旅客的一种运输方式。

（二）国际海运的特点

1．政策性强

国际海运是指国际性经济活动，涉及国家间的经济利益和政治利益，其活动当然会受到有关国家的法令、法规或国际公约的约束，政策性比较强，法律的约束性比较规范。

2．运输线长、涉及面广、环节多、情况复杂

国际间的运输通常都要远涉重洋，航行距离长，涉及面非常广泛，涉及的环节很多，情况自然比较复杂，而且环境多变，对人的环境适应性要求比较高。

3．海上风险较大

受自然灾害的影响大，如海啸、触礁、撞冰山、撞船、搁浅，还有海盗的威胁。

4．海运主要货运单证的通用性

海洋运输的货运单证繁多，作用各异。但就一些主要的货运单证而言，在名称、作用和记载的内容上常常是大同小异或是完全一致，可以在国际间通用。

二、船货的基础知识

（一）商船

1．商船的概念

商船是指以商业行为为目的，供海上及在与海相通的水域或水中航行使用的船舶。

2．船舶的性质

（1）船舶是一个整体。

（2）船舶兼有动产和不动产的性质。

（3）船舶的人格化性质。

（4）船舶是船籍国浮动的领土，受船籍国法律管辖。

3．船籍、船旗、开放登记国和方便旗船

（1）船籍是指船舶的国籍。船舶的国籍以该船舶的登记国国籍为准。它由船舶所有人向本国或外国的船舶行政管理机关办理所有权登记后，取得本国或外国国籍和船籍证书。

（2）船旗是指船舶悬挂的该船舶登记国的国旗。原则上，只有取得该国船籍的船舶才能够悬挂该国国旗。

（3）开放登记国是指公开允许其他国家的船舶进行船舶登记的国家。例如，巴拿马、利比里亚、巴哈马、索马里、新加坡、洪都拉斯等。

（4）方便旗船是指在外国登记、挂外国国旗的商船。

（二）船舶的类型

（1）杂货船。

（2）散装船。

（3）冷藏船。

（4）木材船。

（5）油轮。

（6）集装箱船。

（7）滚装滚卸船。

（8）载驳船。

（9）沥青船。

（三）国际海运货物及分类

（1）按含水量分类：干货、湿货（散装液体货）。

（2）按包装形式分类：裸装货、包装货、散装货。

（3）按分件性分类：件杂货、大宗货。

（4）按价值分类：高值货、低值货。

（5）按物重和体积分类：重货、轻泡货。

（6）按货物长度与重量分类：超长货、超重超长货。

（7）按货物的理化性质分类：普通货物、特殊货物。

（8）按集装箱分类：整箱货、拼箱货。

危险货物：指具有燃烧、爆炸、腐蚀、毒害、放射性、感染性等性质，在运输过程中可能造成人身伤害和财产损失的货物。凡是运输危险货物，必须严格按照国际统一海上危险货物运输规则办理，必须同时刷上两套"危险货物标志"。

（四）货物包装及其标志

1．货物包装的分类

货物包装分为运输包装（也称外包装）和销售包装（也称内包装）。国际海运所涉及的包装是指货物的运输包装。

2．货物包装的形式

（1）箱装货物。

（2）捆装货物。

（3）袋装货物。

（4）桶装货物。

3．货物包装的标志

（1）运输标志（Main Marks），也称唛头。

（2）指示标志（Care Marks），它是货物运输过程中的注意标志，一般以图形和文字表示。

（3）危险货物标志（Dangerous Cargo Marks），它是表明货物危险特性的标志，一般都用统一规定的图案和文字表示。

（五）海洋运输经营方式

海洋运输经营方式主要有班轮运输（定期船运输）、租船运输（不定期船运输）。

1．班轮运输

（1）班轮运输的概念。班轮运输是指船舶在特定的航线和港口按照事先公布的船期表，从事货物运输，并按相对固定的费率收取运费的航运方式。

班轮运输具有传统意义上"四固定"的特点，具体如下。

① 航线和港口固定。班轮行驶航线固定，并按顺序装载和卸载，不受货种和货量的限制，必要时由船方负责转船。

基本港——班轮运输中固定航线上固定挂靠的港口，它一般具有效率高、装备全、费用低的特点。

班轮通常只在基本港挂靠、装卸货物；班轮需要在非基本港卸货，通常须付直航附加费。

② 船期固定。开航日期固定；船期表预先公布通告；基本港的到港日期相对固定。

③ 相对固定的运价。班轮运价包括装卸费用、理舱费，属于垄断性运价，通常由班轮公会或公司制定。

④ 固定的责任。承托双方的权利、义务和责任豁免以班轮提单条款为依据，并受统一

的国际公约制约，以处理货运的纠纷。

班轮运输的优点：① 能及时、迅速地将货物发送和运达目的港。② 特别适应零星小批量的件杂货对运输的需要。③ 能满足各种货物对运输的要求，并能较好地保证货运质量。④ 通常情况下，由班轮公司负责转运工作，以满足对外贸易的特殊需要。

（2）班轮运输的托运程序。如何办理班轮的订舱、托运，包括四个步骤：订舱—配载—装船—获取提单。

① 订舱（Space Booking）。订舱是指托运人根据信用证的要求和实际载货数量，以托运单（Booking Note，B/N）的形式，通过货代向船东或船代具体洽订某一艘船舶的部分舱位或全部舱位。

② 配载（Allocation of Cargo）。配载是指外运公司根据货运需要、船舶航线、载货数量、卸货港口和开航日期等具体情况和要求，在与外运代理协商一致的基础上，将货物确定分配给具体船只承运，并指定载货的舱位。

③ 装船——装货单。货物配载后，船方应签发一份"装货单"（Shipping Order，S/O）给货方。

④ 获取大副收据（Mate's Receipt，M/R）。"大副收据"也叫"收货单"。货物装船完毕后，应由船上大副代表船方签发一份"大副收据"给托运人，作为换取提单的凭证。

⑤ 换取提单（Bill of Lading，B/L）。如果由出口方支付运费，在支付船运费后，托运人凭运费收据，联同"大副收据"，向船东或船代或船长换取"提单（Bill of Lading，B/L）"。

（3）班轮货运单据。

① 托运单（B/N），即货主或货代向船代或班轮公司提出要约。船代或船方签发的"装货单"，是船代或船方对货方的承诺，运输合同即告达成。

$$要约+承诺=合同成立 \tag{10-1}$$

提单是运输合同的证明文件，但不是合同本身。而装货单是运输合同的重要组成部分，托运单也是运输合同的重要组成部分，它们缺一不可。

② 装运单（S/O）。

❏ 装运单是船运公司承诺运载货物的证明文件。装运单一经签发，运输合同即告成立，船、货双方都应受到约束。

❏ 装运单是向海关办理报关的依据。它在"第二联"，也叫"关单"。

❏ 装运单又是船方对船长下达接受货物装船的命令。

③ 收货单（M/R），即"大副收据"。它的作用主要体现在以下两方面。

❏ 证明承运人已经收到货物，并且已经装船。它是划分船货双方责任的重要依据。

❏ 它是托运人据以向船方代理人或船长换取正本"已装船提单"的凭证。

④ 提单，指一种用以证明海上货物运输合同成立和货物已由承运人接管或装船，以及承运人据以保证至目的港交付货物的单证。

⑤ 提货单（Delivery Order，D/O），指目的港的船代向持有提单的货主签发的提货单据，也叫小提单。

⑥ 理货单（Tally Sheet），指在装船时，理货员根据船方或托运人的委托对货物进行理货点数后所出具的明细单。如果发现货物外包装表面有残损、破裂、渗漏等缺陷、瑕疵或标志不清等，理货员在理货单上均需加以详细批注。

（4）班轮运费的构成。班轮运费包括基本运费和附加运费两个部分。

$$运费\ F=基本运费+附加运费 \tag{10-2}$$

基本运费：普通货物在正常运输条件下，运到基本港的费用。

附加运费：附加运费是指在基本运费的基础上，根据各种具体情况，为了补偿船方的额外支出或器材消耗，而需要加收的费用。附加运费的表示形式有两种：一种是以百分比表示，即基本费率的一定百分率。另一种是用绝对数表示，每运费吨增加若干金额。

班轮运费的计算标准有以下六种。

① 按重量计算（以"W"表示）。

按毛重计收运输费用。

贸易过程中，以净重付货款。这一关与运输按毛重计收不同，要加以区别。

以 W 表示——Weight，一般以每一吨为计算单位。

② 按货物的体积计收（以重量吨计收的货物叫重货；以尺码吨计收的货物叫轻泡货）。也有的按积载系数计收运费。积载系数是指装运货物的重量同体积的比率数。

③ 按货物的毛重或体积计收（以 W/M 表示）。以"W"或"M"较高者计算运费。

④ 按货物的价格计收运费，也称从价费，表中以"Ad.Val."表示。它是拉丁文的缩写，一般按 FOB 货价的百分之几计算，通常是 1%～5%，适用于高值货物。

⑤ 按"Ad.Val.or W/M"计收。

⑥ 按货物的件数计算（以"Per Unit, or Per Head, or Per Piece"表示）。例如，汽车按辆计收，牛、羊按头计收。

（5）班轮运费计算。

计算公式为：

$$运费总额=基本运费+附加费 \tag{10-3}$$
$$=[基本运费率\times(1+各种附加费率)+附加费额]\times总运费吨$$

【例 10-1】某班轮从上海港装运 10 公吨，共计 11 立方米的蛋制品去英国普利茅斯港，要求直航，求全部运费。

解：按照步骤求解。

① 查中远货物分级表获知蛋制品为 12 级，计算标准为 W/M，由已知条件，应按尺码吨计算。

② 再从中国到欧洲地中海航线分级费率表查出 12 级货物的基本费率为 116 美元/运费吨。

③ 因该货物体积大于重量，该货物为轻货，运费吨应为 11 吨，即按尺码吨计算。

④ 另从附加费率表中查知，普利茅斯港直航附加费为每运费吨 18 美元；燃油附加费为 35%，代入运费计算公式，得

$$总运费额=[116\times(1+35\%)+18]\times11=1920.60（美元）$$

2．租船运输

（1）租船运输的概念。租船运输又称不定期船运输。它与班轮不同，没有固定的航线、港口、船期和运价。租船运输是指根据当事人双方协商的租船条件（或租船约定），船舶所有人（船东 Owner）将船舶的全部或一部分出租给租船人（Charterer）使用，以完成特定的货物运输任务，租船人按约定的运价或租金支付运费的商业行为。

（2）租船运输的基本特点。

① 租船运输是根据租船合同组织运输的。

② 租船运输的运费或租金水平的高低，直接受签订租船合同时国际租船市场行情波动的影响。

③ 船舶营运中有关费用的支出，取决于不同的租船方式，由船舶所有人（出租人）和承租人分担，并在租船合同中加以说明。

（3）租船运输的方式。租船方式主要有三种：一是定程租船，也称程租船，又称航次租船。二是定期租船，又称期租船。三是光船租船。

① 定程租船：在这种租船方式下，船方必须按时把船舶驶到装货港装货，再驶到卸货港口卸货，完成租船合同规定的运输任务并负责船舶的经营管理以及航行中的一切开支费用；租船人则按约定支付运费。

② 定期租船：定期租船又称期租船，是指船舶所有人（出租人）提供一艘特定的船舶给承租人使用一段时期的租船方式。

③ 光船租船：光船租船是指船主按一定期限把船舶的占有权移交给租船人，由其雇佣船长和船员，自己经营的租船方式。实际上，光船租船属于财产租赁性质。在国际贸易中很少采用这种租船方式。光船租船在法律上适用于财产租赁法律的管辖。

（4）租船市场。

① 概念：是指船舶所有人（船东）与租船人根据货物运输的需要、可能，相互洽商船舶租赁交易的场所。这是狭义的租船市场概念。广义的租船市场概念则是船舶所有人与租船人双方洽商船舶租赁交易形成的社会生产关系的总和。

② 租船市场的特点：租船市场不一定有固定的场所，其业务活动通过电信业务完成。在租船市场，有船东、船东代理人、租船人代理人、租船人等当事人。船舶租赁通常是通过租船代理来进行的。根据国际惯例，代表船方的船舶租赁经纪人和代表货方的租船代理人的佣金，都是由船公司支付。

③ 国际上的主要租船市场。

❑ 英国伦敦租船市场：伦敦的"波罗的海商业航运交易所"是世界上最大的散杂货租船市场，主要业务是杂货船租赁。

❑ 美国纽约的租船市场：纽约租船市场是世界第二大租船市场，它没有固定的场所，主要用电信进行业务活动。

❑ 奥斯陆、斯德哥尔摩和汉堡租船市场。

❑ 日本东京和中国香港远东租船市场。

第三节　国际货物的其他运输方式

一、集装箱运输

（一）集装箱的基本知识

1. 集装箱运输的起源

（1）运输货物的简单分类：运输对象按物理形态划分，可分为散货、液体货和件杂货三大类。为了提高装卸效率，物流公司开始着眼于"件杂货"的标准化与扩大"装卸单元"，于是出现了"成组运输"，件杂货开始用"网兜"和"托盘"来实现。

（2）件杂货在托盘运输中存在一些不足之处：托盘中只能装载尺寸相同的货物；托盘尺寸有限；货物的外包装需要具有较大的强度；运输过程中容易被盗；托盘货物点数比较困难。

2. 集装箱的定义、分类

所谓集装箱，是指具有一定的规格、强度和刚度，专供周转使用的大型装货容器，它是一种运输设备。集装箱的分类具体如下。

（1）按用途分类：杂（干）货集装箱、散货集装箱、液体货集装箱、冷藏箱集装箱、挂衣集装箱、罐式集装箱。

（2）按结构分类：折叠式集装箱、固定式集装箱。

（3）按总重分类：30 吨、20 吨、10 吨、5 吨、2.5 吨。

（4）按尺寸规格分类：20 英尺①、40 英尺、40 英尺高柜、45 英尺。

（5）按归属分类：货主自备集装箱（SOC）10%，承运人船公司自有集装箱（COC）60%，租箱公司集装箱 30%，他们把箱子租给船公司或者货主赢取租金。

3. 集装箱的计算单位及部分术语

（1）集装箱的计算单位。集装箱的计算单位是计算集装箱箱数的基本单位，也称 20 英尺换算单位（Twenty-feet Equivalent Units，TEU）。

（2）部分术语。

① 箱位数（Number of Slots）：集装箱船所能装载的集装箱箱数。

② 箱位（Slot）：在集装箱堆场上，按照集装箱相应的尺寸画出有规则的用以指示堆放集装箱的格状位置。箱位上标有号码以便于装船。

③ 排号（Bay Number）：集装箱在专用船上的横排积载位置的编号方法，从船首到船尾依次标明：01，02，……

④ 行号（Row Number）：行号又称列号，标识纵向积载位置，行号有两种标法，一种自左向右为 01，02，……另一种从中间向两边，左舷为单，由中间向左为 01，03，05，……中间向右为 02，04，06，……

---

① 1 英尺≈0.3048 米。

⑤ 层号（Tier Number）：层号分为甲板和舱内两种，甲板自上而下依次编号，并在数字前加 D；舱内自上而下依次编号，在数字前加 H。

⑥ 箱位号（Slot Number）：标识集装箱在船上的积载位置，由 6 个数字组成，前两个数字为排号，中间两个为行号，后两个为层号。例如，0503D1（5 排左舷 3 行甲板 1 层）。

（二）集装箱运输中各方的关系

（1）集装箱堆场（CY）：指办理集装箱重箱或空箱装卸、转运、保管、交接的场所。堆场的作用是把所有出口的集装箱在某处先集合起来，到了截港时间之后再统一装船。

（2）集装箱货运站（CFS）：它是处理拼箱货的场所，办理拼箱货的交接，检查货物外表，若有异状时，在交接单据上加以批注。配载积载后，将箱子送往集装箱堆场，并接受集装箱堆场交来的进口货箱，进行拆箱理货、保管，最后拨给各收货人。

（3）无船承运人：专门经营集装箱货运的揽货、装拆箱、内陆运输以及经营中转站或内陆站业务，是否具备实际运输工具均可。

（4）实际承运人：掌握运输工具并参与集装箱运输的承运人。

（三）集装箱运输货物的交接地点及交接方式

集装箱运输的两种方式：整箱货（Full Container Load，FCL）和拼箱货（Less Than Container Load，LCL）。

（1）整箱货由发货人负责装箱、计数、积载并加铅封。整箱货拆箱一般由收货人办理。整箱货货运提单上要加上"委托人装箱、计数并加铅封"的条款。

整箱货有以下特点。

① 发货人负责装箱、计数、填写装箱单并加封。

② 通常只有一个发货人、一个收货人。

③ 提单显示"不知条款"。

"不知条款"缩写如下。

❑ SLCAS——货主装载、计数、加封。

❑ SLAC——货主装载、计数。

❑ STC——内容据称。

❑ SBS——据货主称。

以上条款属于"不知条款"，承运人不承担相应责任条款。

（2）拼箱货，货物通常由承运人分别揽货并在货运站集中，拆箱分别交付给各收货人。承运人负担装箱与拆箱作业。

自拼箱：货主由多个发货人组成，收货人只有一个。

（3）集装箱交接方式：FCL/FCL 整箱交、整箱接；LCL/LCL 拼箱交、拆箱接；FCL/LCL 整箱交、拆箱接；LCL/FCL 拼箱交、整箱接。

（4）集装箱交接地点：门到门、门到站、门到场、站到场、站到站、站到门、场到场、场到站、场到门。

微课　国际航空运输

二、国际航空运输

（一）航空货物运输的出现

世界上第一架飞机是在 1903 年由美国人莱特兄弟发明创造的。1909 年，法国最先创办了商业航空运输，随后德、英、美等国也相继开办。作为一种国际贸易货物运输方式，航空运输是在第二次世界大战以后才开始出现的。

（1）全球情况：全球有 1000 余家航空公司，30 000 余个民用机场，6000 余架民用喷气式飞机，货运量日渐增多，航线四通八达，遍及全球各大港口和城市。

（2）国内情况：新中国成立后，1955 年 1 月开辟中苏航线；1956 年开辟了缅甸航线；接着又开辟了朝鲜、越南、蒙古、老挝、柬埔寨等国航线。目前，已形成了一个以北京为中心的四通八达的航空运输网。现已有 50 余个大中城市，141 个机场，开辟 967 条国内外航线，与 40 多个国家签订空运协定，与 180 个航空公司建立业务关系，空运货物可运往欧洲、亚洲、美洲和大洋洲的数十个国家和地区。

（二）国际航空运输的特点

航空货物运输是指采用商业飞机运输货物的商业活动，是目前国际上安全迅速的一种运输方式。

（1）具有较高的运送速度。

（2）最适合运送鲜活易腐商品和季节性强的商品。

（3）安全准确。

（4）可节省包装、保险、利息等费用。

（三）国际航空货物运输的基本知识

1. 航线

（1）含义：航空器在空中飞行，必须有适于航空器航行的通路，经过批准开辟的连接两个或几个地点，进行定期和不定期飞行、经营运输业务的航空交通线即为航线。

（2）种类。

① 国内航线，是指飞机的起讫点和经停点均在一国国境的航线。通常由国家民用航空管理机构指定。

② 国际航线，是指飞机的起讫点和经停点跨越一国国境，连接其他国家的航线。

2. 航班

（1）含义：根据班机时间表在规定的航线上使用规定的机型，按照规定的日期、时刻飞行。从基地站出发的飞机叫去程航班，返回基地站的飞机叫回程航班。

（2）种类。

① 定期航班：公布运价和班期，按照双边协定经营，向公众提供运输服务，对公众承担义务。

② 不定期航班：按包机合同分别申请、个别经营，不对公众承担义务。

3．航空站

（1）含义：航空站即机场，是供飞机起飞、降落和停放及组织、保障飞行活动的场所。

（2）组成：机场通常由跑道、滑行道、停机坪、指挥调度塔、助航系统、输油系统、维护修检基地、消防设备、货站及航站大厦等建筑和设置组成。

4．航空器

（1）含义：这里主要指的是飞机。

（2）构成：飞机的构造包括机身、机翼、操纵装置、起落装置和推进装置。

（3）种类。

① 按型号分类：可分为普通型和高载重型。

② 按航行速度和航程分类：可分为短途和洲际型。

③ 按用途分类：可分为客机、货机和客货混合机型。

（四）国际航空货物运输方式

1．班机运输

班机是指定期开航的，定航线、定始发站、定目的港、定途经站的飞机。航空公司通常都使用客货混合型飞机。一方面搭载旅客，另一方面又运送少量货物。

2．包机运输

包机运输方式可分为整包机和部分包机两类。

3．集中托运

将若干票单独发运的、发往同一方向的货物集中起来作为一票货，填写一份总运单发运到同一到站的做法。

4．联运方式

陆空联运是火车、飞机和卡车的联合运输方式，简称 TAT（Train-Air-Truck），或火车、飞机的联合运输方式，简称 TA（Train-Air）。

5．航空快递业务

航空快递业务又称快件、快运或速递业务，是由专门经营该项业务的航空货运公司与航空公司合作，派专人用最快的速度，在货主、机场、用户之间传送急件的运输服务业务。这种方式又称为"桌至桌"的运输。

（五）国际货运航空线路

1．世界上最繁忙的航线

（1）西欧—北美间的北大西洋航线。该航线主要连接巴黎、伦敦、法兰克福、纽约、芝加哥、蒙特利亚等航空枢纽。

（2）西欧—中东—远东航线。该航线连接西欧各主要机场至远东香港、北京、东京等机场，并途经雅典、开罗、德黑兰、卡拉奇、新德里、曼谷、新加坡市等重要机场。

（3）远东—北美间的北太平洋航线。这是北京、香港、东京等机场经北太平洋上空至北美西海岸的温哥华、西雅图、旧金山、洛杉矶等机场的航线，并可延伸至北美东海岸的机场。太平洋中部的火奴鲁鲁是该航线的主要中继加油站。

此外，还有北美—南美、西欧—南美、西欧—非洲、西欧—东南亚—澳新、远东—澳新、北美—澳新等重要国际航线。

2．世界各大洲的重要机场

（1）亚洲：北京、香港、上海、东京、马尼拉、曼谷、新加坡市、雅加达、仰光、加尔各答、孟买、新德里、卡拉奇、德黑兰、贝鲁特、吉达。

（2）欧洲：伦敦、巴黎、法兰克福、苏黎世、罗马、维也纳、柏林、哥本哈根、华沙、莫斯科、布加勒斯特、雅典、里斯本。

（3）北美：纽约、华盛顿、芝加哥、蒙特利尔、亚特兰大、洛杉矶、旧金山、西雅图、温哥华以及位于太平洋的檀香山。

（4）非洲：开罗、哈士穆、内罗华、约翰内斯堡、布拉柴维尔、拉各斯、阿尔及尔、达喀尔。

（5）拉美：墨西哥城、阿拉加斯、里约热内卢、布宜诺斯艾利斯、圣地亚哥、利马。

（6）大洋洲：悉尼、奥克兰、楠迪、帕皮提。

3．世界上主要的货运机场

（1）法国的戴高乐机场。

（2）德国的法兰克福机场。

（3）荷兰阿姆斯特丹的希普霍尔机场。

（4）英国的希里罗机场。

（5）美国的芝加哥机场。

（6）日本的成田机场。

（7）中国香港的赤腊角（启德）机场等。

（六）航空运费的计算

运费包括航空运费和其他费用。

航空运费是指将一票货物自始发地机场运输到目的地机场所应收取的航空运输费用，不包括其他费用。货物的航空运费主要由两个因素组成，即货物适用的运价与货物的计费重量。

其他费用包括以下几项。

（1）货运单费：用两字代码"AW"表示，按国际航协规定，航空货运单若由航空公司销售或填制，表示为"AWC"；由航空公司的代理人销售或填制，则表示为"AWA"。

（2）垫付款和垫付费。① 垫付款仅适用于货物费用及其他费用到付。垫付款由最后一个承运人向提货人收取。在任何情况下，垫付款数额不能超过货运单上全部航空运费总额，但当货运单运费总额低于 100 美元时，垫付款金额可以达到 100 美元的标准。② 垫付费，代码为"DB"。

（3）危险品处理费。代码为"PA"，自中国至 IATA 业务一区、二区、三区，每票货物的最低收费标准均为 400 元人民币。

（4）声明价值附加费：由于承运人的问题造成的损失，确定最高赔偿限额为 20USD/kg，如果发货人申报货物价值超过上述价值，则需事先声明，承运人按一定的费率向发货人收取声明价值附加费，其计算公式为：声明价值附加费=（货物价值-货物毛重×20USD/kg）×费率。通常费率为 0.5%。大多数航空公司在规定声明价值费率的同时还规定声明价值费的最低收费标准。

1. 航空运价基础知识

（1）运价又称费率，是指承运人对所运输的每一重量单位货物（千克或磅，kg or lb）所收取的自始发地机场至目的地机场的航空费用。货物的航空运价一般以运输始发地的本国货币公布。普通货物运价包括基础运价和重量分界点运价。基础运价为45kg以下普通货物运价，费率按照民航总局规定的统一费率执行。重量分界点运价为45kg以上运价，由民航总局统一规定，按标准运价的80%执行（数量折扣）。

（2）计费重量。货物的计费重量或者是货物的实际毛重，或者是货物的体积重量，或者是较高重量分界点的重量。① 实际毛重：包括货物包装在内的货物重量。② 体积重量：体积重量的折算，换算标准为每6000cm³折合1kg。③ 计费重量：货物的实际毛重与货物的体积重量两者比较取高者；但当货物按高重量分界点的运价计算的航空运费较低时，则以较高重量分界点的货物起始重量作为货物的计费重量。

国际航协规定，国际货物的计费重量以0.5kg为最小单位，重量尾数不足0.5kg的，按0.5kg计算；0.5kg以上不足1kg的，按1kg计算。

（3）最低运费（运价代号 M）。货物按其适用的航空运价与其计费重量计算所得的航空运费，应与货物最低运费相比，取高者。

2. 普通货物运价（GCR）的计算步骤

（1）术语。

Volume（体积）、Volume Weight（体积重量）、Chargeable Weight（计费重量）、Applicable Rate（适用运价）、Weight Charge（航空运费）。

（2）计算步骤。

第一步：计算出航空货物的体积及体积重量。

体积重量的折算，换算标准为每6000cm³折合1kg。即

$$体积重量（kg）=\frac{货物体积}{6000\,cm^3/kg} \tag{10-4}$$

第二步：计算货物的总重量（Gross Weight）。

$$总重量=单个商品重量×商品总数 \tag{10-5}$$

第三步：比较体积重量与总重量，取大者为计费重量。根据国际航协规定，国际货物的计费重量以0.5kg为最小单位，重量尾数不足0.5kg的，按0.5kg计算；0.5kg以上不足1kg的，按1kg计算。

第四步：根据公布运价，找出适合计费重量的适用运价。

① 计费重量小于45kg时，适用运价为GCR N 的运价（GCR为普通货物运价，N 运价表示重量在45kg以下的运价）。

② 计费重量大于45kg时，适用运价为GCR Q45、GCR Q100、GCR Q300等与不同重量等级分界点相对应的运价（航空货运对于45kg以上的不同重量分界点的普通货物运价均用" Q "表示）。

第五步：计算航空运费（Weight Charge）。

$$航空运费=计费重量×适用运价 \tag{10-6}$$

第六步：若采用较高重量分界点的较低运价计算出的运费比第五步计算出的航空运费低时，取低者。

第七步：比较第六步计算出的航空运费与最低运费 M，取高者。

【例 10-2】计算例题。

Routing：BEIJING，CHINA(BJS) to TOKYO，JAPAN(TYO)

Commodity：Sample

Gross Weight：37.4kgs

Dimensions：90cm×60cm×42cm

计算该票货物的航空运费。

公布运价如表 10-2 所示。

表 10-2　运价（一）

BEIJING Y.RENMINBI		CN CNY		BJS KGS
			M	230.00
TOKYO	JP		N	37.51
			45	28.13

解：（1）按实际重量计算。

Volume：90×60×42=226 800（cm^3）

Volume Weight：226 800÷6000=37.8（kgs）≈38.0（kgs）

Gross Weight：37.4kgs

Chargeable Weight：38.0kgs

Applicable Rate：GCR N37.51CNY/kg

Weight Charge：38.0×37.51=CNY1425.38

（2）采用较高重量分界点的较低运价计算。

Chargeable Weight：45.0kgs

Applicable Rate：GCR Q28.13CNY/kg

Weight Charge：45.0×28.13=CNY1265.85

（1）与（2）比较，取运费较低者。

Weight Charge：45.0×28.13=CNY1265.85

 案例

2023 年全球最具价值物流品牌 10 强

本章小结

本章的主要目的是增强读者对国际物流的总体认识。因此，本章从国际物流的概念入手，介绍了国际物流的特点、国际物流与国际贸易的关系、国际货物的运输方式。

复习思考题

1. 简述国际物流与国际贸易的关系。
2. 简述集装箱的交接方式及地点。
3. 简述班轮运输的特点。
4. 从上海向巴黎运送一件玩具样品，毛重 5.3kg，体积尺寸为 41cm×33cm×20cm，计算其航空运费。

公布运价如表 10-3 所示。

表 10-3　运价（二）

BEIJING Y.RENMINBI		CN CNY		BJS KGS
			M	320.00
PARIS		FR	N	52.81
			45	44.46
			100	40.93

第十一章　电子商务与物流

知识要求

- □ 重点掌握电子商务的概念及电子商务物流的特点
- □ 重点掌握电子商务与物流的管理模式
- □ 了解供应链管理的含义
- □ 了解物流的分类和行业组成

技能要求

- □ 认识电子商务物流的管理模式
- □ 认识电子商务物流的发展

素质目标

- □ 强化社会主义核心价值观，培养诚实守信的良好品质
- □ 塑造学生的民族自豪感，坚定勇于进取、实现"中国梦"的决心
- □ 培养学生的技术敏感度和技术要领的掌握能力

项目导读

绿色现代数智供应链服务高质量发展

第一节　电子商务概述

21 世纪是一个以计算机技术和知识经济为核心的信息化时代。随着计算机技术和互联网技术的快速发展以及互联网在全球的广泛普及，电子商务（Electronic Commerce，EC）已成为一种新型的企业经营方式。电子商务是人类经济、科技、文化发展的必然产物，是信息

化社会的商务模式和未来。电子商务作为计算机技术与现代经济贸易相结合的产物，已经成为人类社会进入知识经济、网络经济以及信息化时代的重要标志。

由于电子商务的产生和发展的时间尚短，人们对电子商务的研究有限，因此至今尚不能较为完整地给予电子商务一个准确的定义，各个行业的专家和研究者也从他们的研究角度对电子商务进行了描述，从而使大家能够更全面地了解电子商务。通常从宏观上看，电子商务是通过计算机和网络技术建立起来的一种新的经济秩序，它不仅涉及电子技术和商业交易本身，而且涉及金融、税务、教育等社会其他领域；从微观上看，电子商务是指生产企业、商贸企业、金融机构、税务机构、政府机构、消费者等具有商业活动能力的实体，利用计算机和网络技术进行的各种商业贸易活动。

目前，我国的电子商务正处在稳步发展的阶段，它既是企业发展的外部环境，也是企业发展的有力工具和手段。

在电子商务环境下，越来越多的企业都在互联网上建立了自己的电子商务网站。各个企业都在网站上介绍自己的企业，提供关于企业的各种信息，展示自己的产品和服务，有的还提供电子交易手段、进行网上交易。一般的企业网站都提供了客户服务模式，为用户登录拜访、信息查询、技术支持提供服务。这些网站可以面向广大消费者、企业进行业务往来、交易活动以及服务活动等。所有这些企业的电子商务网站构成了网上的企业世界，它们都是社会上的实际企业在网上世界的虚拟，都是现实企业在网上社会的"替身"，包括其形象和运作状况模式，也包括企业之间的互相交易和业务来往、信息沟通等。

电子商务的网站类型除了企业网站之外，还有政府网站、银行、行业协会、中间机构、机关和学校等的网站，这些网站和企业网站合在一起，构成了一个完整的网上社会。这个网络社会给越来越多的人提供了生活和学习工作方面的便捷。

电子商务环境具有以下基本特点。

（1）高度发达的信息技术。电子商务环境，首先是一个高度发达的信息技术环境。建立在互联网和内联网基础上的计算机网络以及基于电话通信、光纤通信、宽带通信等的通信基础设施，为人们提供了一个快速通畅的信息通信环境。人们利用电子邮件等各种网上信息传输方式，可以快速进行信息沟通、文档传输等数据传输、处理和保存，不但大大提高了工作效率，而且也大大降低了运行成本，以前用人工处理办不到的事情，现在可以很容易地办到。

（2）自由宽松的社会环境。电子商务环境也是一个相对自由宽松的社会环境。在网下的现实社会，企业和个人都被划分到各个不同的国家、省市、地区以及各个行业部门、等级层次，这些条条块块和层次的分割和限制，给我们的业务造成了不少的约束。人们办事时，为了满足这些繁复的约束条件，需要花费大量的时间、成本和精力。但是网上社会可以说是一个无界的环境，地区、行业和层次的约束条件相对来说要少得多。网上各个企业的网站都是平等的，毫无地区、行业和层次的限制，只要不违反法律，企业就可以比较自由地开展各种业务活动。现在各国政府也在网上实行了比较宽松自由的政策。所以网上的业务运作应当比网下的现实社会的业务运作要方便得多、效率高得多。

（3）遥远而又很近的客户市场和供应商市场。因为电子商务环境是一个无界的环境，所以无论多么遥远的客户或者供应商，无论他们在哪一个国家、哪一个地区、哪一个行业、哪一个层次，也无论双方认识不认识、有没有直接关系，都可以通过互联网进行紧密接触。所有的客户形成了企业的客户市场，所有的供应商形成了供应商市场。所以企业和它的客户市场及供应商市场，都可以毫无障碍地直接接触。从这个意义上说，网上社会环境是一个纯粹基于需求关系的环境，而网下现实环境则是一个基于需求加关系的环境。

（4）完备方便的业务处理。电子商务环境一般依托电子商务网站进行工作，各个企业都建立自己的电子商务网站，它们共同构成了一个网上社会，这给物流创造了一个良好的交易平台，物流业依托电子商务这个平台实现服务增值，使业务处理更加完备方便；特别是在供应链管理的物流系统中实现物流基本功能的有机结合，提高物流服务水平，将使持续的物流管理变得非常简单。

电子商务的广泛应用将彻底改变传统的生产和商务活动方式。消费者可以在网上方便地浏览各种商品，轻松地选购；企业之间可以通过网络进行商务谈判、签订合同；财务人员可以利用网络方便、准确地进行资金划拨、税款缴付。网络给现代物流业的发展带来了前所未有的技术支持。正是基于这种网络技术平台，物流业已从传统的运输、仓储、装卸、配送、信息处理等分散型作业，发展成以电子信息为主要沟通平台，以现代运输方式为主要流通工具，借助现代管理思想，利用供应链管理模式，对生产、经营和管理的各项内容进行全面的整合的综合型活动，使各个中间环节的不必要消耗减少到最低限度。

不仅如此，电子商务的影响还将远远超越商务活动自身，如对企业生产中从原材料的供给、产成品的转移到最终成品的销售等诸环节进行统一协调；对社会各种需求物资的流通方式与手段的改进；人们日益增加的文化需求等由于电子商务的发展而变得更加简单和实际。这些使企业的生产和管理、人们的生活和就业、政府的职能、法律法规以及文化教育等社会的诸多方面产生深刻的变化，从而带来一场新的革命。

第二节　电子商务与物流的应用

作为21世纪重要经济增长点之一的电子商务，其作用可与200年前的工业革命相媲美，它通过全球性的互联网作业，简化贸易流程，改善物流系统，从而大幅度地降低交易成本，增加贸易机会，推动了企业的业务重组和经济结构调整，可极大地提高生产力。电子商务将给各国和世界经济带来巨大的变革并产生深远的影响，从而成为未来推动经济增长的主要力量。电子商务的核心竞争优势在于具有较高的配送速度和信息反馈能力。电子商务的成功直接决定着物流系统的运作效率。这对传统的物流系统提出了更高的要求，物流系统环节必须全面实现信息化，提供高效的物流信息处理和物流作业处理服务，方便管理人员和客户跟踪货物的全程运输状态与仓储状态，只有这样，才能形成一个真正、完整、具有现代物流特征、具备较强竞争力的电子商务企业。这需要一些先进的技术辅佐、集成并应用于物流信息系统之中。这些技术主要包括条形码（Barcode）、电子数据交换（EDI）、全球卫星定位系统（GPS）、地理信息系统（GIS）、射频技术（RF）等。

一、电子商务平台上的物流

在电子商务这个平台上，物流更加有序，它有效地减少了诸多影响物流通道的中间环节，使物流更加畅顺，交易更加安全、可靠，操作更加简便、迅速；由于采用了现代电子技术和网络技术，使企业与企业（B2B）、企业与消费者（B2C）、企业与政府（B2G）之间的沟通更加容易，交易行为更加规范，从而使物流更加顺畅，效率更高。

在电子商务条件下，物流拥有非电子商务物流的新特点：信息化包括物流信息的收集、数据处理的数字化和代码化，物流管理的集成化、物流作业的自动化和物流的智能化。网络化包括物流配送系统通信网络化，物流组织网络化。柔性化形成"以客户为中心"的市场观念，包括弹性制造系统（Flexible Manufacturing System，FMS）、计算机集成制造系统（Computer Integrated Manufacturing System，CIMS）、物料需求计划（Material Requirements Planning，MRP）以及供应链管理的概念和技术等应用于生产领域。这些都赋予了现代物流新的内涵。

二、电子商务应用于物流业的基本模式

从一定的观念出发，根据现实需要，构建相应的物流管理系统，形成有目的、有方向的物流网络，采用某种形式的物流解决方案，称为物流模式。电子商务条件下的物流模式，可以从其构成思路与实际形式两个不同方面来分类。物流方案的不同思路，从微观层次上看，当今物流的解决模式主要有两大不同体系和解决思路，即整体化物流系统和围绕配送中心构建物流系统。

1. 必要性

人类社会发展到今天，一个国家的物流保障水平具有举足轻重的地位，它是支持国家经济运行的重要平台。当前就世界范围来看，电子商务的物流形式，以及一体化、专业化的第三方物流在世界范围内已形成一种潮流，标志着世界物流模式的发展方向，受到许多跨国公司的热情关注。

从国内物流的发展来看，电子商务的发展虽然滞后于世界上许多发达国家，但其发展势头、强大的信息功能和方便的可操作性使它在物流管理中的作用越来越重要。

物流一体化即利用物流管理，使产品在一体化的供应链内迅速移动，获得多赢效果，使参与各方的企业都能从中获益，使整个社会明显提高经济效益。物流一体化可以说是物流整合化和系统化，这是一个不断向高层次、高水平提升的发展过程。

2. 可行性

就电子商务应用于物流业的基本模式而言，无论是整体化物流系统还是围绕配送中心构建物流系统，都是根据各国的现实需要，在实践中构建起来的，具有鲜明的目的性和方向性。物流网络的运行建立在实实在在的从原材料到最终产品的供应链上，遵循现代物流的基本流程，所采用的物流解决方案的可信度具有坚实的基础，这是物流业发展的高级和成熟阶段的标志。一个高度发达的物流业和完善的物流管理系统，是社会再生产链条的领导者和协调者，能够为现代社会和人自身的发展提供完善的物流服务，具有很强的可操作

性和可行性。

3．关联性

从电子商务应用于物流业的整体基本模式来看，整体化物流系统与围绕配送中心构建物流系统是密切相关的。整体化物流系统是一种高度综合体，它以社会物流环境充分发育和完善为基础，整体化物流系统需要专业化物流管理人员和技术人员，充分利用专业化设备和专业化物流运作的管理经验，才能保证取得整体最优效果。同时，整体化物流系统发展趋势为围绕配送中心构建物流系统提供了良好的发展环境和巨大的市场需求。

电子商务应用于物流业的两种基本模式其实是殊途同归，提高总体效益和降低总成本的效果是一致的，区别只是在于建立物流系统时的侧重点不同而已。

第三节　电子商务的物流管理模式

一、电子商务与供应链

面对国内、国际两个市场，物流活动已延伸到世界的每个角落。物流活动规模越来越大，物品以原材料的形式，经运输、加工、生产（在这个环节上可能有多个子环节）变成库存中的产成品，而后又经运输成为各个零售店中的商品（可能也有多个环节），直至到最终消费者手中。物品运动的这一系列环节所经历的各个企业，形成一条链式结构，称为供应链。通常，各个企业都按照成本最小、效益最优的原则组织生产。下游企业直接面对消费客户，它们对市场需求做出精心预测，而后根据自己的库存策略做出生产计划和采购计划。这些计划往往十分完善，使企业内部达到资源配置的最优。但若不及时与上游企业联系，一旦上游供货企业未及时供货，企业往往措手不及，导致库存下降，生产停滞，顾客流失，效益下降，给企业带来损失和外部风险。同样地，若上游企业不及时了解下游企业的生产情况，只一味地按照自己的最优化原则进行生产，则往往做出的生产计划与实际市场需求脱节，最后导致积压库存，资金周转缓慢，效益下降。这些问题对于处在整个供应链上的企业都存在，单个企业的运作效率可能是较高的，但整个供应链系统的效率往往低下，最终损害供应链中每个企业的利益。

针对这个问题，人们提出了供应链管理理论，着眼点不仅仅是某一个局部的效益，而是把出发点放在利用系统的观念和方法对物流系统进行整合，以达到整个系统的最优。供应链管理的目标是：以良好的服务降低客户的购买成本，以获取竞争优势和多赢的局面。供应链上的原材料厂商、制造厂商、批发站、零售店结成战略联盟，共生共荣，共御市场风险。整个供应链系统的最优化所带来的效益，按照一定的原则在各企业间进行分配，使每个企业都能分享供应链管理带来的好处。可以预见：未来市场上的竞争将不再是单个企业间的竞争，而是供应链与供应链之间的竞争。

可以毫不夸张地讲，物流业的发展就是供应链不断完善和发展的过程。供应链是一个复杂的系统，必须有不同于传统的管理方法。它的重要功能是在战略联盟的基础上，更有效地开发、组织和利用资源。

供应链管理把供应链上的各个企业作为一个不可分割的整体来实施网络化管理，将各个节点成员分别承担的职能协调起来，形成一个能快速适应市场并有效地满足顾客需要的功能系统，实现总体上的高效益和低成本。

从传统运输到物流管理，再到供应链管理的发展过程可以看出，我国供应链管理的发展过程所经历的时间并不长，却经历了由落后的单纯运输管理思想到先进的现代化管理理念的过渡，经历了由计划经济到市场经济的变化和发展过程。

图 11-1 为供应链管理发展示意图。

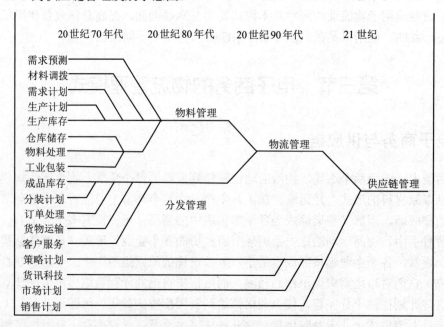

图 11-1　供应链管理发展示意图

二、物流脉（电子商务系统）

"物流脉"是基于互联网技术的以提供全方位物流服务为宗旨的物流业整体解决方案。制造企业、商业流通企业或第三方物流公司使用该系统可实时掌握作业执行情况。它能使企业实现物流资源优化配置，将有限的人力、财力集中于核心业务，降低成本，节约费用，将库存压缩到最低限度，向客户提供满意的服务，增强企业的核心竞争力。

（一）系统的特点

1. 信息化

根据物流管理应用模式，建立完整的、面向客户的运输管理和仓储管理流程，加强物流各环节在信息、业务、管理等方面的信息化管理。

2. 网络化

物流资源的分布在地理上是不规则的，相应地，作业管理的需求分布也是不规则的，为了解决这种需求的不规则分布，实现数据的实时共享，系统可采用数据集中管理、分散控制的方式。集中管理即系统所有数据全部安装在中心数据库服务器上，分散控制即系统各个节点通过互联网或专线网络与中心数据库服务器建立实时连接。

3. 先进性

根据现代物流管理的理念，采用先进的计算机和通信技术，将商业伙伴和业务进行无缝连接。

4. 扩展性

系统涵盖了物流管理的集货、运输、仓储、配送和客户管理等多个环节，实现物流管理的整体集成，还可根据客户的需求进行个性化定制，满足企业的不同物流应用需求。

5. 安全性

电子商务系统一般采用三层的体系结构，系统在权限管理、安全等级、交叉验证、网络安全等各个环节采用先进的安全保障措施，以保证交易安全、物流畅通。

（二）系统的功能

1. 优化作业调度和实时监控系统

通过对委托合同、委托单、调度指令、运输单、装货运输、签收单的物流全过程的管理，可随时确定货物的准确位置并通报货主和接货人。

2. 提供各种灵活的统计报表

根据不同的条件统计不同时间范围内的各种数据并生成报表，包括委托单明细、客户委托货物明细以及员工工作情况等的统计。

3. 方便、快捷的综合查询

查询物流全过程中产生的所有单据以及运输货物数据等。

4. 完整的客户管理

客户管理系统中包括全方位的信息管理，例如，客户管理、用户管理、产品管理、车辆管理、仓库仓位等。客户管理系统要能掌握每家客户的历史交易以及业务人员的工作情况，避免人员流动造成客户信息资料的残缺。

5. 安全的系统管理和数据备份

系统管理、用户设置、机构设置、数据备份恢复、系统初始化和数据安全备份，以保证整个物流过程安全，避免重大差错。

6. 严格的权限体系

系统应支持多级管理体系，实现真正的多级管理需求，同时便于客户随时掌握业务情况，实现服务增值。

三、供应链管理

（一）供应链的基本概念

1. 供应链

关于供应链的解释有许多不同的定义，其基点都是围绕供应商、制造商和仓库、商店等怎样有效地结合，如何将物流、信息流和商流有机地结合在一起进行讨论。应该说这些定义都有各自的道理，也在一定程度上反映了人们对物流的供应链管理的认识程度，本书较为推崇关于物流供应链的定义：供应链是围绕核心企业，通过对信息流、物流、资金流的控制，从采购原材料开始，制成中间产品以及最终产品，最后通过销售网络把产品送到消费者手中的将供应商、制造商、分销商、零售商直到最终用户连成一个整体的功能网络结构模式。这个网络结构模式包含了所有加盟的节点企业，从原材料开始，链中的制造加工、组装、分销等过程直到最终用户，不仅仅是物料链、信息链、资金链的简单组合，它还是一条增值链，物料在这条供应链上因为加工、包装、运输以及服务等过程中得到升值，从而使有关企业在物流过程中增加收益。

在电子商务环境下，供应链是以互联网为基本运行环境、采用组件化技术实现的，面向制造企业和商业流通企业的一体化系统解决方案。提供包括客户关系管理、供应商关系管理、物流管理、协同计划管理、供应链商务交易平台等功能组件和平台，以及供应链解决方案的咨询服务，以满足企业在其供应商、销售商、物流商和客户之间通过网络开展电子商务和协同计划的需要。

2. 供应链管理

物流过程受先进的管理模式的影响，供应链管理是当代物流管理的大背景。首先，物流是供应链管理的重要组成部分，物流管理不能等同于供应链管理，供应链管理中还包括制造活动等，但物流解决整个管理过程中物的流动问题，是供应链管理的重要方面。其次，物流在供应链管理中起重要作用，在供应链管理中，物流的作用举足轻重，即便是制造活动，物流也不仅仅是生产的辅助部门而只起支持作用。以往商品经由制造、批发、仓储、零售各环节间的多层复杂途径，最终到消费者手里，现代物流业已简化为经配送中心的直接分配而送至各零售点，大大提高了社会的整体生产力和经济效益。

供应链系统物流适应了企业经营理念的全面更新，使其经营效益跨上一个新台阶。供应链条件下物流系统的充分延伸，能不断创造和提供从原料到最终消费者之间的增值服务。

供应链管理的主要内容包括合理供应、准时生产、高效物流、需求满足、总成本控制、信息管理以及与供应链各环节上成员的战略联盟关系管理，包括客户关系等。

现代供应链管理模式全面采用 Browser/Server 的三层组件化体系结构，系统功能可配置；采用 XML 的数据/系统集成方案，实现 Legacy 系统的无缝集成；采用工作流配置技术，实现供应链业务流程优化和提供用户二次开发能力，使系统功能可扩展。

3. 供应链管理的基本思想与特征

（1）供应链管理的基本思想主要有以下几个基本内容：① 系统观念，供应链将供应商、制造商、销售商等相关外联体看成是一个有机联系的整体。② 共同目标，对于供应链上的所有参与者而言，利益共享，风险共担，追求的整体价值最大化。③ 积极主动的管理，主动追求增加价值和提高管理效率。④ 建立新型的企业与企业间的战略伙伴关系，认真选择合作伙伴。⑤ 开发核心竞争力，上下游之间应有一个起核心作用的龙头。

（2）供应链管理的特征：① 强调发挥每一个企业的核心竞争力；② 非核心业务采用外包形式；③ 形成企业间的合作性竞争；④ 以顾客满意为服务的管理目标；⑤ 追求物流、信息流、资金流、工作流和组织流的集成；⑥ 借助信息技术实现管理目标；⑦ 重视第三方物流。

（二）供应链管理的优点

供应链管理具有以下优点可使客户价值得以提升。

1．节省资金

由于供应链上的企业可实现经济规模采购和发挥经营优势，可最大限度地减少采购费用、降低库存及成本、减少订货成本。

2．增进与客户的关系

在供应链上的企业，由于企业间的往来较为和谐，通常都以共同利益最大作为连接的基础，这有利于扩大采购能力、增加新服务和提高满意度。

3．创造财富

供应链有助于发现和认识企业优势，在实现资源共享、优势互补的进程中创造最大的企业利益，这有利于进行资产重组，实现供应链的增值功能，并不断开发新市场、创造新业务。

（三）供应链管理的功能要素

1．客户关系管理

围绕客户需求，全面管理企业销售与客户信息；提供产品定价管理、产品配置管理、产品信息发布；整机配件销售、销售商/客户信息管理以及各类信息统计等功能。

2．供应商关系管理

通过提供全球采购、供应商管理、采购订单管理、供应商评价等可扩展的功能组件，全面管理供应商的订单、库存等与采购有关的各类信息。

3．物流管理

为企业供应链管理提供车辆调度、运输线路优化、货物在途跟踪以及车主管理等功能组件。

4．协同计划管理

以客户需求为目标，为供应链上的销售商、制造商、供应商、运输商等节点提供协同、并行的作业计划管理，包括制订需求计划、生产计划、采购计划、运输计划、库存计划以及工程设计计划等功能组件。

5．供应链商务交易服务平台

为供应链业务过程的管理提供服务和支持平台，包括电子支付网关（结算网关）、供应链信息安全服务中心（提供 CA 中心管理、加密算法服务）、信息集成的交换中心（提供基于 XML Schema 的商务信息交换服务）等各项功能组件，实现供应链企业间各项业务过程的电子化。

四、电子商务与物流的发展

现代物流的发展已经不仅仅是哪一个企业或部门的事情，而是整个社会和全球发展的必然；也不仅仅是应用几项尖端技术就能解决的，而是要形成整体的有机系统。

（一）电子商务物流的特点

1. 实行供应链管理

电子商务物流最突出的特征是在企业内部、外部之间的物流运作实行供应链管理。

2. 实现零库存生产

零库存生产是指将必要的原材料、零部件以必要的数量在必要的时间，并且只将所需的零部件和原材料、只以所需要的数量、只在所需要的时间送到特定的生产线。零库存生产是电子商务条件下对生产阶段物流的新要求。

3. 物流信息化

物流信息化表现为物流信息的商品化、物流信息收集的数据化和代码化、物流信息管理的电子化和计算机化、物流信息传递的标准化和实时化、物流信息储存的数字化等。

4. 物流配送的全球化

电子商务为众多企业拓展市场的同时，也对企业的物流配送提出了全球化服务的要求。

5. 物流服务的多功能化与社会化

电子商务物流要求为企业提供全方位的服务，既包括仓储、运输服务，还包括配货、分发和各种用户需要的配套服务，使物流成为连接生产企业与最终用户的重要链条。同时，在电子商务条件下，也将更多地依靠专业的物流公司来提供物流服务，物流服务的社会化趋势将越来越明显。

（二）电子商务与物流服务

1. 电子商务平台上的物流服务

在电子商务平台上，物流的诸功能要素，如运输、搬运、储存、保管、包装、装卸、流通以及信息等均可得到进一步的完善，特别是信息服务功能可以将信息作为"虚拟库存"。通过建立需求端数据自动收集系统 ADC（Automated Data Collection），在供应链的不同环节采用 EDI 电子数据交换，建立基于 Internet 的 Intranet，为用户提供 Web 服务器，提供便于数据实时更新和浏览查询的一系列服务，方便一些生产厂商和下游的经销商、物流服务商共用数据库，共享库存信息，达到尽量减少实物库存水平但并不降低供货服务水平的目的。

此外，还有物流 B2C 模式，如网上书店等。

2. 增值性物流服务

电子商务平台上的物流服务通过附加安装服务（服务增值）、附加制造服务（产品增值）、附加销售服务（商品增值）、附加快递服务（时间增值）来提高顾客的认可度。

在电子商务环境下，利用条码、电子数据交换、全球卫星定位系统、地理信息系统、射频技术等对整个公司分散在全球各处的货物（包括在途货物）进行动态持续的物流管理将会变得非常简单。在具体的物流作业中，还包括运输技术、仓储技术、搬运技术、包装技术、集装单元化技术等技术手段的应用，这些技术的完善和成功实施不是物流部门力所能及的，它需要整个国家基础设施的完善和有效管理的配合。在未来一段时间内，电子商务环境下的物流，经营方式将以第三方物流为主导，管理方式采取供应链管理，物流技术全面先进，物流功能多样，物流服务品种繁多。物流将不再像我们想象的那样繁杂、笨重、肮脏，而会变得快捷、高效、安全、清洁。自然科学技术在不断发展，物流管理技术和运作方式也会随着技术的发展而不断革新。新型的物流系统会不断地降低社会物流成本，在实现物流企业自身经济效益和社会效益的同时，最终也必将会给消费者带来巨大的效益；物流系统的发展在降低社会流通成本的同时，也降低了整个社会商品体系的价格，从而可以拉动消费，启动投资，保证国民经济的持续健康增长。物流系统的发展成果将成为衡量国民经济的重要砝码，成为比较国家经济竞争力的一个重要元素。

案例

跨境电商的常见国际物流模式

本章小结

本章的主要目的是使读者了解电子商务平台上物流管理的基本概念，供应链管理的基本内容、方法和功能。本章从电子商务与物流的有机组成入手，介绍电子商务应用于物流业的基本模式，物流脉和供应链管理。

复习思考题

1．电子商务平台上物流管理的基本概念是什么？
2．供应链管理的基本内容、方法和基本功能要素是什么？
3．简述电子商务应用于物流业的基本模式。

第十二章　物流的相关法律法规

知识要求

- ❏ 重点掌握国际海运公约的相关内容
- ❏ 重点掌握中国海商法的相关内容
- ❏ 了解铁路货物运输合同的相关规定
- ❏ 了解航空货物运输合同的相关规定

技能要求

- ❏ 认识不同运输方式下承运人责任制度的相关规定
- ❏ 认识海上货物运输合同的相关规定

根据国家标准《物流术语》，物流活动由物品的运输、储存、装卸、搬运、包装、流通加工、配送、信息处理等工作环节构成，其中既涉及静态的法律关系也涉及动态的法律关系，而其中与运输相关的法律关系尤为复杂，因此，物流相关国际公约和国内法律法规基本上都是以货物运输关系为中心制定的。本章重点介绍货物运输环节的国际公约和国内法律法规。

素质目标

- ❏ 引导学生养成科学、严谨的工作态度
- ❏ 引导学生遵纪守法、遵守职业道德
- ❏ 增强学生的规则意识和法律意识，包括遵守法律法规、遵循企业规章制度，树立牢固的法治观念，能学法用法

项目导读

厦门海事法院：助力推动"海上福建"高质量发展

第一节　国际海上货物运输法概述

国际海上货物运输是指承运人收取运费，负责将托运人托运的货物经海路由一国港口运至另一国港口的货物运输。海上货物运输分为国际海上货物运输和国内海上货物运输两种，国内海上运输是指我国沿海港口之间的货物运输。在我国，内河和沿海的货物运输合称为水路货物运输，国内水路货物运输是指中国沿海、江河、湖泊以及其他通航水域中一切营业性的货物运输。在我国，国际海上货物运输与国内水路货物运输法律制度相互独立，分别适用不同的法律法规。由于篇幅有限，本书仅介绍国际海上货物运输的相关法律制度。

一、国际海上货物运输法的渊源

国际海上货物运输法的渊源是指法律法规的表现形式或出处，包括国际渊源和国内渊源。国际渊源主要包括国际立法和国际惯例，国内渊源主要是指国内立法和相关司法解释。在英美法系实行判例法的国家中，国内法院的判例也是法律渊源，而中国为成文法国家，法院判例并不是法律的渊源。

（一）国际渊源

1. 国际公约

国际海上货物运输公约是指由两个或两个以上的国家协商一致缔结的有关海上运输及赔偿责任等方面的条约。国际条约的适用范围一定包括缔约国，但通过当事人的选择或冲突规范的指引，在非缔约国也会产生效力，而且国际海运公约在其适用范围的规定上也有日益扩张的趋势。例如，中国海运承运人常把《海牙规则》作为运输合同或者提单的首要条款，尽管我国并非缔约国，但是由于当事人的约定，《海牙规则》依然对我国承运人有效。

目前，主要的海运公约有四个：《海牙规则》《维斯比规则》《汉堡规则》《鹿特丹规则》，其中前三个已经生效，第四个仍在缔结中。中国并没有参加这些公约，但我国《中华人民共和国海商法》（以下简称《海商法》）的制定却借鉴了很多国际海运公约的先进经验，很多制度与公约规定一致。

2. 国际惯例

海运国际惯例是在航海贸易及航运中形成的，经过长期反复实践被当事人普遍采用和遵守的海事习惯。国际海运惯例有些是不成文的，有些则通过整理和编撰成为成文的规则，如有关共同海损理算的《约克-安特卫普规则》。国际惯例经当事人约定会对当事人产生约束力。国际惯例对国际立法和国内立法起着重要的补充作用。我国《海商法》第二百六十八条第二款规定，中华人民共和国法律和中华人民共和国缔结或者参加的国际条约没有规定的，可以适用国际惯例。

（二）国内渊源

1. 国内立法

海上货物运输的国内立法主要是指国家以法典形式或单行法规的形式颁布的有关海运

及海商贸易的各种法律规范。法律是指由全国人大及其常务委员会制定的法律规范文件，法规是指由国务院及其各部委制定的单行法规。相关的海运国内法律主要有《中华人民共和国海商法》《中华人民共和国民事诉讼法》《中华人民共和国海事诉讼特别程序法》等。法规主要有《中华人民共和国内河交通安全管理条例》《中华人民共和国国际海运条例》等。法律的效力要高于法规的效力。

2．司法解释

我国是成文法国家，成文法虽然具有稳定、明确、易于遵守等优点，但也存在过于概括、缺乏灵活性等缺点，而司法解释则可以弥补这一不足。在我国，由最高人民法院颁布的司法解释对下级人民法院的司法实践起着重要的指导作用。最高人民法院颁布的司法解释在很多问题上弥补了法律的空白，例如，2009年最高人民法院颁布的《最高人民法院关于审理无正本提单交付货物案件适用法律若干问题的规定》就填补了我国法律在无单放货问题上的空白。

二、国际海上货物运输合同概述

（一）国际海上货物运输合同的种类

1．班轮货物运输合同

班轮货物运输合同是指承运人将属于不同托运人的小批量、多品种的货物装载于同一船舶上，按其预先公布的船期和航线，依照规定的挂靠港顺序运送货物的运输合同。班轮运输合同一般都以提单条款作为其表现形式。

2．航次租船合同

航次租船合同也叫不定期船运输合同，是指船舶出租人向承租人提供船舶或者船舶的部分舱位，装运约定的货物，从一港运至另一港，由承租人支付约定运费的合同，又被称为航程租船合同或程租合同。

3．海上货物运输总合同

海上货物运输总合同是指承运人负责将一定数量的货物，在约定时期内，分批经海路由一港运至另一港，而由托运人或者收货人支付运费的合同。

4．多式联运合同

多式联运合同是指多式联运经营人以两种以上的不同运输方式，其中一种是海上运输方式，负责将货物从接收地运至目的地交付收货人，并收取全程运费的合同。

（二）国际海上货物运输合同的当事人

海上货物运输合同的当事人包括承运人、实际承运人、托运人和收货人。

（1）承运人是指本人或者委托他人以本人名义与托运人订立海上货物运输合同的人。

（2）实际承运人是指接受承运人委托，从事货物运输或者部分运输的人，包括接受转委托从事此项运输的其他人。

（3）托运人，在我国《海商法》中，包括两类托运人：一是指本人或者委托他人以本人名义或者委托他人为本人与承运人订立海上货物运输合同的人；二是指本人或者委托他人以本人名义或者委托他人为本人将货物交给与海上货物运输合同有关的承运人的人。第二种托运人一般指 FOB 贸易术语下的卖方。

（4）收货人是指有权提取货物的人。在我国，持有正本提单的人为有权提取货物的人。

第二节 海上货物运输国际公约和惯例

调整国际海上货物运输的公约主要包括四个：一是 1924 年《统一提单的若干法律规则的国际公约》，简称《海牙规则》；二是 1968 年《修改统一提单的若干法律规则的国际公约》，简称《维斯比规则》；三是《1978 年联合国海上货物运输公约》，简称《汉堡规则》；四是 2008 年《联合国全程或部分海上国际货物运输合同公约》，简称《鹿特丹规则》，前三个公约已经生效，第四个公约已经有 20 余个国家缔约，但并未生效。另外，还有 1980 年《联合国国际货物多式联运公约》，但至今没有生效。

一、《海牙规则》的主要内容

《海牙规则》共十六条，主要规定了以下内容。

（一）承运人最低限度的义务

（1）适航义务。适航的具体要求是指船舶处于适合航行的状态；船员配备适当；装备适当；载货处所适宜运送合同约定的货物。适航的标准为相对适航，即只要尽到"谨慎处理"即可，并不要求绝对的客观的适航。适航的时间为开航之前和开航当时。

（2）管货义务。承运人应当妥善和谨慎地装载、搬运、积载、运输、保管、照料和卸载所运货物。如果在这七个环节中存在过失，则应当承担赔偿责任。

（3）不得进行不合理绕航的义务，即承运人应当按照约定的或者习惯的或者地理上的航线将货物运往卸货港。

（二）承运人的责任期间

责任期间是指承运人对货物的灭失或损害负责赔偿的时间范围。按照《海牙规则》第七条的规定：本条约中的任何规定，都不妨碍承运人或托运人就承运人或船舶对海运船舶所载货物于装船以前或卸船以后所受灭失或损害，或与货物的保管、照料和搬运有关的灭失或损害所应承担的责任与义务，订立任何协议、规定、条件、保留或免责条款。

（三）免责

《海牙规则》对承运人责任的归责采取了不完全责任制。所谓完全责任制，是指承运人对损害后果存在过失，即对货物的毁损灭失承担赔偿责任。但是《海牙规则》确立的不完全责任制却规定了承运人即使有过失仍然免责的具体情形。《海牙规则》规定了十七项免责事项，即承运人对因下列原因引起或造成的货物灭失和损坏不负赔偿责任，具体如下。

① 船长、船员、引水员或承运人的雇佣人员，在航行或管理船舶中的行为、疏忽或不

履行义务。

② 火灾，但由于承运人的实际过失或私谋所引起的除外。

③ 海上或其他能航水域的灾难、危险和意外事故。

④ 天灾。

⑤ 战争行为。

⑥ 公敌行为。

⑦ 君主、当权者或人民的扣留或管制，或依法扣押。

⑧ 检疫限制。

⑨ 托运人或货主、其代理人或代表的行为或不行为。

⑩ 不论由于任何原因所引起的局部或全面罢工、关厂停止或限制工作。

⑪ 暴动和骚乱。

⑫ 救助或企图救助海上人命或财产。

⑬ 由于货物的固有缺点、性质或缺陷引起的体积或重量亏损，或任何其他灭失或损坏。

⑭ 包装不善。

⑮ 唛头不清或不当。

⑯ 虽克尽职责亦不能发现的潜在缺点。

⑰ 非由于承运人的实际过失或私谋，或者承运人的代理人，或雇佣人员的过失或疏忽所引起的其他任何原因；但是要求引用这条免责利益的人应负责举证，证明有关的灭失或损坏既非由于承运人的实际过失或私谋，亦非承运人的代理人或雇佣人员的过失或疏忽所造成。

（四）责任限额

《海牙规则》第四条第五款规定：承运人或是船舶，在任何情况下对货物或与货物有关的灭失或损害，每件或每计费单位超过 100 英镑或与其等值的其他货币的部分，都不负责；但托运人于装货前已就该项货物的性质和价值提出声明，并已在提单中注明的，不在此限。

该项声明如经载入提单，即作为初步证据，但它对承运人并不具有约束力或最终效力。

经承运人、船长或承运人的代理人与托运人双方协议，可规定不同于本款规定的另一最高限额，但该最高限额不得低于上述数额。

如承运人在提单中，故意谎报货物性质或价值，则在任何情况下，承运人或是船舶，对货物或与货物有关的灭失或损害，都不负责。

（五）适用范围

《海牙规则》适用于任何缔约国所签发的一切提单，而不适用于租船合同。但是，如果是在船舶出租情况下签发的提单，且提单为非船舶承租人的第三人作为发货人或收货人所持有，则适用《海牙规则》。

二、《维斯比规则》的主要内容

《维斯比规则》共十七条，但只有前六条才是实质性的规定，对《海牙规则》的第三、

四、九、十条进行了修改。其主要修改内容如下。

（一）扩大了规则的适用范围

《海牙规则》的各条规定仅适用于缔约国所签发的提单。《维斯比规则》扩大了其适用范围，其中的第五条第三款规定：① 在缔约国签发的提单；② 货物在一个缔约国的港口起运；③ 提单载明或为提单所证明的合同规定，该合同受公约的各项规则或者使其生效的任何一个国家的立法所约束，不论承运人、托运人、收货人或任何其他有关人员的国籍如何。该规定的意思只要提单或为提单所证明的运输合同上有适用《维斯比规则》的规定，该提单或运输合同就要受《维斯比规则》的约束。

（二）明确了提单的证据效力

《海牙规则》第三条第四款规定，提单上载明的货物主要标志、件数或重量和表面状况应作为承运人按其上所载内容收到货物的初步证据。至于提单转让至第三人的证据效力，未作进一步的规定。《维斯比规则》为了弥补上述的缺陷，在第一条第一款则补充规定："……但是，当提单转让至善意的第三人时，与此相反的证据将不能接受。"这表明对于善意行事的提单受让人来说，提单载明的内容具有最终证据效力。所谓"善意行事"是指提单受让人在接受提单时并不知道装运的货物与提单的内容有何不符之处，而是出于善意完全相信提单记载的内容。这就是说，《维斯比规则》确立了一项在法律上禁止翻供的原则，即当提单背书转让给第三者后，该提单就是货物已按上面记载的状况装船的最终证据。承运人不得借口在签发清洁提单前货物就已存在缺陷或包装不当来对抗提单持有人。

这一补充规定，有利于进一步保护提单的流通与转让，也有利于维持提单受让人或收货人的合法权益。一旦收货人发现货物与提单记载不符，承运人只能负责赔偿，不得提出任何抗辩的理由。

（三）强调了承运人及其受雇人员的责任限制

海上货物运输合同当事人涉讼多因一方当事人的违约而引起。但在有些国家承认双重诉讼的权利，即货主在其货物遭受损害时，可以以承运人违反运输合同或以其侵权为由向承运人起诉。在货主以侵权为由提出诉讼时，承运人便不能引用《海牙规则》中的免责和责任限制的规定。如果不能对此加以限制，运输法规中的责任限制规定就形同虚设，为进一步强调承运人及其受雇人员享有该权利，《维斯比规则》第三条规定："本公约规定的抗辩和责任限制，应适用于就运输合同涉及的有关货物的灭失或损坏对承运人提出的任何诉讼，不论该诉讼是以合同为根据还是以侵权行为为根据。""如果诉讼是对承运人的受雇人员或代理人（该受雇人员或代理人不是独立订约人）提起的，该受雇人员或代理人也有权援引《海牙规则》规定的承运人的各项抗辩和责任限制。""向承运人及其受雇人员或代理人索赔的数额，在任何情况下都不得超过本公约规定的赔偿限额。"根据以上规定，使得合同之诉和侵权之诉处于相同的地位：承运人的受雇人员或代理人也享有责任限制的权利。英国法院在审理"喜马拉雅"轮一案时，曾对承运人的受雇人员或代理人能否享受承运人所享受的权利做出否定的判决，认为承运人的受雇人员或代理人无权援引承运人与他人签订的合同中的条款。所以在此案后，承运人纷纷在提单上规定承运人的受雇人员或代理人可以援引承运人的免责或责任限制。人们称这一条款为"喜马拉雅条款"。显然《维斯比规则》的这一规定有利于保护船东的利益。

（四）提高了承运人对货物损害赔偿的限额

《海牙规则》规定承运人对每件或每单位的货物损失的赔偿限额为100英镑，而《维斯比规则》第二条则规定，每件或每单位的赔偿限额提高到10 000金法郎，同时还增加一项以受损货物毛重为标准的计算方法，即每公斤为30金法郎，以两者中较高者为准。采用的金法郎仍以金本位为基础，目的在于防止日后法郎纸币的贬值，一个金法郎是含金纯度为900/1000的黄金65.5毫克的单位。一旦法郎贬值，仍以上述的黄金含量为计算基础，在《威斯比规则》通过时，10 000金法郎大约等于431英镑，与《海牙规则》规定的100英镑相比，这一赔偿限额显然是大大提高了。

这一规定不但提高了赔偿限额，而且创造了一项新的双重限额制度，不但维护了货主的利益，而且这种制度也为以后《汉堡规则》和我国《海商法》所接受。

另外，该规则还规定了丧失赔偿责任限制权利的条件，即如经证实损失是由于承运人蓄意造成，或者知道很可能会造成这一损害而毫不在意的行为或不行为所引起，则承运人无权享受责任限制的权利。

（五）增加了"集装箱条款"

《海牙规则》没有关于集装箱运输的规定。《维斯比规则》增加"集装箱条款"，以适应国际集装箱运输发展的需要。该规则第二条第三款规定："如果货物是用集装箱、托盘或类似的装运器具集装时，则提单中所载明的装在这种装运器具中的包数或件数，应视为本款中所述的包或件数；如果不在提单上注明件数，则以整个集装箱或托盘为一件计算。"该条款的意思是，如果提单上具体载明在集装箱内的货物包数或件数，计算责任限制的单位就按提单上所列的件数为准；否则，则将一个集装箱或一个托盘视为一件货物。

（六）延长了诉讼时效

《海牙规则》规定，货物灭失或损害的诉讼时效为一年，从交付货物或应当交付货物之日起算。《维斯比规则》第一条第二款、第三款则补充规定，诉讼事由发生后，只要双方当事人同意，这一期限可以延长，明确了诉讼时效可经双方当事人协议延长的规定。对于追偿时效则规定，即使在规定的一年期满之后，只要是在受法院法律准许期间之内，便可向第三方提起索赔诉讼。但是准许的时间自提起诉讼的人已经解决索赔案件，或向其本人送达起诉状之日起算，不得少于三个月。

三、《汉堡规则》的主要内容

《汉堡规则》共三十四条，其内容明显代表了货主的利益，一般认为它彻底改变了《海牙规则》对承运人利益的偏袒，加重了承运人的责任，重新构建了承运人和托运人之间较为合理的权利与义务关系。

（一）确立了完全过失责任制

《汉堡规则》取消了《海牙规则》中的十七项免责，建立了承运人损害赔偿的完全过失责任制，除非承运人能证明其已经为避免事故的发生及其后果采取了一切可能的措施，否则即承担货损赔偿责任。

（二）延长了承运人的责任期间

与《海牙规则》规定承运人的责任期间从货物装上船至卸下船的"钩至钩""舷至舷"规则不同，《汉堡规则》第四条规定：承运人对货物的责任期间为"收到交"，即包括在装货港，在运输途中以及在卸货港，货物在承运人掌管的全部期间。

（三）提高责任限额

《汉堡规则》进一步提高了承运人货物损害赔偿的限额，为每件或每一其他单位 835 特别提款权，或按照货物毛重每千克 2.5 特别提款权，两者以高者为准。迟延交付的责任限额为所迟延交付货物运费的 2.5 倍，但不得超过合同规定的应付运费的总额。

（四）增加了活动物与舱面货的规定

由于活动物与舱面货的特殊风险性，《海牙规则》将活动物与舱面货排除在货物之外，对其没有做出调整，《汉堡规则》将活动物与舱面货纳入货物的范围，并明确规定承运人依照其与托运人的合同约定，或符合相关贸易惯例，或符合法律规定，才能有权在舱面装货，否则，承运人应当对因此造成的货损负赔偿责任。

（五）增设实际承运人相关规定

《汉堡规则》确立了实际承运人的概念，并明确了承运人对实际承运人及其受雇人、代理人的行为负责，在实际承运人负责任的情况下，承运人与实际承运人对索赔方负连带赔偿责任。

（六）扩大了公约的适用范围

《汉堡规则》进一步扩大了其适用范围，即适用于两个不同国家之间所有的海上货物运输合同，而且该海上运输合同具有下列情形之一：① 海上运输合同所规定的装货港位于一个缔约国内；② 海上运输合同所规定的卸货港位于一个缔约国内；③ 海上运输合同所规定的备选卸货港之一为实际卸货港，并且该港位于一个缔约国内；④ 提单或证明海上运输合同的其他单证是在一个缔约国内签发的；⑤ 提单或证明海上运输合同的其他单证规定，本公约各项规定或实行本公约的任何国家的立法，应约束该合同。

四、《鹿特丹规则》对承运人相关制度的变革

2008 年 12 月 11 日，在纽约举行的联合国大会上，《联合国全程或部分海上国际货物运输合同公约》正式通过，该公约又被命名为《鹿特丹规则》。《鹿特丹规则》在承运人责任相关制度上主要做了以下改变。

（一）承运人责任期间的变化

《鹿特丹规则》规定承运人责任期间是"收货—交货"，并且不限定接收货物和交付货物的地点。因此，该规则适用于承运人在船边交接货物、港口交接货物、港外交接货物或者"门到门"运输。与《海牙规则》《维斯比规则》规定的"装货—卸货"和《汉堡规则》规定的"装港—卸港"相比，《鹿特丹规则》扩大了承运人的责任期间。这一承运人责任期间的扩大，一方面将有利于航运业务，尤其是国际货物多式联运业务的开展，但同时在一定程度上将增加承运人的责任。

（二）承运人责任基础与免责的变化

承运人责任基础的规定，在海上货物运输法律中始终处于核心地位，是船货双方最为关注的条款。与现存法律制度比较，《鹿特丹规则》主要有以下变化。

（1）采用承运人完全过错责任，高于《海牙规则》《维斯比规则》的不完全过错责任，与《汉堡规则》采用的承运人责任原则相同。

（2）废除了承运人"航海过失"免责和"火灾过失"免责。而《海牙规则》《维斯比规则》规定承运人对由于船长、船员、引航员或者承运人的其他受雇人在驾驶船舶或者管理船舶中的过失（"航海过失"）和火灾中的过失（"火灾过失"）而导致的货物灭失、损坏或迟延交付免责。

（3）承运人谨慎处理使船舶适航的义务扩展至整个航次期间；而《海牙规则》《维斯比规则》要求的承运人对船舶的适航义务仅限于在船舶开航前和开航当时。

（三）承运人赔偿责任限制制度

（1）《鹿特丹规则》规定承运人对货物的灭失或损坏的赔偿限额为每件或者每一其他货运单位 875 个特别提款权，或货物毛重每公斤赔偿 3 个特别提款权，高于《维斯比规则》和《汉堡规则》规定的限额。

（2）与以往三大公约不同，《鹿特丹规则》对承运人赔偿责任的规定并不限于货物灭失或者损坏的情形，也适用于除迟延交付之外的其他情形。

（3）《鹿特丹规则》对承运人丧失责任限制的情形，与现行公约相比没有变化。即经证明，货物的灭失、损坏或者迟延交付是由于承运人的故意或者明知可能造成损失而轻率地作为或者不作为造成的，承运人不得援用限制赔偿责任的规定。

《鹿特丹规则》规定承运人赔偿责任限制适用于违反该公约规定的承运人义务所应负赔偿责任的所有情况（迟延交付除外），使承运人可以适用责任限制的范围有所扩大。但《鹿特丹规则》使承运人对于货物的灭失或者损坏能够援引责任限制的机会将极少，在绝大多数情况下须全部赔偿，从而使传统的国际海上货物运输法律赋予承运人的赔偿责任限制权利几乎不再发挥作用，大大加重承运人责任。

（四）货物索赔举证责任的变化

货物索赔的举证责任，是指发生货物灭失、损坏或者迟延交付后，提供证据证明其原因以及责任或免责的责任，《维斯比规则》对此规定不够明确，《汉堡规则》采用了推定承运人有过错的原则。《鹿特丹规则》对船货双方的举证责任分担做了分层次的详细规定，在举证的顺序和内容上构建了"三个推定"的立法框架：① 推定承运人有过失，承运人举证无过失；② 承运人举证免责事项所致，推定其无过失；③ 船舶不适航，推定承运人有过失，承运人举证因果关系或者已谨慎处理。

《鹿特丹规则》规定的举证责任分配，与《海牙规则》《维斯比规则》《汉堡规则》相比较，以承运人推定过失为基础，明确了船货双方各自的举证内容与顺序，举证责任分配体系层次分明，具有较好的可操作性，比《汉堡规则》对承运人有利。但《鹿特丹规则》加重了承运人的举证责任，排除了承运人利用举证责任规定不明确可能具有的抗辩利益。

（五）迟延交付责任的规定

《海牙规则》和《维斯比规则》没有明确规定迟延交付以及承运人的赔偿责任。《鹿特丹规则》规定，"未在约定时间内在运输合同规定的目的地交付货物，为迟延交付。"该规定与《汉堡规则》的"合理时间"标准相比，更具有可操作性。《鹿特丹规则》规定的货物迟延交付责任限额为 2.5 倍运费，与《汉堡规则》的规定相似。

五、国际惯例

（一）《多式联运单证规则》

《多式联运单证规则》全称为《1991 年联合国贸易和发展会议/国际商会多式联运单证规则》，是 1991 年由联合国贸易和发展会议与国际商会在 1975 年《多式联运单证统一规则》的基础上，参考《联合国国际货物多式联运公约》共同制定的一项民间规则。

（二）《约克-安特卫普规则》

《约克-安特卫普规则》是一个国际上广泛采用的共同海损理算规则，经多次修改，每次修改都不废止旧规则，目前，1890 年、1924 年、1950 年、1974 年、1994 年和 2004 年的《约克-安特卫普规则》并存，供有关各方选择使用。该规则适用范围较广，运载货物的海船发生共同海损事故时，当事方一般都采用该规则进行理算。

第三节　提单与海运单相关法律制度

在国际货物运输中，承运人有签发提单等运输单证的义务，因此，提单等运输单证的法律制度成为海上货物运输相关法律中非常重要的制度之一。目前，最为常见的海运单证主要包括提单和海运单两种。

一、提单的概念和分类

（一）提单的概念

我国《海商法》吸收了《汉堡规则》的规定，将提单定义为用以证明海上货物运输合同和货物已经由承运人接收或者装船，以及承运人保证据以交付货物的单证。提单中载明的向记名人交付货物，或者按照指示人的指示交付货物，或者向提单持有人交付货物的条款，构成承运人据以交付货物的保证。

（二）提单的种类

根据不同的标准，提单可以分为以下种类。

1．记名提单、指示提单和不记名提单

该分类是根据提单正面收货人的记载情况划分的。

（1）记名提单。记名提单是指由托运人在提单下面的收货人一栏内填写特定收货人名字或名称的提单。我国《海商法》第七十九条规定：记名提单，不得转让。记名提单不具有流通性，因而在实践中较少被采用，一般只用于运输展览品、个人物品等。

（2）指示提单。指示提单是指提单下面的收货人一栏内填写"凭指示"或者"凭某人指示"的提单。指示提单是可转让提单，经过记名背书或者空白背书转让。指示提单的可转让性使其在实践中被广泛地采用。

（3）不记名提单。不记名提单是指由托运人在提单下面的收货人一栏没有填写具体的收货人或指示人，一般只注明"持有人"或"交与持有人"字样的提单。不记名提单无须背书即可以转让。不记名提单的流转性太强，风险较大，极少被采用。

2．已装船提单和收货待运提单

该分类是根据在签发提单时，货物是否装船所划分的。

（1）已装船提单。已装船提单是指承运人在货物装船后签发给托运人的提单。国际贸易结汇中，银行一般只接受已装船提单。承运人签发了已装船提单，意味着其确认提单项下的货物已经装上提单所注明的船舶。

（2）收货待运提单。收货待运提单是指承运人在接收了货物但尚未装船时，应托运人的要求而签发的提单。承运人签发此类提单，只表明货物已由其掌管。货物装船完毕，托运人可以将收货待运提单或者其他单证退还承运人，以换取已装船提单；承运人也可以在收货待运提单上加注承运船舶的船名和装船日期，加注后的收货待运提单视为已装船提单。

3．清洁提单和不清洁提单

该分类是根据提单上有无货物状况的不良批注所划分的。

（1）清洁提单。清洁提单是指承运人签发的对货物外表状况未加批注的提单。承运人未在提单上批注货物表面状况的，视为货物的表面状况良好。承运人签发此类提单表明承运人已经接收按照提单所载的外观状况良好的货物或者货物已经装船。所谓外观状况良好是指承运人凭目力所能观察到的货物状况，但不排除货物存在内在瑕疵及其他目力所不及的缺陷。承运人应当就清洁提单向收货人负责，不得以签发清洁提单前货物即已存在不良状况为由推脱责任。

（2）不清洁提单。不清洁提单是指承运人在其上加有对货物外表状况不良批注的提单。提单上记载有关货物表面状况不良的批注，如钩损、锈蚀、渗漏、污渍、油渍、包装破漏等，有该类批注的提单为不清洁提单。另外，值得注意的是，并不是所有加批注的提单都为不清洁提单。例如，承运人或者代其签发提单的人，知道或者有合理的根据怀疑提单记载的货物的品名、标志、包数或者件数、重量或者体积与实际接收的货物不符，在签发已装船提单的情况下怀疑与已装船的货物不符，或者没有适当的方法核对提单记载的，可以在提单上批注，说明不符之处、怀疑的根据或者说明无法核对，以此表明承运人对所运货物的内容不知，若货物发生损失，则后果由托运人自负。这些批注被称之为"不知条款"。"不知条款"只适用于散装货（如谷物、煤炭）和包装货，不适用于件装货。一般来说，不知条款、根据货物的特性而批注的"不负破碎责任""不负汗湿责任"等条款，以及"旧箱""旧桶"等笼统批注等批注外包装而支持具体不良状况的批注，均不构成不清洁批注。

4．几种主要的特殊提单

（1）倒签提单。倒签提单是指在货物装船后签发的，以早于货物实际装船日期为签发日期的提单。

（2）预借提单。预借提单是指在货物尚未全部装船，或者货物虽已由承运人接管，但尚未开始装船的情况下，签发的已装船提单。

实践中，托运人一般以出具保函的方式换取此两类提单，承运人接受保函而签发这两种提单，有违民事活动诚实信用的基本原则，甚至构成与托运人串通，对善意的收货人进行欺诈，使货物买方丧失根据信用证拒付货款和解除货物买卖合同的权利。我国海商法理论界对承运人倒签、预借提单行为有的认为属于违约，有的认为是侵权，有的认为是责任竞和。海事司法案例判决为侵权。

（3）转换提单。转换提单是指在装货港签发的，承运人在中途港收回，并另换发以该中途港为装货港的提单。承运人签发这种提单，违反了诚实信用的基本原则，构成欺诈。

（4）电子提单。电子提单是指通过电子数据交换系统传送的有关海上货物运输合同的数据。电子提单的快捷性可以解决一直困扰航运界的无单放货问题。电子提单是按电子密码输送，具有高度安全性，可以防止海运单证欺诈的发生。虽然电子提单具有很多优点，但是尚未普及。

二、提单的内容和签发

（一）提单的内容

海上货物运输中使用的提单是由各船公司自行制定的，没有统一的标准，但在内容和形式上大同小异。一般来说，提单正面是需要记载的基本事项，而背面则是运输合同的条款。

1．提单正面记载事项

根据我国《海商法》第七十三条，提单内容包括下列各项：① 货物的品名、标志、包数或者件数、重量或者体积，以及运输危险货物时对危险性质的说明；② 承运人的名称和主营业所；③ 船舶名称；④ 托运人的名称；⑤ 收货人的名称；⑥ 装货港和在装货港接收货物的日期；⑦ 卸货港；⑧ 多式联运提单增列接收货物地点和交付货物地点；⑨ 提单的签发日期、地点和份数；⑩ 运费的支付；⑪ 承运人或者其代表的签字。

另外，提单正面也经常会有这样的条款。

（1）上列外表状况良好的货物（另有说明者除外）已装在上列船上，并应在上列卸货港或该船所能安全到达并保持浮泊的附近地点卸货。重量、尺码、标志、号数、品质、内容和价值是托运人所提供的，承运人在装船时并未核对。

（2）托运人、收货人和本提单的持有人兹明白表示接受并同意本提单和它背面所载的一切印刷、书写或打印的规定、免费事项和条件。

（3）请托运人特别注意本提单内与该货保险效力有关的免责事项和条件。

2．提单背面的条款

提单背面条款主要涉及承运人和托运人双方的权利义务，一般包括以下主要条款：① 管辖权条款，根据本提单或与其有关的一切争议由何国法院管辖；② 承运人责任条款，有关承运人的义务、赔偿责任、权利及豁免事项；③ 承运人的责任期间条款；④ 运费和其他费用条款；⑤ 装货、卸货和交货条款；⑥ 赔偿责任限制条款；⑦ 转运、换船、转口货物和转船条款；⑧ 危险品、违禁品条款；⑨ 舱面货、活动物和植物条款；⑩ 集装箱货物条款；⑪ 冷藏货条款；⑫ 散装货、一个以上收货人的货物条款；⑬ 熏蒸条款；⑭ 选港货条款；⑮ 共同海损条款；⑯ 新杰逊条款；⑰ 双方有责碰撞条款；⑱ 战争、检疫、冰冻、罢工等条款；⑲ 地区条款。

新杰逊条款：如果救助船舶为承运人所有或由其经营，则其救助费和应犹如该救助船舶系为第三者所有一样，全额支付。承运人或其代理人认为足以支付货物方面的预计分摊款额及其救助费用和特殊费用的保证金，如有需要，应由货物托运人、收货人或货物所有人有提货之前付给承运人。

双方有责碰撞条款：如有船舶由于他船疏忽以及本船船长、船员、引水员或承运人的受雇人在驾驶或管理船舶中的行为、疏忽或不履行职责而与他船碰撞，则本船的货物所有人应就他船，亦即非载货船舶或其所有人所受一切损失或所负一切赔偿责任，给予本船承运人赔偿。但此种赔偿应以上述损失或赔偿责任所体现的已由或应由他船，亦即非载货船舶或其所有人付给上述货物所有人其货物的灭失或损坏或其提出的任何赔偿要求的数额为限，并由他船，即非载货船舶作为其向载货船舶或承运人提出的索赔的一部分，将其冲抵、补偿或收回。如果非属碰撞船舶或物体的，或在碰撞船舶或物体之外的任何船舶或物体的所有人、经营人或主管人，在碰撞、触碰、搁浅或其他事故中犯有过失时，上述规定亦应适用。

地区条款：关于运往美国或从美国运出的货物，尽管有本提单的任何其他条款，本提单应遵守美国1936年海上货物运输法的规定。承运人或船舶对此种货物的灭失或损坏所负赔偿责任，在任何情况下每件或如此种货物不以包件运送则每一通常计费单位不超过美国合法货币500元，但是托运人在此种货物装船前已将其性质和价值加以申报并被载入提单者不在此限。

（二）提单的签发

提单须经承运人签发始生效力，我国《海商法》第七十二条规定：货物由承运人接收或者装船后，应托运人的要求，承运人应当签发提单。可见，签发提单是承运人的义务。除了承运人本人，提单还可以由承运人授权的人签发，提单由载货船舶的船长签发的，视为代表承运人签发。

提单签发的地点通常是货物的装船港，有时则是船公司所在地。提单的签发日期是承运人接管货物或者货物装船的日期，它影响到国际货物买卖合同的履行和托运人的信用证结汇，因此，承运人应当按实际情况填写，并不得无故拖延签发提单，否则会产生相应的法律责任。

提单的签发份数按照托运人的要求而定，并且有正本提单和副本提单之分。正本提单可以流转，通常是一式三份，一份用于结汇，一份作为提货凭证，另一份备用。正本提单上注明全套正本提单的份数。收货人凭一份正本提单在目的港提取货物，承运人应当将该份提单收回，其他各份提单即失去提货的效力。

副本提单的份数视需要而定，其上注有"副本""不能流通"等字样，且无背面条款。副本提单不具有正本提单的法律效力，不能用于提货。

三、海运单

海运单是指证明国际海上货物运输合同和货物由承运人接管或装船，以及承运人保证将货物交给指定的收货人的一种不可转让的单证。海运单不能背书转让，收货人无须凭海运单，只需出示适当的身份证明，就可以提取货物。因此海运单迟延到达、灭失、失窃等均不影响收货人提货，这样可以有效地防止海运欺诈、错误交货的发生。与提单相比，海运单提货更及时、更安全、更简便，自 20 世纪 70 年代产生以来，使用海运单的国家越来越多，目前，海运单在欧洲国家采用得比较普遍。

（一）海运单的法律功能

海运单是托运人和承运人之间订立海上货物运输合同的证明，又是承运人接管货物或者货物已经装船的货物收据。但是，海运单不是可转让流通的单据，不是货物的"物权凭证"。

（二）海运单的法律适用

目前没有专门规定海运单的国际公约，我国法律也没有关于海运单的规定。1990 年在国际海事委员会第 34 届大会上通过了《国际海事委员会海运单统一规则》，供当事人选择适用，该规则第四条明确规定：运输合同应受适用于该合同的，或者当运输合同由提单或类似的物权凭证包含时，强制适用于该合同的国际公约或国内法的制约。

（三）海运单的流转程序

第一步：承运人签发海运单给托运人。第二步：承运人在船舶抵达卸货港前向海运单上记名的收货人发出到货通知书。到货通知书表明这批货物的运输是根据海运单进行的。第三步：收货人在目的地出示有效身份证件证明他确系海运单上记载的收货人，并将其签署完的到货通知书交给承运人的办事机构或当地代理人，同时出示海运单副本。第四步：承运人或其代理人签发提货单给收货人。第五步：货物到达卸货港后，收货人凭提货单就可以提货。

（四）海运单与提单的区别和联系

（1）提单是货物收据、运输合同的证明，也是物权凭证；海运单只具有货物收据和运输合同这两种性质，它不是物权凭证。

（2）提单可以是指示抬头形式，可以背书流通转让；海运单是一种非流动性单据，海运单上标明了确定的收货人，不能转让流通。

（3）海运单和提单都可以做成已装船形式，也可以是收妥备运形式。海运单的正面各栏目的格式和缮制方法与海运单提单基本相同，只是海运单收货人栏不能做成指示性抬头应缮制确定的具体收货人。

（4）提单的合法持有人和承运人凭提单提货和交货，海运单上的收货人并不出示海运单，仅凭提货通知或其身份证明提货，承运人凭收货人出示适当身份证明交付货物。

（5）提单有全式和简式提单之分，而海运单是简式单证，背面不列详细货运条款但载有一条可援用海运提单背面内容的条款。

（6）提单的流转须经银行，但是海运单并不经过银行环节。

第四节　国际海上货物运输合同的订立和解除

在我国国际海上货物运输中最常见的运输合同包括班轮运输合同、航次租船合同和多式联运合同，其中班轮运输合同和航次租船合同是最基本的合同形式，不同合同形式适用的法律规定也不同，班轮运输合同更多的是适用国际公约和《海商法》的规定，而航次租船合同在法律适用上主要依照"合同自由"原则，由当事人自行约定。

一、国际海上货物运输合同的订立

依照《中华人民共和国民法典》（以下简称《民法典》）的规定，双方意思表示一致时合同成立，包括要约和承诺两个阶段。班轮运输是一种公共运输，追求方便快捷，我国法律并没有规定班轮运输（件杂货运输）合同应当采取某种特定的形式，也就是说，班轮运输合同可以以口头形式订立。该种合同自托运人向承运人订舱，承运人表示接受时成立。

我国《海商法》规定船舶租用合同应当书面订立。实务中，为了简化和加速合同谈判的进程，洽定租船合同的当事人通常都采用标准格式的租船合同，根据各自的需要，对标准格式中的某些条款进行修改、删减或补充，最后达成协议。

二、国际海上货物运输合同的解除

依据《民法典》的有关规定，合同解除分为约定解除和法定解除。

关于约定解除，《民法典》第五百六十二条规定："当事人协商一致，可以解除合同。当事人可以约定一方解除合同的事由。解除合同的事由发生时，解除权人可以解除合同。"

关于法定解除，《民法典》第五百六十三条规定："有下列情形之一的，当事人可以解除合同：（一）因不可抗力致使不能实现合同目的；（二）在履行期限届满前，当事人一方明确表示或者以自己的行为表明不履行主要债务的；（三）当事人一方迟延履行主要债务，经催告后在合理期限内仍未履行；（四）当事人一方迟延履行债务或者有其他违约行为致使不能实现合同目的；（五）法律规定的其他情形。"

对于海上货物运输合同的法律适用来说，《民法典》为一般法，《海商法》为特别法，特别法的规定优于一般法的规定，特别法没有规定的，适用一般法的规定。《海商法》对海上货物运输合同的解除有下列特别规定。

1．开航前的解除

（1）任意解除。《海商法》第八十九条规定：船舶在装货港开航前，托运人可以要求解除合同。但是，除合同另有约定外，托运人应当向承运人支付约定运费的一半；货物已经装船的，并应当负担装货、卸货和其他与此有关的费用。

（2）法定解除。《海商法》第九十条规定：船舶在装货港开航前，因不可抗力或者其他不能归责于承运人和托运人的原因致使合同不能履行的，双方均可以解除合同，并互相不负赔偿责任。除合同另有约定外，运费已经支付的，承运人应当将运费退还给托运人；货物已经装船的，托运人应当承担装卸费用；已经签发提单的，托运人应当将提单退还承运人。

2．开航后的解除

（1）任意解除。对此，各国规定的条件较为严格。一般地，在租用整船的情况下，开航后不得解除合同，除非愿意赔偿由此发生的一切费用和损失，而且只能在合同约定的港口或船舶已驶入的港口要求卸货。

（2）法定解除。《海商法》第九十一条规定：因不可抗力或者其他不能归责于承运人和托运人的原因致使船舶不能在合同约定的目的港卸货的，除合同另有约定外，船长有权将货物在目的港邻近的安全港口或者地点卸载，视为已经履行合同。船长决定将货物卸载的，应当及时通知托运人或者收货人，并考虑托运人或者收货人的利益。

第五节　国际海上货物运输当事人的权利、义务和责任

一、承运人的基本权利和义务

（一）承运人在海上货物运输合同中的基本义务

（1）适航的义务。我国《海商法》第四十七条规定：承运人在船舶开航前和开航当时，应当谨慎处理，使船舶处于适航状态，妥善配备船员、装备船舶和配备供应品，并使货舱、冷藏舱、冷气舱和其他载货处所适于并能安全收受、载运和保管货物。适航的时间为开航前和开航当时，不要求整个航程适航。从中国法院的判例来看，对于开航的港口，不仅限于装货港，也包括中途的停靠港。适航的标准为相对适航，而非绝对的适航，即只要尽到"谨慎处理"即可。"谨慎处理"是一个事实问题，没有统一的解释。例如，一船的冷藏系统发生故障，使冻肉变质，原因是盐水从联结轴中漏出；该联结轴曾由验船社做过两次检验，其中一次是在该航次开始前进行的；英国法院判决已尽"谨慎处理"。又如，淡水从阀门中漏出，验船师仅远距离地用肉眼检查过铆钉，未用锤子或榔头检查，被法院判决未尽"谨慎处理"。

（2）管理货物的义务。我国《海商法》第四十八条规定：承运人应当妥善地、谨慎地

装载、搬移、积载、运输、保管、照料和卸载所运货物。承运人在装载、搬移、积载、运输、保管、照料和卸载货物各个环节中存在过失，造成货物毁损灭失的，除另有规定外，承运人应当承担赔偿责任。

（3）不得进行不合理绕航的义务。我国《海商法》第四十九条规定：承运人应当按照约定的或者习惯的或者地理上的航线将货物运往卸货港。船舶在海上为救助或者企图救助人命或者财产而发生的绕航或者其他合理绕航，不属于违反前款规定的行为。至于其他合理绕航的情形由法官在具体案件中自由裁量，例如，在提单中明确订有绕航条款，实际绕航也没有超出该范围；躲避台风，送病危船员上岸治病等。

（4）签发提单的义务。承运人接收货物后，应当签发提单给托运人。

（5）凭正本提单放货的义务。在目的港，承运人应当将货物交给持有正本提单的人，并将该正本提单收回。

（二）承运人在海上货物运输合同中的基本权利

（1）有权要求托运人应当按海上货物运输合同的约定，交付托运货物。

（2）有权收取运费及其他海上货物运输合同约定应当支付给承运人的费用。

（3）依照法律或海上货物运输合同的规定，享有责任免除和责任限制的权利。

（4）货物留置权。应当向承运人支付的运费、共同海损分摊、滞期费和承运人为货物垫付的必要费用以及应当向承运人支付的其他费用没有付清，又没有提供适当担保的，承运人可以在合理的限度内留置债务人的货物。

二、承运人的赔偿责任

（一）赔偿责任的范围

根据我国《海商法》的规定，承运人的赔偿责任包括对货物毁损灭失的赔偿责任和迟延交付产生的赔偿责任。

（1）迟延交付责任。我国《海商法》第五十条规定：货物未能在明确约定的时间内，在约定的卸货港交付的，为迟延交付。除依照本章规定承运人不负赔偿责任的情形外，由于承运人的过失，致使货物因迟延交付而灭失或者损坏的，承运人应当负赔偿责任。除依照本章规定承运人不负赔偿责任的情形外，由于承运人的过失，致使货物因迟延交付而遭受经济损失的，即使货物没有灭失或者损坏，承运人仍然应当负赔偿责任。

（2）承运人未能在本条第一款规定的时间届满60日内交付货物，有权对货物灭失提出赔偿请求的人可以认为货物已经灭失，可以追究承运人的损害赔偿责任。

（3）舱面货毁损灭失的赔偿责任。承运人在违反同托运人达成的协议、航运惯例、有关法律、行政法规的规定情况下，将货物装载在舱面上，致使货物遭受灭失或者损坏的，应当负赔偿责任。

（4）货物毁损灭失的，除了属于承运人免责的事项造成的之外，承运人应当承担赔偿责任。

（5）因无单放货承担的赔偿责任。

（二）免责

（1）一般的免责事项。我国《海商法》第五十一条规定：在责任期间货物发生的灭失或者损坏是由于下列原因之一造成的，承运人不负赔偿责任：① 船长、船员、引航员或者承运人的其他受雇人在驾驶船舶或者管理船舶中的过失；② 火灾，但是由于承运人本人的过失所造成的除外；③ 天灾，海上或者其他可航水域的危险或者意外事故；④ 战争或者武装冲突；⑤ 政府或者主管部门的行为、检疫限制或者司法扣押；⑥ 罢工、停工或者劳动受到限制；⑦ 在海上救助或者企图救助人命或者财产；⑧ 托运人、货物所有人或者他们的代理人的行为；⑨ 货物的自然特性或者固有缺陷；⑩ 货物包装不良或者标志欠缺、不清；⑪ 经谨慎处理仍未发现的船舶潜在缺陷；⑫ 非由于承运人或者承运人的受雇人、代理人的过失造成的其他原因。

（2）活动物的免责。我国《海商法》第五十二条规定：因运输活动物的固有的特殊风险造成活动物灭失或者损害的，承运人不负赔偿责任。但是，承运人应当证明业已履行托运人关于运输活动物的特别要求，并证明根据实际情况，灭失或者损害是由于此种固有的特殊风险造成的。

（3）舱面货的免责。我国《海商法》第五十三条规定：承运人在舱面上装载货物，应当同托运人达成协议，或者符合航运惯例，或者符合有关法律、行政法规的规定。承运人依照前款规定将货物装载在舱面上，对由于此种装载的特殊风险造成的货物灭失或者损坏，不负赔偿责任。

（4）承运人自向收货人交付货物的次日起连续 60 日内，未收到收货人就货物因迟延交付造成经济损失而提交的书面通知的，不负赔偿责任。

（5）享受免责权利的主体不仅包括承运人，而且包括承运人的受雇人、代理人。

关于承运人的主要义务和其免责权利之间的关系，法律虽没有特别规定，但主流观点认为承运人享有免责的前提条件是其履行了适航义务，否则，不能享受免责的权利。而如果承运人没有履行管货义务和不得不合理绕航义务，那么即使其或其受雇人、代理人有过错，也不能享有免责的权利。

（三）举证责任

（1）承运人主张依照我国《海商法》第五十一条规定免除赔偿责任的，除火灾外，对于其他原因造成的货物毁损灭失和迟延交付负举证责任。对于火灾是由于承运人本人的过失所造成的这一事实，由索赔方负举证责任。

（2）活动物毁损灭失赔偿责任的免除。承运人应当证明业已履行托运人关于运输活动物的特别要求，并证明根据实际情况，灭失或者损害是由于此种因运输活动物的固有的特殊风险造成的。

（3）舱面货损灭失赔偿责任的免除。在舱面货发生毁损灭失的情况下，承运人若要主张免责，即应当证明将货物装载在舱面是按照与托运人达成协议，或者符合航运惯例，或者符合有关法律、行政法规的规定。

（四）承运人的责任期间

在承运人的责任期间，货物发生灭失或者损坏，除另有规定外，承运人应当负赔偿责任。对于承运人的责任期间，我国《海商法》按照装运方式的不同做出了不同的规定。《海商法》第四十六条规定：承运人对集装箱装运的货物的责任期间，是指从装货港接收货物时起至卸货港交付货物时止，货物处于承运人掌管之下的全部期间。承运人对非集装箱装运的货物的责任期间，是指从货物装上船时起至卸下船时止，货物处于承运人掌管之下的全部期间。在承运人的责任期间，货物发生灭失或者损坏，除本节另有规定外，承运人应当负赔偿责任。前款规定，不影响承运人就非集装箱装运的货物，在装船前和卸船后所承担的责任，达成任何协议。

（五）承运人的赔偿限额

所谓赔偿限额，是指承运人对货物的毁损灭失承担赔偿责任时，并非全部赔偿而是依照法律规定赔偿的最大限额。

（1）货物毁损灭失的赔偿限额。我国《海商法》第五十六条规定："承运人对货物的灭失或者损坏的赔偿限额，按照货物件数或者其他货运单位数计算，每件或者每个其他货运单位为666.67计算单位，或者按照货物毛重计算，每公斤为2计算单位，以二者中赔偿限额较高的为准。但是，托运人在货物装运前已经申报其性质和价值，并在提单中载明的，或者承运人与托运人已经另行约定高于本条规定的赔偿限额的除外。"

货物用集装箱、货盘或者类似装运器具集装的，提单中载明装在此类装运器具中的货物件数或者其他货运单位数，视为前款所指的货物件数或者其他货运单位数；未载明的，每一装运器具视为一件或者一个单位。装运器具不属于承运人所有或者非由承运人提供的，装运器具本身应当视为一件或者一个单位。

（2）迟延交付赔偿限额。仅发生迟延交付，但并没有造成货物损失的，而是造成了经济损失的，我国《海商法》第五十七条规定："承运人对货物因迟延交付造成经济损失的赔偿限额，为所迟延交付的货物的运费数额。"迟延交付造成的经济损失包括市场价格下跌等损失。

（3）货物的灭失或者损坏和迟延交付同时发生的，承运人的赔偿责任限额适用《海商法》第五十六条第一款规定的限额。

（六）丧失赔偿限制权利的法定事由

承运人并非在任何情况下当然地享有责任限制的权利，如果其主观存在过错就会丧失责任限制的权利。我国《海商法》规定：经证明，货物的灭失、损坏或者迟延交付是由于承运人的故意或者明知可能造成损失而轻率地作为或者不作为造成的，承运人不得援用本法第五十六条或者第五十七条限制赔偿责任的规定。

（七）无单放货责任

针对实践中大量存在的无单放货问题，最高人民法院于2009年颁布了《最高人民法院关于审理无正本提单交付货物案件适用法律若干问题的规定》，对承运人无单放货责任做出了规定。承运人违反法律规定，无正本提单交付货物，损害正本提单持有人提单权利的，正本提单持有人可以要求承运人承担由此造成损失的民事责任。提货人凭伪造的提单向承运人提取了货物，持有正本提单的收货人可以要求承运人承担无正本提单交付货物的民事责任。该司法解释规定无论是记名提单、指示提单还是不记名提单项下的货物，都应当凭正本提单放货。

（1）承运人免除交付货物义务并不承担赔偿责任的情形：① 承运人依照提单载明的卸货港所在地法律规定，必须将承运到港的货物交付给当地海关或者港口当局的；② 承运到港的货物超过法律规定期限无人向海关申报，被海关提取并依法变卖处理，或者法院依法裁定拍卖承运人留置的货物，承运人免除交付货物的责任；③ 承运人按照记名提单托运人的要求中止运输、返还货物、变更到达地或者将货物交给其他收货人，持有记名提单的收货人要求承运人承担无正本提单交付货物民事责任的，人民法院不予支持；④ 承运人签发一式数份正本提单，向最先提交正本提单的人交付货物后，其他持有相同正本提单的人要求承运人承担无正本提单交付货物民事责任的，人民法院不予支持。

（2）无单放货责任的法律性质。承运人因无正本提单交付货物造成正本提单持有人损失的，正本提单持有人可以要求承运人承担违约责任，或者承担侵权责任。

（3）责任限制的规定。承运人因无正本提单交付货物承担民事责任的，不享有《海商法》关于限制赔偿责任的规定。

（4）赔偿范围。承运人因无正本提单交付货物造成正本提单持有人损失的赔偿额，按照货物装船时的价值加运费和保险费计算。

（5）责任主体。正本提单持有人可以要求无正本提单交付货物的承运人与无正本提单提取货物的人承担连带赔偿责任。

（6）诉讼时效。无单放货诉讼的时效期间为一年，自承运人应当交付货物之日起计算。

（7）实际托运人的诉权。向承运人实际交付货物并持有指示提单的托运人，虽然在正本提单上没有载明其托运人身份，因承运人无正本提单交付货物，要求承运人依据海上货物运输合同承担无正本提单交付货物民事责任的，人民法院应予支持。该规定是对 FOB 价格条件下买卖合同中的卖方诉权的保护。

（8）协议不影响诉权。在承运人未凭正本提单交付货物后，正本提单持有人与无正本提单提取货物的人就货款支付达成协议，在协议款项得不到赔付时，不影响正本提单持有人就其遭受的损失，要求承运人承担无正本提单交付货物的民事责任。

三、托运人的基本权利、义务和责任

（一）托运人的基本权利

托运人的基本权利一般是规定在海上货物运输合同中的，主要的权利有以下几项。

（1）要求承运人提供适航船舶的义务。

（2）要求承运人按照规定航线航行的义务。

（3）有权追究承运人承担货物损害赔偿责任。

（二）托运人的基本义务

（1）提供约定货物的义务。① 托运人托运货物，应当妥善包装，并向承运人保证，货物装船时所提供的货物的品名、标志、包数或者件数、重量或者体积的正确性；② 托运人托运危险货物，应当依照有关海上危险货物运输的规定，妥善包装，做出危险品标志和标签，并将其正式名称和性质以及应当采取的预防危害措施书面通知承运人。

（2）支付运费的义务。运费的支付方式可以是预付、到付或者比例运费，托运人应当按照约定向承运人支付运费。托运人与承运人可以约定运费由收货人支付，即到付，但是，此项约定应当在运输单证中载明。

（三）赔偿责任

托运人及其受雇人、代理人对因其过错给承运人、实际承运人所造成的损失或者船舶所遭受的损坏，负赔偿责任。另外，我国《海商法》还规定了以下几种具体的情形。

（1）由于包装不良或者货物的品名、标志、包数或者件数、重量或者体积等数据不正确，对承运人造成损失的，托运人应当负赔偿责任。

（2）托运人应当及时向港口、海关、检疫、检验和其他主管机关办理货物运输所需要的各项手续，并将已办理各项手续的单证送交承运人；因办理各项手续的有关单证送交不及时、不完备或者不正确，使承运人的利益受到损害的，托运人应当负赔偿责任。

（3）托运人对承运人因运输危险货物所受到的损害，应当负赔偿责任。

四、收货人的权利和义务

收货人虽然不是海上货物运输合同的当事人，但其是提单的持有人，因此是海上货物运输的当事人。收货人的主要权利有：收货人有权就货物的损害和迟延交付，追究承运人的赔偿责任；凭正本提单提取货物的权利。收货人的主要义务有：① 提交货损通知的义务。承运人向收货人交付货物时，收货人应当在法律规定的时间内将货物灭失或者损坏的情况书面通知承运人，否则，视为承运人已经按照运输单证的记载交付以及货物状况良好的初步证据。承运人自向收货人交付货物的次日起连续 60 日内，未收到收货人就货物因迟延交付造成经济损失而提交的书面通知的，不负赔偿责任。② 及时提货的义务。在卸货港无人提取货物或者收货人迟延、拒绝提取货物的，船长可以将货物卸在仓库或者其他适当场所，由此产生的费用和风险由收货人承担。③ 在运费到付的情况下，收货人还有支付运费的义务。

第六节　航次租船合同

一、航次租船合同概述

航次租船合同，是指船舶出租人向承租人提供船舶或者船舶的部分舱位，装运约定的货物，从一港运至另一港，由承租人支付约定运费的合同。航次租船合同的当事人分别为出租人和承租人。

航次租船合同在法律适用上强调合同自由原则，目前尚无有关航次租船合同的国际公约，各国对航次租船合同也不规定强制性规范。按照我国《海商法》的规定，除了适航义务和按规定航线航行两项义务强制适用于航次租船合同的出租人之外，前述其他有关国际海上货物运输合同当事人之间的权利、义务的规定，仅在航次租船合同没有约定或者没有不同约定时，才适用于航次租船合同的出租人和承租人，否则，应当按照航次租船合同的约定。

二、航次租船合同的主要内容

我国《海商法》第九十三条规定："航次租船合同的内容，主要包括出租人和承租人的名称、船名、船籍、载货重量、容积、货名、装货港和目的港、受载期限、装卸期限、运费、滞期费、速遣费以及其他有关事项。"

目前，实务中航次租船合同的标准格式合同范本很多，大多是由各个国际航运组织制定的，供当事人在洽定租船合同时选用。根据船舶航行的航线、承运货物种类等不同而有所区别。例如，《统一杂货租船合同》（简称金康），适用于不分航线的杂货运输；《北美谷物租船合同》，适用于由北美至世界各地的谷物运输；《澳大利亚谷物租船合同》，适用于从澳大利亚到世界各地的谷物运输。结合租船合同范本，主要介绍以下条款。

（一）对船舶的陈述

该条款包括船名、国籍、航次、船级、容积吨、重量吨、船舶动态等的陈述。船名一经指定，不能随意更换，除非合同中订明。如《海商法》第九十六条有相关规定："出租人应当提供约定的船舶；经承租人同意，可以更换船舶。但是，提供的船舶或者更换的船舶不符合合同约定的，承租人有权拒绝或者解除合同。因出租人过失未提供约定的船舶致使承租人遭受损失的，出租人应当负赔偿责任。"

（二）预备航次

预备航次是指出租船舶从装货港的前一港口为装货而驶往装货港的一段航程。预备航次也是航次租船合同规定的出租航次的一部分，有关出租人的权利义务的规定适用于预备航次，除非合同另有约定。一般要求出租人尽快驶往装货港，不得有不合理绕航。另外，免责事项也适用于预备航次。在履行预备航次时常涉及两个密切相关的重要问题：受载期与解约日。

（1）受载期：合同中规定的船舶预期到达装货港口并做好受载准备的日期。通常有两种规定方式：一是约定一段到达的期间；二是约定大约到达的日期。

（2）解约日：租船合同中预先约定的解除合同的日期。在上述第一种方式下，通常就是受载期的最后一天。当然，有的合同将两者相分离，解约日是受载期届满后的某一天。解约日是给承租人可以解除合同的选择权。如《海商法》第九十七条："出租人在约定的受载期限内未能提供船舶的，承租人有权解除合同。但是，出租人将船舶延误情况和船舶预期抵达装货港的日期通知承租人的，承租人应当自收到通知时起四十八小时内，将是否解除合同的决定通知出租人。因出租人过失延误提供船舶致使承租人遭受损失的，出租人应当负赔偿责任。"

实践中，船舶预计赶不上解约日，但只要承租人未选择解除合同，出租人的船舶仍得前往装港，为避免损失，在合同中规定"质询条款"，即要求承租人在接到出租人或船长关于船舶延误情况和预计抵达日期的通知后，应在一定时间内给予是否解除合同的答复。

（三）货物

（1）货物的种类：除明确约定某种货物外，一般约定为几种货物，由承租人选择，此约定对承租人有利。承租人有提供约定货物的义务，我国《海商法》第一百条即是关于承租人的此项义务的规定。我国《海商法》第一百条规定："承租人应当提供约定的货物；经出租人同意，可以更换货物。但是，更换的货物对出租人不利的，出租人有权拒绝或者解除合同。因未提供约定的货物致使出租人遭受损失的，承租人应当负赔偿责任。"

（2）货物的数量：有以下两种规定方式。

① 租船合同中对于装货的数量只规定一个约数，并由船长选择增减百分数。在实际装货前或合同中规定的日期，船长应根据航次中燃料、淡水、供应品的消耗量并扣除船舶常数，确定一个确切的装货数字书面通知承租人，这项工作叫"宣载"。宣载后，如果承租人不能提供船方宣布的货量，应支付亏舱费；若船舱装不下承租人提供的货物，出租人应赔偿承租人的短装损失，包括承租人根据贸易合同所遭受的损失、货物的退关费用、仓储费用和回运费用等。

② 规定上下限。如"满舱满载货物，但最高9350吨，最低7850吨。"船舶应能装载最低限量的货物。

（四）选港

选港是承租人的义务。有时合同中约定几个装货港或卸货港，并规定由承租人选择其中的一个或两个港口。合同中还规定船舶驶到某一地点或在某一期限内，承租人应向出租人发出最后选择的装货港或卸货港名称的通知，此工作就叫"选港"。未及时选港，给出租人造成损失的，承租人负责赔偿，而且出租人可以在航线上最近的一个选卸港卸货。我国《海商法》第一百零一条规定："出租人应当在合同约定的卸货港卸货。合同订有承租人选择卸货港条款的，在承租人未按照合同约定及时通知确定的卸货港时，船长可以从约定的选卸港中自行选定一港卸货。承租人未按照合同约定及时通知确定的卸货港，致使出租人遭受损失的，应当负赔偿责任。出租人未按照合同约定，擅自选定港口卸货致使承租人遭受损失的，应当负赔偿责任。"

适航平衡条款规定：如承租人根据合同的规定选择两港卸货，则应将拟在第一卸货港卸下的货物的情况正确告知船长。否则，出租人为了保持船舶在适航平衡状态下驶往第二卸货港而发生的倒舱、卸载和重装货物的费用，由承租人偿付。不论承租人是否已将上述情况告知船长，为使船舶处于适航平衡而所花的时间，均计为装卸时间。

（五）装卸时间

装卸时间是指出租人做好装卸货物的准备使船舶适于装卸后，允许承租人完成货物装卸作业的时间。装卸时间的约定方式可以采取连续工作日、晴天工作日等固定方式，也可以采取按习惯尽快装卸的不固定方式。船舶到达装货港或卸货港后，由船长向承租人或其代理人发出关于本船已到达装港或卸港，在各方面已做好装卸准备的书面通知。在各方面做好装卸准备，如已办妥海关、商检、边防、卫生联检手续之后，开始起算装卸时间。

（六）滞期费和速遣费

（1）滞期费，是指非用于出租人应负责的原因，承租人因未能在规定的装卸期限内完成货物装卸作业，对因此产生的船舶延误向出租人支付的款项。

（2）速遣费，是指因承租人在合同规定的装卸期限届满之前完成货物装卸作业，而由出租人向承租人支付的款项。

我国《海商法》第九十八条规定："航次租船合同的装货、卸货期限及其计算办法，超过装货、卸货期限后的滞期费和提前完成装货、卸货的速遣费，由双方约定。"

三、航次租船合同项下签发的提单

航次租船合同的出租人在装货港将货物接管或装船后，承租人要求签发提单的，出租人有义务签发，该提单称为航次租船合同项下的提单。该提单在不同的人手中，其效力也不同。

（1）提单在承租人手中：不具有合同证明的作用，仅是收到货物的收据和据以交付货物的凭证。出租人与承租人之间权利与义务以航次租船合同为准。

（2）提单在非承租人手中，分为两种情况：① 出租人一方签发提单，出租人为承运人；② 以承租人名义签发提单，承租人为承运人，除非合同中有相反约定，并且提单持有人知道此种约定。此时出租人为实际承运人。

显然，收货人或提单持有人不是合同的当事人，不受租船合同的约束，为了将租船合同中的有关条款、条件、免责等并入提单的条款，必须满足法律的规定。我国《海商法》第九十五条规定（涉及并入条款问题）："对按照航次租船合同运输的货物签发的提单，提单持有人不是承租人的，承运人与该提单持有人之间的权利、义务关系适用提单的约定。但是，提单中载明适用航次租船合同条款的，适用该航次租船合同的条款。"即在载明的情况下，航次租船合同条款约束非承租人的提单持有人。

第七节　多式联运合同

多式联运合同，是指多式联运经营人以两种以上的不同运输方式，其中一种是海上运输方式，负责将货物从接收地运至目的地交付收货人，并收取全程运费的合同。多式联运合同的当事人为多式联运经营人与托运人。中国《海商法》规定的多式联运经营人的责任制度主要包括以下几个方面。

一、多式联运经营人的责任期间

根据我国《海商法》第一百零三条的规定，多式联运经营人对多式联运货物的责任期间，自接收货物时起至交付货物时止。

二、多式联运经营人的责任形式

根据我国《海商法》第一百零四条，多式联运经营人负责履行或者组织履行多式联运合同，并对全程运输负责。多式联运经营人与参加多式联运的各区段承运人，可以就多式联运合同的各区段运输，另以合同约定相互之间的责任。但是，此项合同不得影响多式联运经营人对全程运输所承担的责任。也就是说，当发生货物毁损灭失时，收货人向多式联运经营人索赔，多式联运经营人在承担赔偿责任之后，可以依据与区段承运人签订的运输合同，向对货损有责任的区段承运人追偿。

三、法律适用

由于多式联运涉及海、陆、空多种运输方式，而每一种方式都有不同的法律予以调整，对于多式联运合同的法律适用问题，我国《海商法》规定，货物的灭失或者损坏发生于多式联运的某一运输区段的，多式联运经营人的赔偿责任和责任限额，适用调整该区段运输方式的有关法律规定。货物的灭失或者损坏发生的运输区段不能确定的，多式联运经营人应当依照第四章关于承运人赔偿责任和责任限额的规定负赔偿责任。

第八节 铁路货物运输合同

在我国，铁路货物运输合同适用的法律主要为《中华人民共和国民法典》《中华人民共和国铁路法》和《铁路货物运输合同实施细则》，铁路运输合同是明确承运人与托运人之间权利义务关系的协议。铁路货物运输主要涉及的领域为国内运输和国际多式联运中的铁路运输区段。

一、承运人的权利、义务和责任

（一）承运人的权利

（1）处置货物的权利。自承运人发出领取货物通知之日起满30日仍无人领取的货物，或者收货人书面通知承运人拒绝领取的货物，承运人应当通知托运人，托运人自接到通知之日起满30日未作答复的，由承运人变卖；所得价款在扣除保管等费用后尚有余款的，应当退还托运人，无法退还，自变卖之日起180日内托运人又未领回的，上缴国库。

对危险物品和规定限制运输的物品，应当移交公安机关或者有关部门处理，不得自行变卖。对不宜长期保存的物品，可以按照国务院铁路主管部门的规定缩短处理期限。

（2）收取运费的权利。

（二）承运人的义务

承运人的主要义务包括：按照货物运输合同约定的时间、数量、车种，拨调状态良好、清扫干净的货车；在车站公共装卸场所装卸的货物，除特定者外，负责组织装卸；将承运的货物按照合同规定的期限和到站，完整、无损地交给收货人；对托运人或收货人组织装车或卸车的货物，将货车调到装、卸地点或商定的交接地点；由承运人组织卸车的货物，向收货人发出到货催领通知。

（三）承运人的责任

（1）责任种类。

① 迟延交付责任。承运人应当按照全国约定的期限或者国务院铁路主管部门规定的期限，将货物运到目的站；逾期运到的，承运人应当支付违约金。承运人逾期 30 日仍未将货物交付收货人或者旅客的，托运人、收货人有权按货物灭失向承运人要求赔偿。

② 货物损失责任。承运人应当对承运的货物自接受承运时起到交付时止发生的灭失、短少、变质、污染或者损坏，承担赔偿责任。托运人根据自愿申请办理保价运输的，按照实际损失赔偿，但最高不超过保价额。未按保价运输承运的，按照实际损失赔偿，但最高不超过国务院铁路主管部门规定的赔偿限额；如果损失是由于承运人的故意或者重大过失造成的，不适用赔偿限额的规定，按照实际损失赔偿。托运人根据自愿可以向保险公司办理货物运输保险，保险公司按照保险合同的约定承担赔偿责任。

（2）赔偿范围。从承运货物时起，至货物交付收货人或依照有关规定处理完毕时止，货物发生灭失、短少、变质、污染、损坏，按下列规定赔偿：① 已投保货物运输险的货物，由承运人和保险公司按规定赔偿；② 保价运输的货物，由承运人按声明价格赔偿，但货物实际损失低于声明价格的按实际损失赔偿；③ 除上述两项外，均由承运人按货物的实际损失赔偿。

（3）免责事项。由于下列原因造成的货物损失的，承运人不承担赔偿责任：① 不可抗力；② 货物本身性质引起的碎裂、生锈、减量、变质或自燃等；③ 国家主管部门规定的货物合理损耗；④ 托运人、收货人或所派押运人的过错。

二、托运人的权利、义务和责任

（一）托运人的权利

（1）索赔的权利。托运人对于货损有权请求承运人赔偿。

（2）请求承运人按照合同运输货物的权利。

（二）托运人的义务和责任

（1）如实申报货物。托运人应当如实填报托运单，承运人有权对填报的货物的品名、重量、数量进行检查。

（2）妥善包装。托运货物需要包装的，托运人应当按照国家包装标准或者行业包装标准包装；没有国家包装标准或者行业包装标准的，应当妥善包装，使货物在运输途中不因包装原因而受损坏。

（3）支付运费的义务和赔偿责任。托运人应当按照合同规定支付运费，另外，因托运人的责任给承运人造成财产损失的，由托运人承担赔偿责任。

（4）按照货物运输合同约定的时间和要求向承运人交付托运的货物。

（5）按规定需要凭证运输的货物，应出示有关证件。

（6）对整车货物，提供装载货物所需的货车装备物品和货物加固材料。

（7）托运人组织装车的货物，装车前应对车厢完整和清洁状态进行检查，并按规定的装载技术要求进行装载，在规定的装车时间内将货物装载完毕或在规定的停留时间内，将货车送至交接地点。

（8）在运输中需要特殊照料的货物，须派人押运。

（9）将领取货物凭证及时交给收货人并通知其向到站领取货物。

（10）货物按保价运输办理时，须提出货物声明价格清单，支付货物保价费。

（11）国家规定必须保险的货物，托运人应在托运时投保货物运输险。

三、收货人的权利、义务和责任

（1）提货的权利。

（2）及时领取货物，并在规定的免费暂存期限内，按货物搬出车站；逾期领取的，收货人或者旅客应当按照规定交付保管费。

（3）赔偿责任。因收货人的责任给承运人造成财产损失的，由收货人承担赔偿责任。

（4）缴清托运人在发站未交或少交以及运送期间发生的运输费用和由于托运人责任发生的垫款。

（5）收货人组织卸车的货物，应当在规定的卸车时间内将货物卸完或在规定的停留时间内将货车送至交接地点。

（6）由收货人组织卸车的货物，卸车完毕后，应将货车清扫干净并关好门窗、端侧板（特种车为盖、阀），规定需要洗刷消毒的应进行洗刷消毒。

第九节　航空货物运输合同

一、航空货物运输概述

航空货物运输以其迅捷、安全、准时等优点赢得了相当大的市场，大大缩短了交货期，但空运相对海运成本较高。航空货物运输可以分为国内航空运输和国际航空运输两种。国内航空运输是指根据当事人订立的航空运输合同，运输的出发地点、约定的经停地点和目的地点均在中华人民共和国境内的运输。国际航空运输，是指根据当事人订立的航空运输合同，无论运输有无间断或者有无转运，运输的出发地点、目的地点或者约定的经停地点之一不在中华人民共和国境内的运输。在我国，航空运输的国内法渊源主要为《中华人民共和国民用航空法》（以下简称《民用航空法》），国际法渊源为《统一国际航空运输某些规则的公约》，全国人民代表大会常务委员会已经批准加入本公约，我国作为缔约国受该公约的约束。限于篇幅，本书仅介绍我国《民用航空法》的相关规定。

二、运输凭证

由托运人填写航空运单正本一式三份，连同货物交给承运人。航空货运单第一份注明"交承运人"，由托运人签字、盖章；第二份注明"交收货人"，由托运人和承运人签字、盖章；第三份由承运人在接收货物后签字、盖章，交给托运人。

（一）航空运单的内容

航空货运单应当包括的内容由国务院民用航空主管部门规定，至少应当包括以下内容。

（1）出发地点和目的地点。

（2）出发地点和目的地点均在中华人民共和国境内，而在境外有一个或者数个约定的经停地点的，至少注明一个经停地点。

（3）货物运输的最终目的地点、出发地点或者约定的经停地点之一不在中华人民共和国境内，依照所适用的国际航空运输公约的规定，应当在货运单上声明此项运输适用该公约的，货运单上应当载有该项声明，航空货运单上没有此声明的，承运人无权援用法律有关赔偿责任限制的规定。

（二）运输单证的效力

航空货运单是航空货物运输合同订立和运输条件以及承运人接收货物的初步证据。航空货运单上关于货物的重量、尺寸、包装和包装件数的说明具有初步证据的效力。除经过承运人和托运人当面查对并在航空货运单上注明经过查对或者书写关于货物的外表情况的说明外，航空货运单上关于货物的数量、体积和情况的说明不能构成不利于承运人的证据。

在国内航空运输中，承运人同意未经填具航空货运单而载运货物的，承运人无权援用有关赔偿责任限制的规定。在国际航空运输中，承运人同意未经填具航空货运单而载运货物的，承运人无权援用《民用航空法》第一百二十九条有关赔偿责任限制的规定。

三、托运人的权利、义务和责任

（一）托运人的权利

（1）对货物的控制权。托运人在履行航空货物运输合同规定的义务的条件下，有权在出发地机场或者目的地机场将货物提回，或者在途中经停时中止运输，或者在目的地点或者途中要求将货物交给非航空货运单上指定的收货人，或者要求将货物运回出发地机场；但是，托运人不得因行使此种权利而使承运人或者其他托运人遭受损失，并应当偿付由此产生的费用。

（2）对货损索赔的权利。

（3）对货物的处置权。收货人拒绝接受航空货运单或者货物，或者承运人无法同收货人联系的，托运人恢复其对货物的处置权。

（二）托运人的义务和责任

（1）因航空货运单上所填的说明和声明不符合规定、不正确或者不完全，给承运人或者承运人对之负责的其他人造成损失的，托运人应当承担赔偿责任。

（2）托运人应当提供必需的资料和文件，以便在货物交付收货人前完成法律、行政法规规定的有关手续；因没有此种资料、文件，或者此种资料、文件不充足或者不符合规定造成的损失，除由于承运人或者其受雇人、代理人的过错造成的外，托运人应当对承运人承担责任。

四、收货人的权利、义务

收货人于货物到达目的地点，并在缴付应付款项和履行航空货运单上所列运输条件后，有权要求承运人移交航空货运单并交付货物。承运人承认货物已经遗失，或者货物在应当到达之日起七日后仍未到达的，收货人有权向承运人行使航空货物运输合同所赋予的权利。

五、承运人的责任

《民用航空法》规定任何旨在免除本法规定的承运人责任或者降低本法规定的赔偿责任限额的合同条款，均属无效；也就是说，法律对于承运人责任及责任限额的规定为强制性规范。

（一）损害赔偿责任

（1）承担货损的责任。因发生在航空运输期间的事件，造成货物毁灭、遗失或者损坏的，承运人应当承担责任。航空运输期间，是指在机场内、民用航空器上或者机场外降落的任何地点，货物处于承运人掌管之下的全部期间。

航空运输期间，不包括机场外的任何陆路运输、海上运输、内河运输过程。但是，此种陆路运输、海上运输、内河运输是为了履行航空运输合同而装载、交付或者转运，在没有相反证据的情况下，所发生的损失视为在航空运输期间发生的损失。

（2）迟延交付责任。货物在航空运输中因延误造成的损失，承运人应当承担责任。

（二）免责事项

承运人证明货物的毁灭、遗失或者损坏完全是由于下列原因之一造成的，不承担责任：① 货物本身的自然属性、质量或者缺陷；② 承运人或者其受雇人、代理人以外的人包装货物的，货物包装不良；③ 战争或者武装冲突；④ 政府有关部门实施的与货物入境、出境或者过境有关的行为；⑤ 承运人证明本人或者其受雇人、代理人为了避免损失的发生，已经采取一切必要措施或者不可能采取此种措施的，不承担责任；⑥ 在货物运输中，经承运人证明，损失是由索赔人或者代行权利人的过错造成或者促成的，应当根据造成或者促成此种损失的过错的程度，相应免除或者减轻承运人的责任。

（三）责任限制

（1）享受责任限制的主体。除了承运人之外，还有实际承运人，以及承运人或实际承运人的受雇人、代理人，受雇人、代理人能够证明他是在受雇、代理范围内行事的，有权援用责任限制。

（2）国际航空运输。国际航空运输承运人的赔偿责任限额按照下列规定执行。

① 对每名旅客的赔偿责任限额为 16 600 特别提款权。但是，旅客可以同承运人书面约定高于本项规定的赔偿责任限额。

② 对托运行李或者货物的赔偿责任限额，每公斤为 17 特别提款权。托运人在交运货物时，特别声明在目的地点交付时的利益，并在必要时支付附加费的，除承运人证明旅客或者托运人声明的金额高于托运行李或者货物在目的地点交付时的实际利益外，承运人应当在声明金额范围内承担责任。

托运货物的一部分或者货物中的任何物件毁灭、遗失、损坏或者延误的，用以确定承运人赔偿责任限额的重量，仅为该一包件或者数包件的总重量。但是，因托运货物的一部分或者托运行李、货物中的任何物件的毁灭、遗失、损坏或者延误，影响同一份航空货运单所列其他包件的价值的，确定承运人的赔偿责任限额时，此种包件的总重量也应当考虑在内。

（3）国内航空运输。根据《国内航空运输承运人赔偿责任限额规定》，国内航空运输承运人的赔偿责任限额为每公斤人民币 100 元。除此之外，关于国际货物运输责任限制的相关规定同样适用于国内航空运输。

（4）责任限制丧失的条件。经证明，航空运输中的损失是由于承运人或者其受雇人、代理人的故意或者明知可能造成损失而轻率地作为或者不作为造成的，承运人或者承运人的受雇人、代理人无权援用有关赔偿责任限制的规定。

（四）承运人和实际承运人的责任关系

承运人对航空货物运输合同约定的全部运输负责，实际承运人对其履行的运输负责。实际承运人对货损有过错的，承担责任，对货损没过错的，不承担责任。

案例

物流人必须了解的 15 个法律知识

本章小结

本章的主要目的是培养读者对物流相关法律制度的总体认识。本章介绍了与物流相关的国际公约、国际惯例和国内法律制度，海上运输、铁路运输和航空运输，每种运输方式下运输合同的当事人的权利、义务和责任以及不同运输方式下承运人的赔偿责任、责任限制和免责权利。

复习思考题

1. 海上货物运输合同的概念是什么？
2. 提单的种类有哪些？
3. 班轮运输的当事人有哪些权利、义务和责任？
4. 航次租船合同与班轮运输合同的异同有哪些？
5. 多式联运合同的承运人如何承担责任？
6. 铁路货物运输合同的承运人如何承担责任？
7. 航空货物运输合同的承运人如何承担责任？

参 考 文 献

[1] 周兴建，黎继子. 现代物流管理概论[M]. 2版. 北京：中国纺织出版社，2022.

[2] 董铁，张荣. 物流案例分析[M]. 北京：清华大学出版社，2012.

[3] 张荣. 电子商务案例分析[M]. 北京：北京理工大学出版社，2007.

[4] 王伟. 物流管理概论[M]. 3版. 北京：中国铁道出版社，2021.

[5] 张荣. 仓储与配送实务[M]. 北京：电子工业出版社，2020.

[6] 倪霓. 物流管理基础[M]. 2版. 北京：北京航空航天大学出版社，2021.

[7] 马高梅，宋夕东. 物流基础[M]. 北京：中国财富出版社，2021.